中华书局大事纪要

（1912—1954）

（私营时期）

钱炳寰　编

中　华　书　局

图书在版编目(CIP)数据

中华书局大事纪要:1912～1954/钱炳寰编.—北京:中华书局,
2002
ISBN 7-101-03321-0

Ⅰ.中…　Ⅱ.钱…　Ⅲ.中华书局—1912～1954—史料
Ⅳ.G239.296

中国版本图书馆 CIP 数据核字(2002)第 014457 号

责任编辑:祝 安 顺

中华书局大事纪要
(1912—1954)
(私 营 时 期)
钱炳寰 编

*

中 华 书 局 出 版 发 行
(北京市丰台区太平桥西里 38 号　100073)
北京市白帆印刷厂印刷

*

850×1168 毫米 1/32·8⅝印张·4 插页·197 千字
2002 年 5 月第 1 版　2002 年 5 月北京第 1 次印刷
印数 1－3000 册　定价:18.00 元

ISBN 7－101－03321－0/K·1434

中华书局创始人陆费逵

解放前,中华书局在上海四马路(今福州路)的总店

中华书局北京分局1951年全体同仁合影

中华书局南京分局

中华书局兰州分局

（六）店堂內部之中路

中华书局书店内景

出 版 说 明

值此中华书局成立90周年之际，我们出版了这部《中华书局大事纪要(1912—1954)》，以志纪念。

1990年，我们有计划地开始局史资料的搜集整理工作。3月间委托钱炳寰先生着手编写1912—1954年中华书局大事纪要，1992年完成初稿，并在《局史资料工作》上刊载，征求意见。1999年修订完毕。

钱炳寰先生是江苏常熟人，毕业于上海沪江大学。1945年进中华书局重庆总管理处工作，任经理室秘书。解放后曾任董事会秘书室秘书等职。1956年调北京中华书局总部，为海外部、近代史编辑室秘书、编辑。整理古籍《巢林笔谈》等。先生可谓老中华人，熟知书局历史，而编写大事纪要又在退养之年，令人感佩。更让我们敬佩的，还是先生一丝不苟的认真精神，历时十年完成这一有意义的工作。

本书的资料来源有三：

一是十几大木箱的档案材料。主要是中华书局自1912年以来的各种重要会议纪录，如创办人会议纪录，历年股东会议纪录等。保存最多的是董事会记录和大量的来往信函。

二是180余册《申报》(1912—1949)的影印合订本。凡有关中华书局公开发布的启事、声明，有关中华书局的重要新闻，有关中华书局出版书刊的宣传广告等，均据实扼要摘录。

三是近现代出版史料及舒新城先生的《狂顾录》。

对有关的个人回忆录,只作参考。钱先生对这些史料均按"有删节无改动"的编写原则,保持原文原意,而又多有考证,纠正纰漏。尽管有些语辞略显陈旧,不过对后人了解和研究中华书局局史乃至中国近代出版史,则是不可多得而又值得信赖的第一手资料。

这部大事纪要能在90周年局庆之时出版,还要对参与资料整理的张斯富同志和审阅过此稿的陈铮同志表示谢意。

这部大事纪要,既是前人奋斗足迹的忠实记录,也是后人借鉴取法的宝库。我们将发扬光大中华书局的优良传统,在新的世纪里,做出无愧于前人、无愧于时代的成绩,去迎接中华书局的百年庆典。

中华书局编辑部
2002 年元月

目　　次

1912 ················· （1）

1913 ················· （7）

1914 ················· （11）

1915 ················· （18）

1916 ················· （24）

1917 ················· （30）

1918 ················· （42）

1919 ················· （45）

1920 ················· （48）

1921 ················· （52）

1922 ················· （58）

1923 ················· （63）

1924 ················· （66）

1925 ················· （71）

1926 ················· （78）

1927 ················· （83）

1928 ················· （92）

1929 ················· （94）

1930 ················· （97）

1931 ················· （103）

1932 ················· （108）

1933 ················· （119）

1934 ················· （123）

1935 ················· （133）

1936 ················· （138）

1937 ················· （155）

1938 ················· （163）

1939 ················· （171）

1940 ················· （175）

1941 ················· （178）

1942 ················· （184）

1943 ················· （195）

1944 ················· （202）

1945 ················· （206）

1946 ················· （210）

1947 ················· （216）

1948 ················· （220）

1949 ················· （225）

1950 ················· （233）

1951 ················· （243）

1952 ··················（252）　│　1954 ··················（267）

1953 ··················（260）　│

中华书局大事纪要

（私营时期）

1912 年

1月1日　中华书局成立于上海,局长陆费逵。

陆费逵(1886—1941),复姓陆费,字伯鸿,号少沧,书局上下咸以伯鸿先生称之,浙江桐乡人。父芷沧,曾游幕陕西,故先生生于汉中,1891年,随父迁居南昌。幼承母教,研读经史各籍。稍长,遍读新书新报,学习英文、日文。1903年,随日文教师吕星如往武昌,自言当时革命思想大盛,便与革命党人有往来。以有感于买书难,次年与黄镇磐等,伙设新学界书店于武昌横街,任经理,售卖《警世钟》、《猛回头》等革命书籍。一面参与组织日知会,起草会章,任评议员。1905年,与张汉杰、冯特民接办《楚报》,任主笔,因粤汉路借款问题著论忤当道,被迫停刊,出走上海,任昌明支店(书店)经理,参加上海书业商会筹备工作,任评议员[①]兼书记,主编《图书月报》[②]。1906年,任文明书局编辑,并管印刷发行,兼文明小学校长,每日工作十余小时,增加经验不少。1908年,进商务印书馆,初为国文部编辑员,继任出版部长兼交通部长[③],《教育杂志》及师范讲义部主任。1911年秋,筹备创设中华书局,自许书业为终身职业。曾谓："我们希望国家社会进步，不能不希望教育进步；希望教育进步，不能不希望书业进步。我们书业虽然是较小的行业，但与国家社会的关系却比任何行业为大。"并研究书业的前途，以日本书业和人口，与中国作比较，觉得前途希望很大。从此没有离开过中华书局，毕生尽瘁于此。早年注意研究教育问题，他的教育思想，如力主缩短在学年限，减少授课时间，初小男女同学，废止小学读经等等，对民国初建时教育方面的兴革，颇有影响。著有《教育文存》、《妇女问题杂谈》、《青年修养杂谈》、《国民之修养》、《实业界之修养》等书。

书局初创时为三人之合资公司；2月，改为五人合资公司；6月以后，改为股份无限公司。至1913年4月，经股东会议决，始定为股份有限公司，6月，呈准工商部注册。

开始合资之三人为陆费逵、戴克敦（懋哉）、陈寅（协恭）；改五人合资时，加入沈颐（朵山）、沈继方（季方）④，大多为原商务印书馆同事。后来所称的中华书局创办人，即指此五人而言。

2月20日 开第一次股东会议。规定创办人为营业主体，重大事件由创办人会议决定。创办人之间订有合同，规定了具体的权利和义务。局长为营业代表，用人、行政统由主持，也订有合同作具体规定。戴克敦任编辑长，陈寅任事务长。

创办之初，股本为二万五千元。10月份以后扩充至七万五千元，其中创办人占五万，留出二万五千元，备局中办事人之无股者及外间有关系者附入，股份开始向社会作有条件的开放。

2月 "中华教科书"开始出版。1911年秋，武昌起义后，陆费逵"预料革命定必成功，教科书应有大的改革"。于是同戴克敦、陈寅、沈颐等在家秘密编辑合乎共和体制的教科书，预作准备。有初等小学修身、国文、算术、习字帖、习画帖五种四十册，教授书三种二十四册;高等小学修身、国文、算术、历史、地理、理科、英文、英文法八种三十三册,教授书六种二十八册;中学、师范用书共二十七种五十册⑤,至1913年出齐,风行一时。不仅开十余年来教科书的新纪元,也是推翻了几千年的封建统治、建立共和后的第一套教科书。

同时在报上刊登《中华书局宣言书》:"立国根本在乎教育,教育根本实在教科书。教育不革命,国基终无由巩固;教科书不革命,教育目的终不能达也。往者,异族当国,政体专制,束缚压抑不遗余力,教科图书钤制弥甚,自由真理、共和大义莫由灌输,即国家界说亦不得明,最近史事亦忌直书。哀哉,未来之国民,究有何辜,而受此精神上之惨虐也。同人默察时局,睠怀宗国,隐痛在心,莫敢轻发,幸逢武汉起义,各省响应,知人心思汉,吾道不孤。民国成立,即在目前,非有适宜之教科书,则革命最后之胜利仍不可得。爰集同志,从事编辑,半载以来,稍有成就,小学用书业已蒇事,中学、师范正在进行。从此民约之说弥漫昌明,自由之花翕皇灿烂,俾禹域日进于文明,华族获葆其幸福,是则同人所馨香祷祝者也。兹将本局宗旨四大纲列左:一、养成中华共和国国民;二、并采取人道主义、政治主义、军国民主义;三、注重实际教育;四、融和国粹欧化。"⑥

开始营业于二月初⑦,地址在福州路东首老巡捕房对门,赁楼下店面三间。其时连编辑和办事人员共十余人。至十一月间,编辑员增至四十余,办事员五十余,乃迁至河南路5号原抛球场普惠药房旧址,为三开间三层楼房。三楼为编辑所,二楼为营业所,楼下为发行所。

营业之始,第一日仅售洋五元,惴惴之情现于颜色,第二日售百余元,第三日始批发,增至五六百元。时南京临时政府教育总长蔡元培嘱陆费逵与蒋维乔起草的《普通教育暂行办法》十四条,于1月19日颁布施行,规定各种教科书务令合于共和民国宗旨,清政府学部颁行的教科书一律禁用。市上原有通行的充满封建内容的旧教科书一时不及修改,而新编的"中华教科书"内容合乎共和体制,如在国文教科书中宣扬南京临时政府的成立,提倡爱国旗、爱中华,称临时大总统孙文"为共和奔走二十余年,是中国第一伟人"。因此,几乎独占了中小学教科书市场。

其时供应的春季开学用书仅十数册,"日间订出,未晚即罄,架上恒无隔宿之书,各省函电交促,未有以应"。是年营业额二十余万元。

添设印刷所于福州路惠福里(在工部局之东),有印机六台。

3月25日 《中华教育界》创刊,每月一册,于25日出版。以"研究教育,促进文化为宗旨"。内容有法令、记事、名著、小说及有关教育之学理、事实足以助人研究者。其对于社会上发生的重大事件,态度鲜明,如1919年7月出版的第8卷1期中陆费逵撰有《学界风潮感言》一文,称当时发生的"五四"运动,为"此数十万学生(罢课)之牺牲,与各埠千百万人之罢市罢工,实真正民意之表示","可提起国民爱国之精神、团结之巩固,其关系实大,愿吾工商学界勉之,其前途殊未可限量"。初由顾树森、沈颐等主持。后由余家菊、陈启天、曹守一、唐毅、金海观、左舜生、孙承先等先后接办。"一·二八"后,由倪文宙主编。前期撰稿人有范源廉、陆费逵、黎锦熙、恽代英、周建人、黄炎培、邰爽秋、蔡元培、舒新城、杨效春、周太玄、常道直、李儒勉等。至"八·一三"停刊,即自1卷1期起至25卷8期止。

10月 招考录取编辑、事务学习员史受等三十一人。

12月 陆费逵、戴劫哉去京、津、奉、汉等地,布置分局事宜。

是年 在各省开始设分局或经理处,有北京、天津、奉天、南昌、汉口、广州、杭州、南京、温州等九处⑧。由于人力财力有限,在初期设立分局的原则,以与地方上原有书店或士绅合办为主,重要城市无人合办者,自往开设。有不少城市所设特约经理处,也有挂"中华书局×记"招牌的,称"挂牌分局",以后视情况发展,或改自办,或撤销特约关系,常有变动。

编译出版书籍一百五十余种,共五百八十余册。包括小学、中学、师范各种教科书、教授书及地图、法令、杂志、字典、尺牍等,远销云、贵、陕、甘诸省,及南洋、美洲各埠。

---

① 上海书业商会初任评议员有三:何澄一、陆费逵、夏颂莱。

② 《图书月报》载有陆费逵:《中国书业预算表》一文,对中国没有一家完全由国人自办的规模业业,流露出愤慨之情。谓"今日上海书业不下百家,贸迁之盛固甲全国矣,然细审此百家中,其资本出诸外人者若干家,其资本虽非出之外人,而物品纸张模字来自外洋者若干家;其资本微末者,且重贩于此若干家之手,更无论矣。以堂堂大中国,竟无一完全自主之书籍商,呜呼,何其怪也,何其怪也"!

月报另有美国记者所撰《敬告书籍商》的译文,提出经营书业者应有的社会责任和职业道德,以及应具备的知识,很有见地,在今天看来,仍有可供参考之处,"盖以书籍者为输入文明之利器,出版物之发达,即国民知识之进步"。"有时不能仅以商业为目的也。故苟有一出版物,明知必为一般社会所欢迎,获利可以不赀,若仅以商业上言,利可操券,然或于道德上、品性上及国家治安上有所妨碍,则宁牺牲商业上之利益,此又为书籍商应尽之义务"。"对出版物之背谬恶劣者,不可不严。盖此等出版物,足以贻害于学界,苟为公正之书籍商,匪特不当为之发行、为之出版,且将联络同业以禁止之。良以出版物苟有腐败之称,内之则贻害于学者,外之且有玷夫国体也。""书籍商者于商业上占最高尚之地位者也。故营是业者决非无学之人于此可占一席,今各国之为书籍商者,恒多文学家、哲学家、小说家"。"书籍商决不可与他商并论,他商仅需商业上之知识而已足,书籍商于商业上之知识而外,当别有学问也"。"为读者之引导,故必具有足以供人问难之学问"。"今应接买客者,仅知是书之名称、定价、著者、种类而已,除此数者以外,则惘然不复知矣。(伯鸿按:若我国书肆中人,则仅知名称及定价,询以著者、种类亦未必知,则美国书肆中人之程度,似高于我)"。

以上转录自原放《从〈图书月报〉谈起》,《出版史料》1990年第4期。

③ 交通部主管宣传、推广、通讯、交际等工作。

④ 创办人之一沈继方,字季方,任监察、理事,在创办人会议记录及其在1916年病故时有关董事会会议记录,均有明白记载。而不少有关书刊如:《陆费伯鸿先生年谱》(油印本);《中国近代出版史料》二编《出版大事年表》;熊尚厚:《陆费逵》,《中华民国史料丛刊·人物传记》(五)第81页,又见《民国人物传》第3卷第230页,又见《回忆中华书局》上册第1页,皆误为"沈知方"。沈继方,原在商务印书馆负责保管合同、书柬、重要契据文件,高凤池曾谓"季方为瑞翁(夏瑞芳)第一心腹,素来较自己亲戚尤厚"。在1910年6月底的橡皮股风潮中受连累破产,7月底离开商务。(见《商务印书馆九十五年》第652页)

⑤ 一套教科书的编辑出版,往往需二三年或更长的时间方能出齐。其间学制或有变更,课程或须增减,内容或须改动。因此原定计划的种数册数,亦须随之增损,或增或减,年有不同。有详细计划的照计划计列,否则按初见广告计列。

⑥ 1912年2月23日《申报》。

⑦ 开始营业于"二月初",系据《中华书局三年纪略》所载,纪略为董事会向股东会的报告文件。而吴铁声《解放前中华书局琐记》一文(《回忆中华书局》上册第72页)引陈协恭《中华书局一分子的话》为"二月二十二日开始营业"。按1912年2月22日为阴历正月初五。

⑧ 据1912年12月29日《申报》广告。

1913 年

1 月 "新制教科书"开始出版。

上年 9 月,教育部公布各级学校修业年限的新学制,初小四年,高小三年,中学、师范各四年,初高小设补习科,均二年毕业,师范设预科一年。又将春季始业改为秋季始业,一学年分为三学期。暑假后至阳历年底为第一学期,阳历一月至三月底为第二学期,四月至暑假为第三学期。"新制教科书"即依此新学制编辑。初等小学有修身、国文、算术三种,各十二册,教授书同。编者有陆费逵、沈颐、戴克敦、华鸿年、顾树森、屠元礼、董文等。高等小学有修身、国文、算术、历史、地理、理科六种,各九册,编者为戴克敦、郭成爽、赵秉良、汪楷、史礼绶、顾树森;商业、农业各六册,编者为欧阳溥存、沈慰宸、丁锡华,教授书同。每学期各用一册,与新学制吻合。其与旧制不同之点有三:(1)旧章春季始业,新章暑假后开始,时令不同,教材斯异;(2)旧章一学年分两学期,长短相若,新章第一学期长,第二、三学期短,课数不相同;(3)旧章高小四年毕业,新章改三年,课程时间亦有更改。

陆费逵去广州视察分局及考察广东等省教科书行销情况。

2 月 沈知方(芝方)进局任副局长。

4 月 1 日 聘范源廉任编辑长,签定合同。原编辑长戴克敦改任事务长,原事务长陈寅改任营业长。

中旬 随着业务迅速发展,人员不断增加,总公司编辑、事务、

营业、印刷四所迁至东百老汇路 AB29 号（发行所仍在河南路 5
号），连租用旁边民房二百余间。时编辑员增至七八十人，办事员
二百余，印机十五六台。

20 日　在东百老汇路总公司新址召开第三次股东会，到会三
十六人，首次选举董事及监察人。陆费逵、范源廉、陈寅、姚汉章、
戴克敦、戴克恭、沈颐、沈知方、蒋汝藻、李登辉、萧敏滒十一人被选
为董事，组成董事局，互选陆费逵、蒋汝藻为正副主席。沈继方、叶
琢堂二人被选为监察。于本年11月第四次股东会上确认：董事局
为立法机关，凡各种规程及重要事件为执行机关所不能决者，由董
事局决之；监察为监督稽察机关，凡账目报告，皆由监察稽查署名
负责，立法和行政两机关有不法情事，得纠举之。

股东会每年召开常会一次，一般在岁尾举行，审议业务报告，
改选董事、监察，修改公司章程等。

陆费逵在会上报告关于分局设立情况："分局之设，始于南昌、
天津，经理得人，成绩颇著。去冬，余偕戴君劼哉往京、津、奉、汉，
布置一切，阴历岁暮，复往广东。各省销数，大概有分局者较佳，以
供给足而呼应灵也。今年更分设湘、鄂、晋、豫及长春、保定等处，
成绩皆有可观。本年三个月之贸易，已足抵客岁全年而有余。"

股东会决议增资至一百万元，先收五十万。后于 1914、1915
年初分别各续收二十五万元。

5 月 15 日　董事局第一次会议，制定董事局规程、分派花红
规程、任用职员规程等。董事局于每月 15 日开常会一次。任用职
员，除特别延聘者外，一律须经考试，合格者试用一至四周。

8 月　与商务印书馆公开竞销教科书。

本局"新制小学教科书"初等每种十二册，一学期用一册；商务
出版"共和国教科书"每种八册，第一学期用一册，二三学期合用一

册。两家教科书的内容、售价亦有不同。于是在报上出现了激烈的竞争宣传,各自说明本版书的优点,攻击对方的弱点。中华以课本分量合于授课时间,内容注重国民教育,尤重于国耻割地赔款,印刷精良,封面耐用等为言;攻击对方不敷课时应用,有所顾忌不言甲午赔款数额(商务当时为中日合股企业,后于1914年1月6日收回日股),底面单页,字形过小。商务则以售价低廉减轻学生负担,便于普及教育为言;攻击对方分订几册,售价高出三分之一以上,以营利为目的;并谓本馆印厂有印机百数十架,工人千五百余,书籍皆自印,对方仅有印机十余架,多外厂代印,何能自诩精良等等。今天这家启事,明天那家声明,连篇累牍,延续二十余日之久,由此可以窥见两家初期公开竞争梗概。陆费逵曾谓中华一成立,"首先发行'中华教科书',我国教科书因有竞争之故,乃大进步"。

是年 新制单级小学教科书修身六册,国文、算术各十二册,陆续出版。编者有范源廉、顾树森等。

新制中学师范用书开始出版,有修身、国文、历史、地理、生理、植物、动物、化学、物理、经济、英文、心理、伦理等必修科目,均经教育部审定。编辑者有李步青、谢蒙、钟毓龙、张相、李秉钧、李廷翰、杨文洵、王雅南、曾牖等。

各省开图书审查会,被采用的教科书,本局占第一位的有京师、直隶、奉天、山东、湖南、河南、陕西等省,占第二位的有贵州、山西、四川等省。

出版"英华会话"二种:李觉译《英华商业会话大全》,李登辉、杨锦森编《最新英华会话大全》,其后分别印至十八、三十五版。

各省分局增至十七处。广州、北京新顶店面,大加修理,各费洋五千元,汉口、天津均将店面扩充。

总分局合计上半年营业额三十五万余元,盈余九万余元[①]。是年春,各省以附加税办学,学校与学生数倍莅于前,教科书销路大增,有供不应求之势。

编辑所设补习夜课,有国文、日文专修科,帮助办事人员之进步。

陆费逵第一次赴日本考察出版印刷事业,归来后积极规划总厂的筹建;并以尽力杂志为怀,在二三年中创刊杂志八种。

舒新城于1941年8月所撰《陆费伯鸿先生生平略述》,称先生"于民国二年一度赴日考察,归而建发行所及印刷所。十九年再度赴日,归而建澳门路新厂及香港分厂"。

---

① 因会计年度变更,本年下半年营业额与1914年上半年营业额合并计算。

1914 年

1 月 盘进中兴科学器械馆,馆主屠子香进局办事,附股一万元。

师范讲习所教科书开始出版,至次年出齐。有修身、伦理学大要、教育学、国文、历史、地理、算术、理科等共十一种。本年 2 月 19 日,教育部通令各省一律从速筹办师范讲习所,以裕师资。

新制英文教科书出版,高小三册,中学师范用读本、文法、会话、文选等九册,至次年出齐。编者有李登辉、王宠惠、杨锦森、沈步洲等。

3 月 24 日 陆费逵因闻教育部有非正式通知,令各书局将教科书改易,加入颂扬总统(指袁世凯)语,约代表商务印书馆的蒋维乔来局协商抵拒方法,决定两家各派人入京,与部磋商,其条件可遵者遵,不可遵者不遵,两家一致进行。①

5 月 招考校对员若干人,报考者四百余人。

6 月 11 日 订定公司章程,其中规定盈余分配办法:先支付股东官利常年八厘;余数分作二十成,股东得十成,创业(即创办人)二成,公积三成二厘,特别酬劳八厘,办事人四成。

7 月 购买静安寺路总厂基地四十三亩,价银九万六千两,约合银元十四万四千四百余元。

8 月 编辑所迁至东百老汇路 88 号,编辑员增加三倍至百余人。总编辑部有范源廉(编辑长)、王宠惠、袁希涛、谢蒙;小学部有沈颐(主任)、吴家煦、袁希涛(兼)等;中学师范部有姚汉章(主任)、谢蒙(兼)、张相、李步青等;英文部有李登辉(主任)、王宠惠(兼)、杨锦森、张谔等;字典部有欧阳溥存(主任)、徐元诰、汪长禄等;杂志撰著有梁启超、汤叡、蓝公武、吴贯因、梁启勋等;编辑顾问沈恩孚,学术文章皆极一时之选。

10月15日 董事局第十三次会议,专题讨论与商务印书馆联合问题,用以消除彼此激烈的竞争,期免于"两伤两亡"的前途。

陆费逵在提案时有详细说明,略谓近一二年营业竞争达于极点,从而发生之困难有五:(一)廉价竞争。定价既廉,复改五折,实际批发四折以下,利益不及曩者之半,幸销数增加,否则殆矣。(二)广告竞争。费用较往年不止加倍,且时有互毁之举,精神耗费尤甚。(三)资本竞争。彼此欲防竞争之失败,不得不增加实力,竞添资本,对政学界之有力者竞之尤力,无形中不免有损失。(四)放账竞争。内地推销,权操同行,欲结其欢心,而放账加松,即使滥账不多,而资本搁滞,受损已不浅。(五)轶出范围之竞争,即倾轧是也。彼言我不可恃,我言彼危险;彼言我定价昂,我言彼有外股。盖彼此为自卫而竞争,究其极非彼此两伤两亡不已。

联合之利亦有五:(一)目下两家教科书营业约一百二十万元,照刊明五折及同行应得之回佣出售,不再滥减,约可增收四分之一计三十万元。(二)目下两家溢额之消耗,如广告、推广、应酬等费,假定中华书局六万,商务印书馆九万,合之为十五万元,皆为虚掷,联合之后,均为盈利。(三)因竞争之故,存货过多,联合后可腾出资本经营他业。假定两家用于教科书资本为一百二十万元,联合后减去三分之一,即有四十万元改营他业,以毛利四分计为十六万元。以上三项即可增加年收入六十万元。(四)因竞争对同行收账,均不肯过于激烈,常有久欠之事,联合后收账自较容易。(五)

因教科书廉价放账,影响其他书籍亦放账减价,受害颇巨。

联合之机会。去年与夏君粹芳曾言及联合之事,顾无从下手,且痛苦未深,彼此亦难降心相从。今夏为教部删改教科书事,一度联合,大见效益,返沪后又订广告合同,规定仅于开学前后二三个月内刊登,省费良多。今秋为赠品竞争,彼此皆觉消耗多而获益少,联合之机会益加成熟。

联合之方法。消极联合无甚大效,积极联合,彼此情形不同,亦多不便,目下所商者为部分之联合。前拟检查所办法已送商务,大体均甚赞成,惟提出对第三者及特约二层,尚未议决。

商务高梦旦亦言,这样下去,"非两败俱伤,恐两败俱亡也"。目下营业、编辑均有把握,措置裕如,独竞争之事花样百出,彼此皆防不胜防,重要办事人耗精力于此者实多。逵常言,"联合不联合之分,办事人有十年寿命之关系"。

旋以双方未能取得协议作罢。

10 月　上海书业商会举行成立十周年纪念大会,到会千余人,陆费逵为大会主席。

11 月　在报上公开征求对公民、国文、地理教科书及教授书的编纂方案,并征集工厂学校调查和短篇小说等稿件,合用者给奖励金五元至二百元。至翌年 4 月收稿一千三百余篇,评奖二十七名。

12 月 20 日　第五届股东会议选出董事十一人:唐绍仪、陆费逵、蒋鸿林、蒋汝藻、施则敬、沈知方、王宠惠、陈玉麟、周鸥、范静生、沈恩孚;监察二人:高时显、沈季方;并定自本届起,董事局设常务董事三人,代表董事局常川到局办事。经董事局选出陆费逵、唐绍仪、蒋汝藻为常务董事。

全局组织分三大机关:(1)董事,议决立法及重大事件。(2)监

察,监督稽查一切。(3)局长,为职员领袖,执行局务。分部办事机关如下:

1.局长室

2.常务董事室

3.编辑所　设:总编辑部　小学部　中学部　英文部字典部　法政部　图画部　大中华杂志社　中华教育界社中华学生界社　中华小说界社　中华实业界社　中华童子界社　中华妇女界社　中华儿童画报社

4.事务所　设:总事务部　出版部　推广部　文书课广告课　学校调查课

5.营业所　设:总务部　会计部　仪器文具部　统计课簿记课　核算课　寄售课　杂志课　分局事务课　分局发货课　书栈课

6.印刷所　设:〔职员组〕账务课　庶务课　工务课纸栈课　〔职工组〕排版课　铸字课　电镀课　铅印课　装订课　(另行租屋者有)石印印刷部　写真制版部　第二至第九装订部

7.发行所　设:内账课　外账课　批发课　门市课　文具仪器课　收发课　存储课

是年　发行所扩大业务范围,添设西书部及仪器文具部。认为贩卖西书以输入欧美文化,供学子之钻研;搜集古书以流传国学,引宿儒之注目;仪器文具为日用必需之品,制造贩卖,不仅可获锱铢,抑亦助顾客之兴味,广书籍之行销。

自设、合办及特约经理分局增至二十七处[②],计杭州、南昌、天津、北京、保定、石家庄、奉天、长春、太原、济南、东昌(今聊城)、西安、成都、重庆、泸州、长沙、衡州、常德、汉口、武昌、南京、温州、福州、广州、徐州、云南、贵阳。

印刷能力有初步发展。日排字至二百页,铅印可百万小张,彩印可十万,能雕刻精细的黄杨木版以及铜版、钢版,并开始出售中西文铜模铅字、电镀铜镍版,承印彩色印件如月份牌等。所用西文字模购自美国名厂,故英文印刷之精美为国内第一流。

1913 年 7 月至 1914 年 6 月,总分局营业总额七十余万元,盈余十三万余元,未能达到预期一百万元之营业额。其原因,在此期内,始则有"二次革命"战争,南方各省纷纷举兵,长江中下游处处战乱,上海也在枪林弹雨之中,南京、广州扰乱尤甚,汉口为运兵枢纽,风鹤频惊,湖南纸币价值大跌,河南、湖北等省复有白狼起事,这些战乱延续至九、十月间。在此期间,市面不振,交通阻梗,汇兑不畅,营业自受影响。

本年创刊的杂志③有:

《中华小说界》月刊。旨在转移风俗,针砭社会;分言情、侦探、滑稽、社会、寓言、科学、历史等小说④十余类,附有新剧、传奇、笔记、文苑丛谈等。卷首精印中外名胜、名画插图。主持者姚汉章、董皙乡、延林琴南、包天笑、徐卓呆、沈瓶庵等分任撰译。1 月份创刊,至 1916 年 7 月停刊。

《中华实业界》月刊。以振兴实业为宗旨,内容包括工商业者应备之知识道德,商店工场之建筑管理、小资本家之营业法、中外大实业家之传记、有关实业之法令文件暨广告术等。1 月份创刊,至 1916 年 11 月停刊。

《中华童子界》月刊。专供小学生阅读,有故事、游戏、科学、小说、图画等,寓训诫于游戏,陶冶性情,启迪知识。"我之童子时代"一栏,第一期陆费逵撰,依次撰者有周瘦鹃、王宠惠、戴克敦、杨锦森、李廷翰等。6 月份创刊,至 1917 年 10 月停刊。

《中华儿童画报》月刊。图画力求用意深刻,富有兴味,配以简单说明文字,使渐知联字造句之法,词意要求明显,设想纯正,用以陶养性情,培植道德。7月创刊,至1917年2月停刊。

在美国编辑的《留美学生季报》由本局印行,内容分论说、调查、实业等门,多关于政治、教育、社会风俗之文,并及留学界近状。编者有朱起蛰、任鸿隽、张贻志、胡适等,至1916年12月止⑤。其后,转由商务印书馆印行。

教科书、字书、杂志三大类以外之书出版渐多,教育、政法、经济、史地、科学、文学小说、修养、尺牍等均有出版。如清史有但焘译《清朝全史》(二册),刘法曾著《清史纂要》,"清外史丛刊"有陈贻先等译《慈禧外纪》,其后续出的"丛刊"有《清室外纪》、《乾隆英使觐见记》、《庚子使馆被围记》等。地理有孔廷璋等编译《中华地理全志》。文学小说有王梦阮、沈瓶庵《红楼梦索引》(十册),形成红学研究中的一个派别;"小说汇刊"开始出版,各类小说都有,并多西方各国名著,如马君武译《心狱》(即《复活》)、朱世溁译《克利米战血录》、陈家麟等译《婀娜小史》(即《安娜卡列尼娜》)和《惊婚记》、周瘦鹃等译《福尔摩斯侦探案全集》、天笑生著《儿童历》等。"汇刊"不论译著,皆为文言文体,四五年内出至一百种,至三十年代尚有重版者。个人品德修养有《修身教本》、《勤俭论》,其后又有《克己论》、《职分论》、《品性论》等。尺牍有沈瓶庵编《中华尺牍大全》,印至五十余版,以及通用尺牍、商业尺牍、学生尺牍、女子尺牍等。选印古书精华,有《史记》、《汉书》、《老子》、《庄子》、《列子》、《管子》、《墨子》、《淮南子》、《文选》、《古文辞类纂》等十余种。又农商部编有《中华民国元年第一次农商统计表》由本局出版,以后五年续有编印。

① 《张元济年谱》,《出版史料》1990 年第 2 期。

② 分局之设,初以合办为主,更多的为特约经理,挂"中华书局×记"招牌的形式,本年虽列分局二十七处,其中自办或共同出资者不多。

③ 陆费逵于 12 月 20 日向第五次股东会报告谈到进行方针时说:"除教科书外,希望较大者为字书及杂志。……前岁归自日本,即以尽力杂志为怀,《教学界》、《小说界》、《实业界》、《童子界》、《儿童画报》,均已出版,销路尚佳,评论颇好。明正出者更有《大中华》、《学生界》、《妇女界》三种。"

④ 1913 年 6 月 21 日《中华小说界》在《申报》登"征集小说,备刊行小说界,编译均可。(甲)千字五元,(乙)二元五角,(丙)一元五角,(丁)一元。长篇以八万字为限,短篇至少三千"。

⑤ (一)原编辑所秘书吴廉铭 1941 年撰《编辑所略史》(稿本)记:代为发行的季报自三年(1914)三月起至五年(1916)十二月止。(二)1913 年 3 月 22 日《申报》刊有中华书局广告:"《留美学生年报》全书三百余页,定价六角。留学美国诸君撰译,分论说……并及留学界近状,卷首冠以美国各大学校舍及吾国留学生照片数十幅。"由此,季报疑为年报之延续。(三)《回忆中华书局》上册第 88 页所记季报"1915 年 3 月创刊"似误。

1915 年

1 月 《大中华》(月刊)创刊,主任撰述梁启超。《大中华》创刊于第一次世界大战开战之后,是当时重要的政治刊物。第一号上陆费逵发表《宣言书》,宣称:"《大中华》杂志之目的有三:一曰养成国民世界知识;二曰增进国民人格;三曰研究事理真相以为朝野上下之南针。欲达第一项目的,故多论述各国大势,绍介最新之学说;欲达第二项目的,故多叙述个人修养之方法及关于道德之学说;欲达第三项目的,故多研究国家政策与社会事业之方针,不拘乎成见,不限于一家之言,一以研究为宗,即有抵触冲突之言论亦并存之"。在对股东会的报告中说,创刊《大中华》,"期于杂志界放一异彩,即使直接无盈利,然精神上之利益实无穷也"。并称"梁任公先生学术文章,海内自有定评。窃谓我国中上流人稍有常识者,固先生之功居多,而青年学子作应用文字,其得力于先生尤众。吾大中华杂志社与先生订有三年契约,主持撰述"。梁启超撰有发刊辞,题为《中国之前途,国民之自觉心,本报之天职》,对当时危亡的种种现象,分析非常详尽,并论述以后国事展望的主张和发刊该杂志的缘起①。《异哉所谓国体问题者》,是梁启超驳杨度君宪救国论、反对帝制的一篇极有影响的文章,在《大中华》8 月号上发表。蓝公武针对袁世凯尊孔复古运动,在第一号上撰有《辟近日复古之谬》一文云:"比者,国内复古大盛,皇皇策令,无非维系孔教……所谓忠孝节义者,无一不与近世国家之文化相反……尧舜禹汤文武周公孔子之道,亦仅属于过去之文化,而非今日所可奉以为教化之法则。"今日改革之道,"不在复古,而在革新;不在礼教,而在科学"。担任撰述的有王宠惠、范源廉、汤明水、吴贯因、蓝公武、梁启勋、袁希涛、谢蒙、杨锦森、欧阳溥存、张相、林纾、蒋方震、黄远庸等。至 1917 年 3 月停刊。

《中华妇女界》(月刊)创刊。仿东西洋家庭杂志、妇女杂志办法,为女学生、家庭妇女增进知识,培养性灵。而立身处世之道,裁缝烹饪之法,教养儿童之方,以及中外妇女之技术职业情形,悉为搜辑,以为模范而资研究。至 1916 年 9 月停刊。

《中华学生界》(月刊)创刊。其宗旨为涵濡道德,增进常识,发扬国粹,奖励尚武,阐明新理,纂述学识,扩充见闻,辅助修养,注重生活。至 1916 年 12 月停刊。

中华博物学会研究会吴家煦主编《博物杂志》(月刊)自本年第 2 期起,由本局印行。该杂志创刊于 1914 年,原系文明书局印行。(1923 年 6 月仍有出版。)

"新编中华小学教科书"出版,供春季始业用。初小有修身、国文、算术各八册,计二十四册;高小有修身、国文、算术、历史、地理、理科各六册,计三十六册。因 1912 年出版者已不适用于今日。编者:范源廉、刘传厚、杨喆、沈煦、陆费逵、戴克敦、章嶔、丁锡华、沈颐、顾树森、史受礼、徐增等。

"中华女子教科书"出版:国民学校用修身、国文、算术,计二十四册;高等小学用修身、国文、算术、家事计十四册。编者:李步青、沈颐、范源廉、顾树森等。

2 月　总公司、营业所自东百老汇路迁至河南路 2 号(在总发行所南首三马路转角良济药房旧址)。因此,在河南路上相去不远,有两处相似的三层白色店屋,都挂着中华书局招牌,一为总公司,一为发行所。东百老汇路改为总厂、编辑所、事务所、印刷所。局长午前在总厂、午后在总公司办公。

3月 上海小学教员讲习社编《实用小学教员讲义》第一期出版。全书六期于年内出齐,为小学教员应检定试验之准备。读完讲义,可参与毕业试验,本局提供现金一千元、书券三千元,奖给成绩之优等者。

南京分局收回自办,派李少华任经理。至10月,分设下关支店。南京分局原由严馥葆于1912年包办为特约经理处,因亏耗甚巨,自请解约。

4月1日 高时显(欣木)进编辑所,成立美术部,任主任,开始以石印及珂罗版印字画碑帖,文明书局并入后,更大量印行。

9月25日 陆费逵函北京分局王仰先,通报厂房招标、营业、增资、及与商务竞争情况:(1)"昨厂屋已开标,资格合而最低者为银九万二千四百八十两,六个月完工,八个月可装修竣事。"(2)"上半年生意大有进步,较去年上半年约多一半(去年上半年卅六七万,今年五十余万),京、鲁、晋、粤最有进步。"(3)"股份已收九十三万,本拟截止,因措辞未商妥,盖一方主张即然截止,而留五万备办事人及政学界同志附入也。公意如何?政学界有关系者,再罗致一二尤妙。"(4)"与彼馆竞争,日来风潮稍平,大有雨后天晴之概。惟菊生意颇介介,十一先慈开吊,菊竟未来。昨日彼馆传出消息,谓彼因我局总店,屋既比邻,又较彼高,拟加高两层(现在彼四层,我五层),如工部局不准,即设法移至大马路。惟弟意观之,此二层均办不到。盖地脚本备四层,工部局决不允许加高;而大马路适宜地点极难觅得,且价亦极昂。该馆近来步骤颇乱,一则锡璋因自己营业赔累,急闷致疾(舌大不能言语),近在莫干山及西湖养病。翰卿有契据股票三四万在姘妇处,交涉未妥,无心办事。仅菊生及二三中级人主持,故动辄得咎。……前此忽刊通告,遍发学校谓有科学研究会发传单诋毁该馆云云。四处访问,未见此件,想此件未必发出许多,而该馆通告,反惹起学界之疑虑,杭州因此小有风潮。彼馆疑我所为,但此事繁重,印刷邮寄,决难秘密。我果为之,不难觅出证据,我亦愚不至此也。同人颇欲得一观,故前者通告各分局寻觅此件,惟至今未寄来,不知京中见之否? 久未作详信布告一切,不觉词之详也。”

9月　外面有谣传提取活期存款之说,由董事分任准备金以防意外。陆费逵、沈知方各认一万元,施则敬一万以上,蒋汝藻、陈仲瑀各二至三万元,较诸活期存款七万尚有余额。

是年　《辞海》开始编辑,由徐元诰主持。其后十余年间,时作时辍,积有部分成稿。

《中华大字典》出版,16开精装四册。缩本《中华大字典》同时发行。主编徐元诰、欧阳溥存、汪长禄,分辑者方浏生等二十一人,参订者陆费逵、范源廉、戴克敦。

1911年,陈寅曾约同志有字典之辑,中华书局成立,作股份二千元归局。旋由欧阳溥存主持修订,尚不称意。未几,欧阳因病返赣,乃移字典编辑部于南昌,重事修订,阅二年而成。经陆费逵、范源廉等复阅,再加修订,先后五易其稿。即排校亦甚艰巨,盖字典用字四万余,校对至二十余次,与其事者三四十人,前后亘六年。全书凡三千余面,四百余万字,彩色插图三千余幅,所收单字四万八千有余,远多于《康熙字典》,且校正其错误二千余条。其编排体例尤注意于本义、转义、假借之次第,分条排列,字之古今义既分明,而阅者亦得以一览而尽。所引诸例,于书名外更注出篇名,学者便于质证。书前有熊希龄、梁启超、林纾、王宠惠序文,并有切韵指掌图及篆字谱,书末附有补遗及正误表。出版后深得社会好评,至现在尚有重印。

本局出版物，前以教科书为大宗，年来编辑费增至十五六万元，大半皆为社会必需之书。如《法规类编大全》（第一二集）、《清代轶闻》（全四册）、《清朝野史大观》（全十二册）、《欧洲战影》（收战地照相三百余幅）。外文方面如李登辉等编《英文尺牍大全》，杨锦森、王宠惠等编"英文名人丛书"，包括名人论说、演说、尺牍、述异、小说等，刘崇柔编著《初等英文法》、《中等英文法》，印行二十余年至四五十版。"学生丛书"陆续出版，谢无量、吕思勉②等编著，有《孔子》、《韩非》、《苏秦张仪》、《关岳合传》、《朱子学派》、《阳明学派》等。

盘入共和编辑局生财及参考书。

并入文明书局③。存货、生财、房地产均转入，牌号保留，加"新记"识别，仍由俞复经理。原文明附设的进步书局亦属本局组织，专出应时之书，其招牌久悬文明书局门首。文明书局系俞复、廉泉等创设于1902年，并入后，仍陆续印行新旧杂书小说及医药技艺等书，由王均卿主持，称杂书部。而文明之字画碑帖仍多出版，以前出版物重印者，亦继续沿用文明名义。

印刷力量扩充甚大，数倍于上年。既自添机械生财，又并入民立图书公司④、右文印刷所、彩文印刷局，又与中新印书局合并，添设文明书局新印刷所。印刷机械增至大小数百台，除自印书件外，开始承接外间大宗印件。

与中法药房组建中华制药公司，以二十万元为制造龙虎牌人丹厂资本。厂设在沪宁路火车站北首，为一三层楼房，以副"欢迎国货，挽回利权"之意。本局与中法药房同为总经书店，在发行所内设人丹部经理其事。后以营业不佳，于1920年并于中法药房。

自1914年7月至本年12月营业总额一百六十五万余元，盈余二十五万八千余元。1914 年秋,第一次世界大战爆发,影响上海金融市场,必须谨慎营运资金,致周转期延长;而纸张一向多自德奥进口,来货锐减,须购存一年用纸,垫本多而利息、栈租负担加重。

是年 农商部奖励全国大实业家七家,本局与焉,得"富拟瑯嬛"匾额。近年开始参与商品赛会,第一次为上年在美国旧金山举办的巴拿马万国博览会,得头等金牌奖九。今年参与北京农商部国货展览会,书籍、印刷品得特奖者十,仪器、标本模型、风琴等得一等奖者六。又参加江苏地方物品展览会,全得头等奖。

① 《梁启超年谱》。

② 吕思勉,1914 年至 1918 年在中华书局编辑教科书工作,1919 年去商务印书馆。

③ 文明书局创设之初,印行"蒙学读本"行销全国,陆费逵《六十年来中国之出版业与印刷业》一文中有云:"无锡三等学堂所编'蒙学读本'全套,由俞复、丁宝书等执笔,丁并绘图,杜嗣程缮写,书画文有三绝之称。由'蒙学读本'之印行,于是有文明书局之创办。文明所出蒙学及中学、高小各科课本,尤其是历史、地理风行最广。丙午(1906)以五万元资本,营业到三十余万元。正式的出版家,尤其是教科书出版家,当以文明书局为第一家。"在印刷方面,"照像铜版,当时日本能制,我国不能制。(文明同人)赵鸿雪本工书画,解机械,精照相,往日本欲习照相制版,日人不肯真实教授,赵君遂自己研究成功"。文明书局的印刷所在河南中路 198 号(昭通路口),亦称棋盘街中市,后迁新闸路,新建厂房,租与徐曜塈经营,至 1956 年全行业公私合营,并入澳门路中华书局印刷厂。

④ 由席子佩等创立的中国图书公司,编印中小学教科书,设发行所于河南路商务印书馆对门。1913 年,商务投资于该公司,改称"中国和记图书公司";其设于小南门陆家浜的印刷厂,改组为民立图书公司。(见《中国出版史料补编》第 283 页)

1916 年

1月 开始出版"新式教科书"①。国民学校用修身、国文、算术三种计二十四册;高等小学用修身、国文、算术、历史、地理、理科、农业、商业等八种计四十四册,各册教授法齐备。除国文、理科外,均为春秋季始业共用。编者有:范源廉、沈恩孚、沈颐、李步青、吴研蔼、陆费逵、戴克敦等。各科都用浅显文言编写,而在国文课本末尾附有四课白话文体,实为以后改用国语课本的先导。

由黎锦熙等发起的国语研究会,是年 10 月在北京成立,主张"言文一致"、"国语统一"。

新制、新编两套小学教科书订正发行,并各分为国民学校用及高等小学用两种。因教育部于 1915 年 7 月令改初等小学为国民学校。

3月 承印政府月份牌二十万张,印价二万有余。

5月10日 董事会以本局发起人沈继方(季方)病故,赠给治丧及酬恤费二千元,津贴两子学费每年二百元,以十年为度。

6月8日 举行第六次股东常会,决议增加资本一百万元。但至年底,招股未能足额,实增六十万元,连原有资本合一百六十万元。陆费逵在增资议案说明中有云:"近一二年来,教科用书销行日广,他种图籍次第刊行;文化渐启,代印之件渐多,印刷之力须用日繁,添置器械,租赁屋小,非自建厂屋不可。""营业盛衰,地点关系非浅,四马路棋盘街转角,较之抛球场中段,地理之优匪可言喻,总店迁移,抑亦大势所趋,不得不然者矣。""书业贸易既可冀其发达,我局进行,自宜一往直前。……吾人秉斯主义,近两年来努力进行,购地建屋,添设分局,扩充印刷,推广营业,过去两年之内,所费不下八十万元。"

施则敬、唐绍仪、范源廉、梁启超、周扶九、蒋汝藻、陆费逵、陈玉麟、朱幼宏、陈夔龙、廉泉等十一人当选第六届董事,潘宪臣、郭亮甫二人当选监察。八月间,董事会以范源廉去京就任教育总长、陈夔龙因病辞职,以次多数王宠惠、王正廷递补;又陈玉麟病故,以沈知方递补。董事中梁、朱、廉及王正廷四人为初选。

6 月　总厂新屋落成,编辑所、事务所、印刷所于 6 月 10 日开始迁入,至 8 月大致就绪。

总厂在静安寺路 192 号,哈同花园西首(今南京西路铜仁路口),占地四十三亩,初建成二层楼房五幢,平房四幢,共约五百间;迁厂以后,新置机械较多,又添建平房货栈等。建筑费用共十七万余元。

8 月 16 日　董事会以范源廉交卸编辑长事,决议暂由局长、事务长兼理。初由陆费逵,旋由戴克敦兼理。

8 月　总店新厦落成。25 日,总公司自河南路二号迁入。

新厦在四马路棋盘街转角(今河南路福州路口),南邻商务印书馆,五层楼洋房共百余间,沿马路店面十余间,屋高七十英尺,在四马路河南路一带为第一高楼,购地建筑之费约二十余万元,其中地价及费用为八万六千七百两,至 1927 年 3 月 1 日始全数清付,取得道契。门脸上左右上下各有"中华书局"四大字,端庄凝重,为书家印刷所副所长唐驼所书。

9 月　《饮冰室全集》[②]出版,梁启超于 6 月手定,共四十册。至 11 月再版。翌年,又出缩本《饮冰室全集》,分订四十八册。

10月　上海店于10月1日开始自河南路5号迁入新厦,14日正式开幕,营业额约增一倍。

总厂、总店新屋建成后,全公司分作两处,改变了原来机关分散照料难周的情况。公司组织随之亦有变动:行政机关以局长为首领,执行局务,各机关均属之。与局长连带负责主持各务者,有副局长一人、理事四人、所长三人。协助理事、所长处理各务者为干事,主任各务者为部长、课长。厂店两处分职如下:

总厂方面

　　编辑所,分总编辑、教科图书、普通图书、英文、字典、杂志、图画七部。

　　事务所,分总事务、出版、推广三部,文书、广告、西文事务、庶务、藏书、收发六课。

　　印刷所,分事务室,铅印、石印、证券印刷、写真制版、装订五部及货栈,另有附设的仪器标本制作部则在厂外。

总店方面

　　总公司,理事、干事,分总务、局务、会计、进货、西书、承印、仪器七部。

　　上海店,分本埠、外埠二部。

总分局人员:编辑员百余,办事员八百余,职工二千余人。重要职员如下:

　　局长:陆费逵　　　　副局长:沈知方

　　理事:陈寅　戴克恭　王祖训

　　编辑所长:戴克敦兼理

　　事务所长:戴克敦

　　印刷所长、文明书局总理:俞　复

　　法律顾问:王宠惠

干事、上海店长:夏清贻

干事:金兆梈 姚汉章 沈 颐 高时显 唐 驼 陈
育 戴克绍

制订本局第三期发展计划

(甲)印刷方面:(一)添购新式器械增广印刷之实力,(二)延聘高等技师输灌欧美之技术,(三)派人出洋留学养成完备之人才(已选派数人出洋研习印刷技术)。

(乙)编辑方面:(一)改良普通教科书及学校用品以助教育之普及,(二)注意高等科学书及字典辞典等以养成专门之人才,(三)多编通俗讲演书及有益小说以辅助社会之教育,(四)其他如精印古书,广译西书,自制仪器标本,皆吾局对于教育之天职。期于二三年后达于完备之点,庶吾国文化亦得蒸蒸日上。

按本年编印的《五年概况》,谓本局开办以来可分为三时期。最初两年为草创时期,资本薄弱,规模狭小,虽营业发达,余利尚丰,然无成绩可观。其后两年为培植根本时期,资本稍大,规模略具,然资本大部用于建筑房屋、添置器械,而屋未竣工,器未全到,尚不能得其用。今后可进于第三期——发展时期矣。

是年 进一步扩充印刷力量,特别是彩印方面,首备可印46×34英寸大橡皮机并铅版机,套印彩色迅速精美。添铅印、石印机二十余部,定购橡皮机、亚铅版机各一部及世界最大照相镜等。

在此之前,铅印部大致完备,华文制版印书规模,仅亚于商务印书馆。但精细之件,特别是彩色较难之件,难以承接,往往转交外厂,故期望尽快扩充设备,能自印最精之商标证券,免使利权外溢。且认为“印刷为文明利器,一国之文化系焉。果使我局印刷放一异彩,不徒为我局实力之发展,亦足以观国民文化之进步”。

分店(当时称分店)增至四十处,计有北京、天津、奉天、杭州、汉口、南昌、南京、广州、兰州、太原、温州、长沙、贵阳、保定、开封、长春、武昌、济南、成都、常德、福州、石家庄、云南、徐州、西安、重庆、汕头、衡州、安庆、吉林、潮州、桂林、东昌(今聊城)、黑龙江、兰溪、哈尔滨、张家口、厦门、香港、新加坡。其中奉天、北京、天津、太原、杭州等处,先后收回自办。

定分店组织,各置店长一人,或设副店长一人,酌设账务、营业、文书、调查等若干课。

附设藏书楼于编辑所。

全年出版新书三百六十六种,计一千二百六十三册,定价二百七十三元。本年出版较大的新书,除《饮冰室全集》外,有张相选辑的《古今文综》,上自三代,下至近世,不分骈散,辑为六类:论著叙录、书牍赠序、碑文墓铭、传状志记、诏令表奏、辞赋杂文,全40册,以选入曾国藩《讨粤匪檄》,外界有所非议。又陶履恭等编译《中外地理大全》。"小说汇刊"继续出版,中有文言译本《福尔摩斯侦探案全集》12册,译者为周瘦鹃、程小青、陈小蝶、严独鹤、严天俟、天虚我生等十人,至1936年印至20版。英文方面的书较多,"英美名人文选"中有华盛顿、罗斯福、倍根等文;46开本的"小本英文说苑",系选英文短篇小说而加汉文注释者,至30年代中期仍陆续出版,共计20余种。张谔所编《英文学生会话》,至1934年印至17版。

是年 营业不佳,总额近一百十余万元,较之上年一百六十余万减少三成。帐面盈余二万余元,如将新增财产照旧减折,则将亏损十四万余元。其原因,一面受时局影响,护国军兴兼以地方不靖,西南诸省分局有停业半年之久者;其次厂店迁移,工厂停工两月,上海店亦停业半月,损失甚巨,而搬迁开办等费三万有余;第二栈房失慎,影响货物供应,是皆减少收入增加支出之诸种缘由。两年来购地建屋及添置机械、扩充编辑等费至八十余万元,尚未全食其利。原有资本仅一百万元,故吸收存款连应付利息达一百二十万,财政状况极为不佳。

---

①　据 1916 年 1 月 31 日《申报》广告称:因本书内容注重国家主义(即爱国主义教育,具体指帝国主义侵略,造成割地赔款等不平等条约),曾有某国向我外交部提出抗议,经教育部、外交部予以驳复。

②　《饮冰室全集》于本年 7 月发售预约,时商务印书馆亦发售预约"梁任公编定《饮冰室丛著》"一书,计四十八册。适有普新书局刊行《梁任公文萃》,半辑自《大中华》,中华乃登报声明:对《庸言》报及《大中华》杂志拥有版权,将控告编选梁著的出版者,自有暗指商务之意。商务与梁多次洽谈,表示愿通过律师交涉,代偿梁向中华所借三千元,以赎回《庸言》版权。同时,中华方面表示并无干犯版权之意,双方均愿商谈解决。商务要求梁与中华所订出版《全集》契约上加注"《丛著》系自行编纂交商务发行,中华丝毫不得有所侵犯"等语。时梁启超新当选中华董事,风波自能平息,两家各自于 9 月底出书。(参见《张元济日记》)

1917 年

1月21日 副局长兼文明书局协理沈知方辞职,董事会决议副局长不再补人,所办各事即由诸理事分任。

沈知方辞职信云:"因他方关系兼办别业,以致事务纷繁,日不暇给,……所办华昌火柴公司正在扩张,中华制药公司亟待进行,兼筹并顾则力有不支,舍彼就此又势所不能。"陆费逵在《中华书局二十年之回顾》一文中说到书局发生经济危机原因之三,为"副局长某君个人破产,公私均受其累"。又在复股东查账代表的信中说,"董事兼副局长沈知方欠款三万元……系先挪用后改为押款的,并非债务抵进押品"。

2月 附设中华小学校招收国民科一至四年级男女生,可以膳宿,校址在爱文义路哈同路口(今南京西路铜仁路口)。

印刷所扩充设备后添聘印刷技士,有留英的唐镜元,留日的丁乃刚,并聘外籍技士从事研究工作。

本局以发生经济困难,原有杂志八种,除《中华教育界》外,余均停刊。其中五种改为丛书出版:(一)《大中华》杂志改为"大中华丛书",(二)《中华学生界》改为"学生丛书",(三)《中华妇女界》改为"妇女丛书",(四)《中华小说界》改为"新小说界丛书",(五)《中华实业界》改为"实业丛书"。均分集印行。

上海总店为便利内地顾客,添设"通讯贩卖部",不独本局售品可以函购,凡上海直奉江浙闽粤川汉,以及欧美日本各处货物,除危险品及有伤风化品外,亦可代买。

3 月 27 日　由于商务印书馆印刷所停歇两名工人,引起华文排字部及西书订作部工人于 23 日起罢工。本局印刷所铅印房、排字房、铸字房工人为申援商务工人兄弟,亦举行罢工,至 30 日复工。其间中华与商务两家负责人商定"彼此取同一步调",并不收用商务罢工工人。

4 月 10 日　陆费逵在董事会议上,报告与商务印书馆非正式谈判联合情形。至 5 月中旬,双方举出谈判代表,商务为高凤谦、张元济;中华为陆费逵、王仙先,又推定唐绍仪、陆费逵为负责签约的代表。旋以商务内部意见不一致"暂行缓议"①。

陆费逵推荐史量才继任局长,史先同意,旋即作罢。陆费逵以第一任局长期满,拟专任厂事,在总厂设总办事处,谋编辑、事务、印刷、货栈各部门之间联络统一,推荐史量才继任局长。董事会决议照办,俟报告股东会后再行定期邀请史君就职,并订五年合同。4 月 11 日,史复信同意继任局长,俟报告股东会后定期就职,并签回合同。6 月 14 日,史以"两月来局势大变,前议当然作罢",缴还所订合同。陆费逵复信云,"局长一席前荷承认,欣感弥殷,现在局势既变,自未敢以重任相强,遵将前议作罢"②。

4 月　以文明书局押与信有号,押款九万零六百元,先订一年合同。

5 月 26 日　以"共和再造周年纪念"为名,总分局举行廉价一个月的售书活动,本版教科书由五折减为三折、其他书五折、外版书六折发售。

5 月　《中华中字典》出版,为《中华大字典》之节本,收字一万二千余。编者有范源廉、欧阳溥存、徐元诰、陆费逵、戴克敦、汪长禄、杨誉龙、刘法曾等二十余人。

出现存户提取存款风潮,流动资金短缺,形成严重的经济危机。其时同业中谣传很多,有谓中华股本已亏折将半,拟盘与商务;有谓中华即将倒闭,不得已而与商务合并。于是存户纷纷提存,数日之内达八九万元。先是,于5月9日董事会开会时,作过存户提存的准备,各董事担定之数有:唐绍仪二万两,蒋汝藻三万两,廉泉、朱幼宏各一万两。自5月16日至月底,连续召开董事会七次,及在沪重要股东谈话会一次,一面在股东中筹集押款以应付提存及造货开支等必需用款,一面定出节省开支、加强预算,及今后如何维持的办法。

6月16日 召开第七次股东常会,讨论如何维持问题。常会在上海总商会议事厅举行,公举唐绍仪为临时主席。局长陆费逵在会上报告第六届营业情况后说,"经济困难已达极点,现已不能支持。果属何故? 虽因蜚语四起,存款纷提,而办理不善,措置不当,实无可辞。当此存亡呼吸之时,究应如何补救,尚希各股东从长计议"。并要求常会:(一)选出检查人进行检查,(二)本人办理不善应辞职待罪,(三)现在情形危急,请商救济办法。主席答复股东责问时亦言,"今日情形非常危急,请股东悉心讨论维持方法,今日倘不能解决,明日即无法维持"。

股东康心如提出出租办法。谓公司现状危险至此,一经停顿,全功尽弃,为保全一百六十万资本及"中华书局"四字,并维持一百二十万债权信用计,惟有将公司各种财产租与他人接办,议定期限、租金,本公司即以所得资金,按年分期拨还债务,俟期满时仍可收回自办。如此则股本可保,债务有着,似为目前一举数得之法。股东姚作霖补充三条限制:(一)书局不能闭一日门,(二)租赁者不能有外人股本在内,(三)不能有同业股本在内,总以本公司股东组织为宜。均为常会通过。③

股东徐静仁,安徽人,两淮盐商,在沪办有溥益纱厂,表示,"念公司关系实业教育,至为重大",愿意担任从事组织。亦经通过。大会并推举俞复、康心如代表股东会与徐静仁协商办法。

常会推举吴镜渊、黄毅之为查账代表,清查历年账目,查有情弊,即由查账人代表股东提出控诉。旧公司一切事务由原局长、会计部长负责。

6 月 25 日 董事会决定本局全部财产由徐静仁、吴蕴斋、史量才等组织的新华公司承租经营。股东代表俞复、康心如向董事会报告,经与新华公司磋商,已于 6 月 24 日签订草约,俟本局将债务办法商妥并延律师作证,再签订正约。商定押租六万元,月租平均约一万四千元,先收定洋一万五千元交董事会,由清查代表核付最要款项。书局虽经出租,各部门负责者仍为原有人员,惟对一切开支款项有严格限制,均须经查账代表审核才能支付。

此次经济危机,几致停业,据查账代表吴、黄两人,后来所提《调查公司现状报告书》中失败之原因云:"据以前之报告,不外欧战方殷,原料昂贵,国内多故,金融恐慌,局长去年卧病三月,副局长去年亏空累万。凡此诚足致病之由,然皆外感而非致命之原因也。致命之因有三:进行无计划为其第一原因,吸收存款太多为其第二原因,开支太大为其三原因。有此三因,即无时局影响、人事变迁,失败亦均不免。""进行无计划,其最著者有四:编辑进行太骤,现存各稿非二三年不能出完,稿费不下十万;次为印刷机械太多,地基过大。现在机械之力可出码洋六七百万元之书,夜工开足可达千万,现用不及半。地基空者不下二十亩,废置不用反赔利息捐租。次为分局开设太滥,竟有未设分局之前年可批发万元,一设分局反不过汇沪数千元者,其故由于僻地营业不易扩充,分局开支又不节省。次为计划过于久大,不顾自己实力,前三项固属此病,而建筑过于宏壮坚固,搁本实甚。此外,培植人才,派遣留学,虽为应办之事,而耗费抑已多矣。两年以来布置进行,颇费苦心,然甫经就绪而大命以倾。此不能为前此当局者恕,又不能不为之叹惜者也。吸收存款太多之病……盖书业财产不能于咄嗟之间变为现金,存款来时,业已用诸购地建屋、编辑出版诸途,则不能不畏提取。因畏提取,则出四病:职员之当裁者,因有存款关系,不惟不敢去之,反须加以敷衍;机关之当并、分局之可歇者,因恐损体面而受影响,于是初则优容,继则跋扈,终且不可收拾;其尤甚者,赔累之营业不敢不照旧支撑,无用之器械货物不敢廉价售去,搁置愈多,愈畏提现;而存户要求加息不敢不允。漏卮日甚,现金日少,欲不搁浅不可得矣。开支之大,每月薪水至一万元,债息一万元,伙食杂用告白推广又一万元。开支均现款,财产增加均非现款,故结果财产日增,现款日少……若不减缩支出而欲其不失败,难矣。"

陆费逵在《中华书局二十年之回顾》一文中分析经济恐慌之原因:"第一由于预算不精密,而此不精密之预算复因内战之减少收入,因欧战而增加支出。二由于同业竞争猛烈,售价几不敷成本。三则副局长某君个人破产,公私均受其累。"又在自述四《我为什么献身书业》中说:"民国六年(1917)的风潮闹得几乎不了,原因很复杂,就我本身想起来,有三种缺点:第一经济缺乏,没有应变的财力;第二经验不足,没有预防的眼光和处变的方法;第三能力不足,没有指挥全局的手腕。"

7月1日 新华公司史量才来局正式办理接收手续,由该公司承租经营。

8月8日 在各报刊登敬告各埠同行广告,声明秋季应用各书现正日夜赶印,已陆续发出,决不误期,可就近向各分局配货,万勿为造谣者所误。

10月 董事唐绍仪、蒋汝藻、廉泉等邀集商会正副会长及各债权人议定存款分年摊还办法。大存户宋曜如首与公司订分年摊还之约。

11月15日 结束出租,收回自办。新华公司以中华旧债问题未能商妥,机器被封,危及所投资金,要求废除承租草约,将全部财产交还中华书局董事会,由俞复、康心如两代表仍派原办事人陆费逵接收管理。新华公司于16日在各报刊登声明,谓旧机构债务问题未能解决,存户沈凤仪、兴业银行、新瑞和等纷纷向公廨控诉,致厂中机器大部被封,春货无从印造;且称"本怀维持之心,决无苛求之理,损失有着,草合同即可作废"。

17日 股东代表俞复、康宝恕(心如)以新华公司退租,通告召开临时股东会筹议善后办法,并谓租与新华公司承办业已四月有余,押租未清,月租不付,迫不得已,不得不即行收回。越日,又在报上声明新华公司承退租实情,主要说明在七八月间与各债主大致接洽就绪,后以租金未付,致不能照表支给,债主方有违言。且新华公司14日第四次要求退租来函,定15日为停止营业之期,故不得不即行收回。至该公司声称系为维持公司一节,是否事实无庸置辨,已将合同全文及往来信件付印露布④,一阅即可辨其究竟属维持抑系营业性质。

12月16日 召开临时股东会议,改选董事、监察,同意陆费逵辞去局长职务,结束出租事宜及募集优先股等。

新选董事俞复、于右任、周鹗、范源廉、沈恩孚、康心如、徐可亭、孔祥熙、戴克敦、施则敬、廉泉等十一人。其中周、沈、施、廉一再辞职,以得票次多数陈抱初、宋曜如、谢蘅牕、汪幼安四人递补。其中俞、于、康、徐、孔、汪六人为初选董事。又选吴镜渊、黄毅之二人为监察。

12月下旬 自 19 日起至 26 日召开董事会议四次,首先制定《董事监察暂行办事规则》。根据此项《规则》:(一)公推一人常川驻局,代表董事会暂行总摄局务;(二)目前董事会应办事宜,(甲)整理局务;(乙)支配债务;(丙)募集优先股;(丁)清查从前各事;(戊)结束出租事宜;(三)每月预算决算应交董事会通过,预算外支出,须得驻局董事之许可;(四)公司逐日账目应由监察检阅,月终年终并经审核;(五)董事为共同维持起见,得于股东中延请参事若干人,以期集思广益,协力进行。并认为公司败坏至此,董事监察不得辞其咎,现在虽经另举,系属对于现在维持,所有从前各事仍应归旧董事、监察负责。

推举俞复为驻局董事,另行组织会计部。从前债权债务责成旧会计清厘追讨。推举吴镜渊为驻局监察。

局长陆费逵既已辞职,即将局长名义取消,暂任司理,凡服务各职司均归管辖,一切事宜商承驻局董事办理,俟优先股招齐另议任免。

募集优先股章程及募集办法,虽经再三讨论,终以股东意见纷纷,延至次年 2 月间决定停募。

议定驻局董事、驻局监察、司理暂各致送公费每月一百元,不另支薪。其余职员薪水、职务之支配,由驻局董事及司理酌定后提交董事会核议。

议定整理分局大纲:(一)整理局务,(二)甄别人员,(三)催收旧账,(四)节减开支,(五)清点货账,(六)调查内容,(七)推广营业。并由康心如、孔祥熙、吴镜渊等分赴各分局进行整理。

议定厂店组织及分任职务办法:

(一)总办事处:直辖于驻局董事及司理,办理总公司各务。分总务、进货、分局、出纳、簿记、庶务、股务、整理分局特派员(临时选派)。

(二)上海店:主任,专司上海店之营业,其分科组织另由驻局董事、司理会同主任定之。

(三)清理处:主任,专司清理旧事,清查分局。

(四)编辑所:主任,将原事务所并入,专司编辑、出版等事。设总事务部、中文编辑部、西文编辑部、出版部。

(五)印刷所:主任,专司工厂事务,其分科组织与司理会商定之。

(六)货栈:主任,专司书栈、纸栈发货之支配管理。

议定核减开支办法:(一)薪水限制每月不得过三千元,印刷所视工作多少增减;(二)总店薪水满五十元者八折核减,四十元以下照旧,但主任以外之职员除书记翻译外不得过二十元;(三)文明书局开支,由驻局董事、司理与该局主任会商核减。

推选下列股东为董事会参事:

唐绍仪	金仲荪	胡懋昭	陆费逵	姚作霖	简照南	徐静仁
李登辉	沈仲礼	王汉强	陆费颂陔(以上为董事监察次多数)			
唐露园	顾石城	卢信恭	袁恒之	林康侯	高子勋	胡浚泉
高祁民	钟拱宸	谷九峰	陈海澄	雍剑秋	陈筱庄	简玉阶
周卿子	徐季龙	蒋孟蘋	陈蔗青	黄少斋	沈步洲	严慈约
沈复生	严约冲	余日章	王儒堂	余东屏	刘襄荪	萧哲夫
刘翰怡	丁少兰	施省之	张哲民	何芝庭	张东荪	叶敦五
王亮畴	裴剑泉	王仰先	李云阶	孟石宾	柳芝庭	李咏和
黄膺白	孔云生	史量才	朱幼宏	梁任公	朱芾煌	

是年　出版除教科书外,有"教育丛书"、"通俗教育丛书"、"女学丛书";有周瘦鹃译"欧美名家短篇小说丛刊"三卷,共收小说50篇,各篇前有作者小影、小传,译文有文言、有语体,卷首有天笑生、

天虚我生、钝根序文。"小小说"开始出版,42 开,环简页装,至 1932 年出至 100 种,如《飞虎将军》、《义士赠刀》、《大破五台山》、《牛头山》、《火烧赤壁》、《闹天宫》、《祝家庄》等。字典有吴研蘅主编《新式学生字典》,关应麟等编《袖珍英华双解字典》,1916 年版《韦氏英文大字典》。程承祖等编《袖珍英华尺牍范本》一、二编,《袖珍英华会话范本》八册,至 1936 年均印至 30 余版。还有《松坡军中遗墨》等。

附录

中华书局开办之初,以编印中小学教科书为主,成为商务印书馆的主要对手,彼此竞争日益激烈。两家因宣传推广、批发折扣、同行回佣等开支损失巨大,每年减收各在 30 万元以上,难以为继,于是有联合或合并之议。1914 年协议未成,1916 年中华书局又曾向商务印书馆试探;1917 年中华书局资金周转失灵行将搁浅之际,两家乃正式进行协商。从 3 月至 5 月间,几乎天天商议,在《张元济日记》中有充分反映。现摘录若干条,借以窥见当时中华书局之困境及商务印书馆领导层不同态度之大概。

《张元济日记》摘录:

1917 年 3 月 19 日 王仰先约翰卿、拔可及余至卡尔登午饭,谈合并事甚久。其意,商务可以增加成数,彼处亦不还价,将来实估财产、负债、营业。资本之比例先定一界限,过限核减。

3 月 27 日 余将联合关系各事缮成五件,先示高、李、鲍,再示张、王。开(董事)会时送公阅,多不赞成,主张再忍。余言,余偏重联合,因数年来所受痛苦太甚,实办不下去。末后作为悬案。

28 日 仰先告余,我处同人急力运动反对联合之事,颇有谣言,嘱速定。余言方面歧异,不能求速。

29 日 伯鸿来信,言联合事颇漏泄,疑本馆有意破坏,嘱于一二日内决定可否。经翰翁往与说明。

30 日　访伯鸿于其家,言谣言太甚,恐于营业及经济有影响,不能不宣布。余言最好不宜,如不得已最好畀我一阅,恐将来不能不应。午后又来约余往谈。

31 日　陆王两君来寓,王力言联合之利,否之害。余言,现实为一好机会,但我处不能从速,亦事实所限。

4 月 2 日　昨日在卡尔登午饭后,余力陈两家联合之宜办,翰虑联合后两家重要〔人员〕合处不能融洽之为难。后商定将一切办法、种种研究,列成条件,再予讨论。

3 日　午后约张桂华、王莲溪详谈与中华联合之事。余谓惟彼局危险空虚,乃可议联合。若既已揭破,必有人出为担任继续营业,则竞争愈出轨道,愈见艰难。倘或政府出为维持,则我处更受逼迫。从前小局面易于消灭。此时彼局只有搁浅而无破产,故彼愈危险,愈当乘机联合,实为一大机会。王谓彼局即亏百万、数十万,并不要紧,但最难者为联合后办事如何。余言此事极须详细讨论,请诸君商酌开出,详细研究。

9 日　拔可与苏盦谈联合事,苏大反对。昨晚约伯鸿、仰先来寓晚饭,谈事如下:一、总机关我处得多数,伊处应拣何人,商务可以挑选。二、分馆裁汰事。三、联合后若干期间内,所有成数应付之存款、押款,由两方各自担任。

10 日　午前,翰卿、咸昌、叔通、拔可来寓谈联合事。余力言不联合则不能再有精力及财力为推广及进步之用。彼局必出事,而断不能停闭,以后竞争必更烈,不知何所底止。翰言联合后必另有困难。余言,现为甲之困难,将来必为乙之困难。甲无已时,乙犹有逐渐融解之望。翰言,有人云甲之困难亦将了结。余言此须问中华是否能倒,如中华能倒,此说可成立。然中华不能倒之理余均有实证,并非空想。翰言联合后必有人怕本馆受亏,恐提存款,恐受摇动。又彼局如有大宗应付之款即时要付,必须筹备大宗款项,此甚为难。余言此事极有研究之价值。

12 日　史量才约余至卡尔登晚饭,言伯鸿告退,专管编印,举伊为代。已承认,尚未就职。又言已查过账目,诸人私亏约 10 万,现须筹 30 万以为目前活动之用。并拟请股东停息三年。又云以财产与债项相比,足以相抵。又云愿继续讨论,彼局有退让磋商之地,商务增加似不能过百万。

13日 约仰先谈,言全局财产共浮数约300万有奇,股本157万,负债100余万,财产八折并相抵。仰云房地产约40万,机器同,铅字及铅约10万,原料图版约20万,分馆货账80万(未折),存书作二折。

17日 董事会议谈联合事,苏力主不办。余力陈所以主张之理由,苏意稍软。曹以余言为有理,聂亦认为可商,王谓不妨再等。余言彼急我须缓,但机会到时,宜立即攫取,不可失去。

18—19日 伯鸿谓用人彼处只有五人,即伯鸿、王仰先、戴劼哉、陈协恭、史量才,其余均无关系。第二,押款约5万,债款约10万,存款似不致动。又第三事竟作折减,由余处先拟成数,即定草约,再各推二人查验,即可折实之数等语。余将中华四年(1915)账照我处折算,须减去74.2万元。经反复讨论,为防止可能产生的问题,与翰、拔、梦、叔所议,归结如下:(一)向索五年(1916)红账。(二)查彼局存款、押款、借款、定货四种实数及期限。(三)问急付之款若干。(四)问有无浦东定纸。(五)问有无预买金镑及其他营业。(六)问彼合办分局折扣能否增加,所定合同有无限制。(七)问彼局股东会后我处一月,恐有变动,如何救济。(八)发起创办人特别权利应取消,此外有无关系。(九)将来所有权利义务之契约应一律开示。(十)陆费伯鸿应订明不能离去,须有保证。王、陈同。

24日 午,在一家春与丁律师及翰、叔、拔讨论组织注册方案,用"中华商务印书馆"。伯鸿、王来谈,认为不能另立新公司,不如收买为便。

27日 与陆、王谈股份事,陆、王拟两股合100元,折半再找50元,得新公司一股。

5月1日 董事会前,约翰、咸、拔、叔商议,余意负担太重,本馆力量非不可筹集如此巨款,但股东会万一诘责,以为过于冒险,我将何辞。余意拟停议。翰亦以为危险,只可谢绝。同人亦无异言。遂商定彼此不为宣布,于董事会后即告陆、王。

3日 午前与翰、拔、叔详商办法,谓负担果有方法,则股东会前不签草约。一面筹备现款，正金能得 30 万，其他银行钱庄可得 10 万，我辈个人合筹 10 万(我约可得二三万)，则目前应付已足。后来将伊缺股补收能得 20 万，便可逐渐归还。

10 日　致陆、王信，请先裁人、撤分局。

11 日　午后，约张桂华、王亨统、顾晓舟、钟景莘、陈培初讨论答复中华昨来意见书。并请顾、陈、钟商定后来盘查之法。

12 日　本日中华送来五年贷借对照表、文明贷借对照表，又合办包办分局合同十八份，又中兴、民立、彩文、文明、右文盘受合同，并存款、押款、借款账本两册。又意见书三件，即与同人商定答复。午后偕翰翁往商谈。

14 日　中华又送来股东名簿，昨日先送来三年份(1914)本版中小学销数表等。仙华、伯恒来，对合并事大加反对。仙华言甚激烈，余逐层剖析，仙华言如此并无不可。又带来傅沅叔、王君九等信，均不赞成。午后，开特别董事会，以"中央政局变动"，不如停议。余与翰嘱伯鸿、仰先至一家春晤谈，告以停议。

---

①　参阅附录的《张元济日记》摘抄，此次协议而未发表的文件，当时曾付印成册。

②　史量才继任局长事，兹据"董事会议纪录"及"董事会函件汇录"表明，史虽同意就任并签了合同，但就职日期要等报告股东会后再定。查股东会于 6 月 16 日举行，而取消合同在股东会之前。据此，史并未就任局长，可以断言。而《回忆中华书局》上编第 74 页，及《中华书局成立七十周年纪念册》第 92 页所记史继任局长，显非事实。这一误传的由来，或与史在 7 月 1 日代表新华公司接收中华一事有关。

③　《张元济日记》1917 年 6 月 19 日记："闻中华承租将成，股本已得二十万，有唐少川、周扶九、史量才、王仰先、蒋孟屏、冯华甫、贝润生均在内。"又 6 月 22 日记："唐驼来访翰翁(高翰卿)二次，有要我处承租意，翰翁婉谢之。"

④　档案中未见此件。

1918 年

2 月　清理处改名清查处,即行组织进行,对押款、未出账款、分局账欠、存货、宕账,亦应分别清理,由驻局董监会同司理办理。如有交涉事件,由驻局监察出名。

3 月 11 日　律师古柏、马斯德刊登启事,代表本公司向各债主征求分期偿债办法的意见。谓本公司负债一百十万元,计钱庄银行十四户,抵押借款十三户,存款四百余户。拟定第一年还行庄信用往来并付借款、存款利息,第二年至第五年四月分还借款本息并付存款利息,第六年五月起分三年半还存款本息。此举无非为免公司破产致大众过于受损。

4 月 9 日　文明书局押与信有号一年到期,同意该号所提改押为典,典期五年,典本无息,营业由典主管理,盈亏与本公司无涉。

5 月 27 日　司理在董事会议上报告有关押款讼案情况。去年九月以来,押款讼案五起中,新瑞和洋行、兴业银行、钱云记、李谦记等四起已了结。惟沈凤仪案在上月,公堂将本案保人邬仁甫等三人提案拘留,各该眷属时来交涉,非特无以对人,亦不克安全营业,但公司既无根本解决之力,觅保又以提拘为戒,百无一应,办理此事非特困难达于极点,且不免有特别费用,经由驻局董监及司理设法将保人开出。现在公堂判决每月给一百元,并将公司摊还归债详细办法送廨备案。

7 月 13 日　与维华银团正式签订三年期贷款造货合同。该团团本十二万元,先集六万。在此之前,董事会屡次议及组织银团垫款造货问题,认为在流动资金困难情况下,此举实为急务,四月间就议定了招人垫本印行新书合同的条件。陆费逵 7 月 17 日函孔祥熙,告以组成维华银团情况,并已为孔留出五千元。函中所述参加者,有吴镜渊、殷侣樵、徐可亭、俞复、陆费逵、陈寅、黄毅之、戴克敦、汪幼安等。以吴、殷任监察,汪为主任,徐管财政。出资最多者吴镜渊一万八千元,次殷侣樵一万元,其余数千元不等。此项贷款造货,先已在 5 月间开始。

8 月 7 日　通函各分局:"以本局自去岁 11 月收回自办以来,内部改善,积极进行,印刷亦一切照旧,并无更动。惟编辑所房屋过大,空废可惜,曾由董事会议决出租,业于 8 月 1 日起租与南洋商业学校,于经济不无小补。编辑所迁入第二幢,与事务所合用一楼,与印刷所接近,办事益为便利,此实厂中切实进行之好现象也。近闻外间颇有谣传,同业倾轧靡所不至,杯弓蛇影之谈,在在堪虞。用将最近状况及实在情形,特为通告。"

9 月 3 日　以沈颐去教育部任职,函周支山:"朵山月前北行,局中已与订一局外编辑之特约,专任修订新式中学教科书及新式国民学校秋季国文教授书,按月致送银洋五十元。自九月份起,由尊处按月照送,取回亲笔收据向总局转账。"

10 月 18 日　董事会制定垫本印造重版书合同的条件。照此条件,任何方面均可分垫承印,但每户垫款总数以四千元为限。

11 月 17 日　董事会决议:(一)会计课主任郑子禾自公司开办即任职,十月初病故,送治丧费三百元,支给月薪一年。(二)南京分局经理李少华任事三年,九月初病故,送治丧费二百元,支给月薪三个月。

汉口、奉天、安庆三分局代理经理沈彬翰、沈鲁玉、沈松茂,正式任为经理。

12月20日 召开股东常会,选举董事、监察,陆费逵以最多票数当选董事,其余当选董事者为:李平书、范静生、俞仲还、戴懋哉、汪幼安、徐可亭、王儒堂、施子英、唐少川、廉惠卿。当选监察者:吴镜渊、黄毅之。

23日 董事会仍推举俞复为驻局董事,吴镜渊为驻局监察。驻局监察下设稽核处,设主任一人,其下分设核算员、稽查员,对总店、总厂及各分局严加稽核。

25日 董事施则敬(子英)因病辞职,由次多数刘叔裴递补。

制定本局简明规则十条、监察处章程十九条,均自下年1月1日起施行。

调整各部所主任:总务部戴克恭,会计部(缓设),发行部沈明甫,印刷所俞复(兼),事务所戴克敦,编辑所戴克敦(兼)。

是年 出版图书较大的有:马君武译卢骚《民约论》全译本。杨誉龙等编《实用大字典》,以《中华大字典》为蓝本,加以增删、补遗、正误,收字约二万。陈家麟、陈大铠译托尔斯泰《阿娜小史》全译本(即《安娜·卡列尼娜》)。《五朝文简编》二十八册,选自《唐文粹》、《宋文鉴》、《南宋文范》、《元文类》、《明文在》、《清朝文录》等书,约选十之三四。谢无量编《中国大文学史》,分述自上古、中古、近古以至近世清代各期的文学史,至1940年印至18版。张谔、沈彬编《新式英华双解词典》,至1941年印至17版;《新式英华词典》至1935年印至13版。

1919 年

1月 为提倡国货,并便于与同业竞争,首倡改用中国毛边纸印教科书,成本及售价稍有提高。

2月1日 为豫陕甘等省水灾奇重,殍亡载道,响应商会筹赈,决定在总店一至七日门市售现中提取 5% 作为赈款。

2月22日 设立美国函授学校总经理处,沈问梅兼主任,经理该校在中国函授事宜及发行英语留声机片。

4月5日 《中华英文周报》创刊,全年 52 册,内容有国内大事、工商学各界新闻、小说,自修指引,后又增加会话、应用文等。先后由马润卿、桂绍盱、王翼廷主持。1928 年出至 413 期,因改组暂停。1929 年 3 月复刊,由留美归来的马润卿博士主编,添聘顾执中为局外编辑,分初高级两种,每期各两大张八面,寒暑假休刊,全年 40 期。撰稿人有史襄哉、甘开脱(美)、沈问梅、周开甲、马润卿、梁鋆立、桂绍盱、张慎伯、邬梦楼、刘尚一、谢颂羔等。至"八·一三"事变停刊。《周报》创刊时售价四分,廉于商务的《英语周刊》,因而商务亦酌减售价。

4月15日 编辑所姚汉章病故。姚君 1912 年进局,曾任干事、中学部主任等职,致送丧葬费四百元,子女教育费每年二百元,以三年为限。

5月 "五四"运动爆发。19 日本局职工夏淑芳、朱蔚伯、姚竹天等参加"救国十人团",下班后外出宣讲时势及宣传抵制日货。

6月5日 印刷所员工罢工,总店罢市,响应学生运动,至12日复业。

7月9日 决定秋季造货数:小学书四百五十万本,中学书、杂书五百六十万本,造本已筹四分之三。

7月 译印《日本人之支那问题》一书涉讼。该书原为日本杂志《实业之日本》专刊,对当时的中日关系提供侵华的理论依据。如说山东问题应视为割让德国的领土、中国为天与之原料国、中日经济同盟论等等。译印该书,认为可供国人对日本蓄意侵华之研究。而其中一节误将商务印书馆仍列作中日合股公司,译本既未删去,又无说明。商务认为"借此以为诬陷,其用心不问可知"。中华以日文原书自有其负责之杂志社,中华仅事译印,只同意将更正文字补刊于译本卷首,不承认诬陷。相互登报辩驳。旋由商务诉诸法律,最后公堂判决赔偿商务名誉损失一万元结案①。是书于1942年4月以"内容荒谬不合抗战要求"被禁售。

9月 陆费逵往南京、济南、天津、北京、石家庄、太原等地视察分局。

12月4日 董事唐绍仪辞职,由次多数孔祥熙递补。

14日 召开第九次股东常会,李平书为临时主席,重订公司章程。董事由十一人改为九人,原设正副局长改设总经理一员,由董事会选任;其他职员由总经理选任;但总店各部主任、总厂各所主任及分局经理之选任,须得董事会同意。

陆费逵、俞复、范源廉、李平书、吴镜渊、沈问梅、汪幼安、戴克敦、廉泉等九人当选为董事,黄毅之、徐可亭当选为监察。

16日 董事会选举俞复、吴镜渊为驻局董事,陆费逵由司理改任总经理。

原监察处所办事务多属行政范围,改为稽核部,从事稽查复核各种账目,由吴镜渊任主任。

是年　以休养元气为主,按期摊还债款本息。押款逐月摊还,存款按季付息,惟六、七两月因学界风潮罢市停课,收入减少,曾商允押款停付两月,存息亦转迟。其余业广欠息、店地欠租,行庄欠款,均已清结。但资金周转仍难充裕。1918 年 7 月至 1919 年 6 月营业额为八十二万元,毛利二十八万余,减去偿还旧债本息及地租欠息等十七万余,再除去开支,盈利二万余元。

本年出版的丁曾矗编《学界风潮记》,上编为"五四"运动纪事,下编为文件,包括电文、演讲、评论等。刘复《中国文法通论》。沈彬编有《(新式)英文学生百科全书》及《(袖珍新式)英华学生字典》,后者至 1937 年 2 月印至 40 版。

---

①　《张元济日记》1919 年 12 月 6 日记第一次开庭情况,原告商务代表张元济,连证人等到庭者十人,律师为来脱、丁榕。被告中华代表为陆费伯鸿,到庭作证及旁听者有唐驼、沈问梅,证人戴懋哉等,律师罗杰。后经过六七次开庭辩论,于 1920 年 2 月 10 日判决。

1920 年

1 月 "新教材教科书"国民学校用国语读本一至八册陆续出版,全用语体文编写,尤注意于语法品词两项,悉按语法系统编排,第一册前段专教注音字母。编订者有王璞、黎锦熙、陆费逵、沈颐、黎均荃、陆衣言、张相、戴克敦、刘传厚等。

时教育部令国民学校国文体教科书分期作废,改用国语体文。并改国民学校为初级小学,修业年限初小四年,高小三年。新教材及稍后出版的"新教育教科书",即适应此种情况编辑。后经调查,京师公立国民学校一二年级全体改授国语者 143 班,采用本局出版者 131 班,认为前途希望无穷。

3 月 1 日 张相重回编辑所。

3 日 本局决定参加由北大、南京、沈阳等高师发起的采集川、滇植物标本,由十团体组成,各出资九百元,采制一百份。多要者只认制作实费,本局另出六百元增制若干份。

17 日 重设西文事务部于总店,将西文事务归并办理,沈问梅兼主任。

4 月 20 日 延聘李默非任发行部主任,7 月 1 日到职。

4 月 根据所定《同人储蓄寿险团章程》设寿险部,开办同人储蓄寿险,系仿欧美公司工厂成法,便利同人储蓄、共图幸福而设,以总局及自办分支局同人为限。

5 月 "新教育教科书"开始出版。国民学校(初小)用者,全用语体文编写,有修身、国语课本、国语读本、算术四种三十二册。高小用者,语文互用,有修身、国文、国语读本、算术、历史、地理、理科、英文等八种四十五册。国语读本有注音字母。至1922年出齐。编者朱文叔、钱梦渭、朱麟、杨达权、胡舜华、戴克谐、陆衣言、编辑所西文部等。中学用者若干种,如国语发音学大意、英文法、万国语音学大意等。编者有陆衣言、沈彬、戴克谐等。

6 月 1919年7月至1920年6月,营业总额一百十余万元,以活本不裕,仍未能尽机械、版权之量。毛利三十六万余元,盈余二十二万余元。

7 月 7 日 变更公司组织:总公司仍在总店,原有会计、稽核、西文事务部等仍旧。总厂设主任、副主任各一人,所有编辑、印刷、造货、分局往来等,均归主持。俞复为总厂主任,戴克敦为副主任。

8 月 与长沙文化书社建立供应书刊业务关系,毛飞为该社驻沪总代表,又以左舜生等为之介绍,免收其押金。

9 月 陆衣言进编辑所。

在总店设立"学校工场出品部",李默非、薛季安主持。各处工业、职业学校及普通学校之工作出品,如女校刺绣、美校图画模型、模范工场制品,均可委托代售。有木器、铁工、瓷器、玻璃、革品、琺瑯、贝器、蜡型等等。

《改造》月刊创刊。原为《解放与改造》半月刊,北京新学会编,创刊于1919年9月,上海时事新报馆为之经理代售;至1920年1月2卷1期起,改归本局印行。至是,由梁启超、蒋百里、蓝公武、张东荪等重行组织,改名《改造》,旨在"群性与个性之交融,思想及经济社会之改造,并介绍世界有影响之学说,发扬我国固有之文明",成为传播新文化主要刊物之一。担任撰述者,除梁、蒋诸人外,还有张君劢、瞿秋白、丁文江、沈雁冰、郑振铎等。在创刊第1

号上，有梁启超的发刊词，题为《政治运动之意义及价值》，蒋百里《军国主义之衰亡与中国》，寓公等《新思潮之研究》等文。出至1922年10月4卷10期为止。

10月20日　开封分局改由开封文会山房代办，挂中华书局招牌加"厚记"，收保证金五千元，往来限额一万元，折扣照自办分局加三厘，订约三年。原承办之广益书局即与结束。

12月15日　与公益公司签订垫款造货合同，用以印行"新教育教科书"。

是年　灌制"中华国音留声机片"，委托百代公司在巴黎制作。8月，教育部派王璞来沪发音，制成六片（十二面）；9月，复派黎锦熙来沪审查，12月初出样片，并出版留声机片课本及说明书。王璞于注音及国音国语极有研究，任北京读音统一筹备会会员、注音字母传习所所长、国语讲习所、北京高师及女高师教员。黎锦熙为音韵学大师，任教育部编审员、国语统一筹备会会员、国语讲习所教员。

主要出版新书，除教科书外，有：

（一）"新文化丛书"开始出版，介绍世界最新的哲学、政治、经济、社会等学说，以开社会风气。编辑所设新文化部，初由戴蔼庐主持，后由左舜生主其事。先后所出图书如马君武译达尔文《物种原始》（全译本），及赫克尔《一元哲学》，刘衡如、吴蔚人译罗素《政治理想》，余家菊译《人生之意义与价值》，吴蔚人、冯巽译《达自由之路》，高一涵著《欧洲政治思想小史》，刘伯明译《近代西洋哲学史大纲》，沈泽民译《社会主义运动》，李达译《社会问题总览》、《唯物史观解释》，查谦等译《现代理想之冲突》，以及介绍国外的工农业商业交通方面的政策等书籍，于六七年中出版近三十种。这套丛书和1922年开始出版的"少年中国学会丛书"，同为本局对思想界有较大影响的两种丛书。

另外,和新文化运动有关的,还出版了一些历代近于白话文的诗文,有:新文学社编辑的《通俗文类钞》第一册,翌年续出第二三册;浦薛凤编《白话唐人七绝百首》,次年续出凌善清编《白话唐诗五绝百首》、《白话唐诗古体诗百首》、《白话宋诗七绝百首》等。

(二)“哲学丛书”:出版的有方东美译《实验主义》,刘衡如译《亚里斯多德》。

(三)有关国语运动方面的书,出版的有朱文叔《国语文类选》,选辑当代胡适、蔡元培、陈独秀、李大钊、沈兼士、陶行知、任鸿隽、周建人等六十多家文。黎均荃等《国语易解》,董文《国音实习法》,易作霖《国语读本》,陆衣言《注音字母教授法》、《国音拼音盘》,李直《语体文法》等。

(四)北京高师王烈等编《新式理化辞典》,马君武《新式德华辞典》。

(五)中华民国大地图及分省地图,世界改造大地图及分国地图。

(六)《二十二年来之胶州湾》、《二十年来之中日关系》、《国耻小史》。

(七)名人画册,珂罗版印元明清一、二集计二十四种。

1921 年

1月26日 本局成立十周年,自2月17日起,总分店举办购书赠书券活动,作为纪念,以六个星期为限。凡购买"新教育教科书"满一元赠书券五角,本版各种图书满一元赠二角,预约书、特价书、屏联、文具仪器等满一元赠一角。

3月16日 董事会制定奖励金分配办法:(一)共分十一成,总经理二成,总公司三成,编辑、印刷、发行三所各二成;(二)三所主任,得该所二成中之二成,副主任一成,其余由主任会商总经理酌派;(三)在上届结账期到局未满三个月及现在已离局者,概不派给。

3月 陆费逵等发起创办"国语专修学校",其讲义归本局印行,每年贴费一千二百元。发起人等认为国民学校已由国文改授国语,统一国语和教授国语,都应从养成人材下手,所以开办是校。校址在敏体尼荫路415号。沈思孚、黎锦熙、李宗邺、李廷翰、王璞、顾树森、陆费逵七人为校董。呈请教育部派定江范五来沪任校长兼主任教员(不久由黎锦晖、蒋镜芙先后继任),聘请黎锦晖、陆衣言、易作霖、沈问梅等分任教授[①]。办有专修科、讲习科、星期及寒暑假讲习科等。并附设小学,兼为本局小学教科书之实验。至1925年7月,本局董事会决议停办,如有人接办,可将校具奉送,或每月再补助五十元。旋由蒋镜芙等接办,至1930年2月取消津贴,不复过问。

北京高师编《教育丛刊》自第二卷第一集起由本局印行。南京高师教育研究会编《教育汇刊》创刊,由本局印行。

4 月 柯庆施由李达介绍进编辑所任编校,不久离去。时李达在编辑所文化部任编审员,大约于 1920 年进所。

5 月 18 日 董事王正廷辞职,以高欣木递补。

25 日 哈同路总厂房地产由泰利洋行经手做押款二十五万两签订合同。除还业广押款十三万三千两外,余十一万七千两,准备在厂内外空地分期建造出租房屋之用。

5 月 《戏剧》月刊由本局印行。民众戏剧社沈雁冰、柯一岑、徐半梅、张聿光、陆冰心、欧阳予倩等组织编辑,为"五四"后最早研究新戏剧的期刊。声言要正风易俗,改良社会。内容有创作,有翻译,有演戏方法及戏剧批评。出满一卷为止。第二卷起转由北京新中华剧协社出版。

黎锦晖进编辑所。旋设国语部(后改称国语文学部),与陆衣言、马国英、蒋镜芙等编辑国音、国语书籍,陆续出版国语讲义、国音国语教科书及参考书等四五十种,字典和词典十余种,拼音练习盘和积木牌等多种。

6 月 15 日 与和济公司签订三年期六至十二万元的垫款造货合同,为维华银团垫款合同到期结束作准备。参加和济者有吕子泉、沈陵范、高欣木、陆费仲忻、戴劼哉、沈问梅、殷侣樵、陆费逵、王均卿等,专为集资借给中华书局造货周转之用。(至 8 月中计借用五万五千元)

30 日 1920 年 7 月至 1921 年 6 月营业总额一百四十八万余元,盈余十六万余元。营业较上年度增加而盈余反减少,主要受纸价上涨及今春纪念十周年赠送书券五万余元的影响。

7 月 沈知方创设世界书局于上海福州路怀远里,资本二万五千元,后增至七十万元。张静江、李石曾先后任董事长,沈知方、陆高谊、李石曾先后任总经理,张云万任编辑所长,出版中小学教科书及"ABC丛书"、"大时代文艺丛书"、"拉丁化新文化丛书"、《英汉四用辞典》等,设有印刷厂。与商务、中华、大东成为解放前四大书局②。

8月3日 新加坡分局经理庄希泉因借款担保涉讼,一时难了,先派施伯谟前往接任经理。

9月 以聚珍仿宋版排印名片,倍受社会人士喜爱。在总店专设名片零件印刷处承印,后改设名片部,并委托各省分店代接业务。

10月 编辑所同人发起组织"同人进德会",以砥砺品德,增进学识为宗旨。出版《进德季刊》,并办业余补习班,开展各种文体活动,举行时事演讲会,张闻天、左舜生等编辑人员都曾主讲。经费来源除会员会费外,公司补助每月十元,1923年改为二十元。其后印刷所同人更组成"进德体育会",在足球方面有名沪上,如许竞成、张金海、罗斗文、徐步云、於洽兴、吴祺祥、吴祯祥等,后皆成为著名足球运动员。

内部刊物《中华书局月报》创刊,为同人互通消息交流经验的园地。陆费逵常为《月报》及《进德季刊》撰写有关青年立身治事、职业修养的文章,曾选集三十余篇辑为《青年修养杂谈》一书,于1926年出版。

12月 南京大学附中等编《中等教育》创刊,由本局印行。

是年 盘并聚珍仿宋印书局,正式订立合同,聚珍仿宋版权归本局③,已铸成之铜模铅字有头号、二号、四号,三号、三号长体夹注各欧体宋字共五种。已摹写样本陆续刻铸者,有顶号、初号、三号、五号及头号、四号长体夹注;又长短体字及西夏字体共八种④,

呈准专利三十年。设聚珍仿宋部,丁辅之任主任,订合同十年。聚
珍仿宋版,系仿北宋古体书所称欧体字者,字体精雅,有方体、长
体、扁体等,为杭州藏书家八千卷楼旧主人丁辅之、丁善之兄弟仿
写创制,1916 年设有聚珍仿宋印书局,1919 年本局与之合作曾加
扩充,1920 年 6 月议定以正价二万六千元归并本局。以后陆续刻
铸未完成字模,由著名刻手徐锡祥、朱义葆二人合刻完成⑤。

聚珍仿宋版排印《四部备要》⑥第一集开始发售预约。第一集
选四部最要之书四十八种,共四百零五册,分四期出书。《备要》之
辑印,乃仿《四库全书荟要》行之,陆费逵撰《校印四部备要缘起》有
云:"吾国学术,统于四部,然四库著录之书浩如烟海,坊肆流传之
籍棼若乱丝。承学之士,别择维艰;善本价昂,购置匪易。本局同
人有鉴于此,爰于前年择吾人应读之书,求通行善本,汇而集之,颜
曰《四部备要》,提纲挈领,取便研求;廉价发行,以广传布。惟是普
通铅字既欠美观,照相影印⑦更难清晰,适杭州丁氏创制聚珍仿宋
版归诸本局,方形欧体,古雅动人,以之刊行古书,当可与宋椠元刊
媲美。兹将第一集至第五集分年校刊,共计二千余册,经史子集最
要之书大略备矣。张文襄尝言:'读书不知要领,劳而无功;知某书
宜读而不得善本,事倍功半。'今有《四部备要》,庶几可免此大蔽
钦。"

又,陆费逵在《四部备要》预约样本上撰有《增辑四部备要缘
起》一文云:"先太高祖宗伯公讳墀,通籍入词林,《四库全书》开局,
以编修任校官,后任副总裁,前后二十年,任职之专且久,鲜与匹
焉。晚岁构宅于嘉兴府城外角里街,鞠为茂草矣。小子不敏,未能
多读古书,然每阅《四库总目》及吾家家乘,辄向往之。民国己卯
(1915),都中友人商印《四库全书》,后以卷帙太繁,校订匪易中止。
辛酉(1921),杭县丁氏创制之聚珍仿宋版归诸吾局,丁氏,即八千

卷楼旧主人也，字体精雅，印行之书，直可与明清翻宋仿宋诸精椠媲美。乃与同人商，辑印《四部备要》，由高君野侯主之，丁君竹孙等十余人分任校事。第一集出版，颇为海内所赞许，今第二集植校及半矣，此后进行较速，或可年刊一集。预定二十年以上之时期，刊行二十集，都八千册(按实际刊行五集)，四部要籍或可略备。尔来，购置善本殊艰，欲办一图书馆，不第费巨，且苦无从着手。此书择要校印，陆续出版，既可供社会图书馆之求，又可便学者研究国学之需，或亦不无小补欤！惟是同人学识有限，选择容有未当，大雅鸿博，倘蒙将后十八集之书拟目见示，俾得早日搜求精善之本，岂惟流通古籍，抑亦保存国粹之幸也已。"

儿童读物的出版，进一步开展，除原有小小说、中华故事、中华童话、世界童话等外，开始出版"儿童文学丛书"，包括小说、故事、笑话、儿歌等。时适国语研究会设分会于上海，会员中有提倡儿童文学者，因此各种儿童文学风起云涌；本局从事这方面的编辑有黎锦晖、吴翰云、王人路、吕伯攸、陈醉云等，遂使儿童读物在数年之间得独步一时，与国语书的出版，同为本局在文化贡献上的较大成就。

出书三百三十余种。"教育丛书"、"教育小丛书"开始出版。编辑所编的《新游记汇刊》正编八册出版，按行政区域编辑，作者颇多当代名人，于各地名胜外，并有历史、交通、实业、教育、矿产、动植物，以及风俗习尚，其后又有续编六册。字典辞典有：北京高师王烈等编的《博物辞典》，华英双解《法文辞典》、《中华英汉商业辞典》，陆费执等译订的《英华正音字典》。有关国音国语方面的书：王璞《国语会话》，陆衣言《新教育国语会话》、《国语常识会话》，陆费逵《国音教本》，黎锦熙《国语讲坛》，以及《国语新字典》、《注音新辞林》，孙樾《注音国语字典》，陆衣言《国音小字典》等。丁瓒盦编

《现行法令全书》上下册,是 1912 年以来北洋政府各种法令的汇编,后又续编二册,至 1923 年止。

---

① 1922 年 9 月 3 日《申报》所登该校招生广告中列名的教员,有黎锦晖、陆衣言、严公上、吴启瑞、马国英、郭后觉、黎明、蒋镜芙、王淑周、乐嗣炳、戴欲仁。

② 宋原放《中国近代出版大事记》。

③ 聚珍仿宋印书局在 1921 年 6 月 6 日《申报》刊登启事,内有:"本局已并入中华书局总厂,以后关于法律上权利义务完全由中华书局代表。"又据陆费逵撰《增辑四部备要缘起》称,"辛酉(1921),聚珍仿宋版归诸我局";又据 1931 年 5 月 2 日董事会议纪录:"聚珍仿宋部主任丁辅之,民十(1921)进局,定有十年合同,现已满期,丁君因多病又复悼亡,不愿续约,只允担任照料仿宋刻字,并在古书部帮忙。议决准其照办,改送半薪。"而《中华书局成立七十周年纪念册》系于 1920 年;姚竹天《谈制造活字铜模》一文亦言"民九(1920)归中华",见《中国近代出版史料》丙编第 469 页;1937 年 5 月编印的《中华书局概况》则谓民国八年(1919)并入。由此可见,盘并聚珍仿宋印书局有一过程,即 1919 年确定盘并,1920 年议定盘并金额,1921 年始议妥全部条件,正式订立合同。

④ 据 1920 年 8 月 26 日内务部给聚珍仿宋印书局经理丁仁的注册批件。

⑤ 何步云《中国活字小史》,《出版史料》1991 年第 4 期。

⑥ 开始预约时称《四部读本》,旋改。《备要》分五集,各五百册,1922—1934 年出齐。

⑦ 时商务印书馆有《四部丛刊》之辑,采取善本影印,于 1920 年 6 月开始出版,至 1936 年出齐。

1922 年

1 月 4 日　总经理陆费逵自 1917 年以来月支公费一百元,董事会决议自本年 1 月起改支月薪二百元。

1 月　太原分局自建新屋落成,约费万元。

南京学衡杂志社编《学衡》月刊创刊,由本局印行。至 1927 年 1 月起改为双月刊,以后又改为不定期刊,1933 年停刊,共出 79 期。主要撰述有刘伯明、吴宓、胡先骕、梅光迪、柳诒徵、缪凤林、景昌极、王国维等,大多为东南大学教授,吴宓任主编。以“论究学术,阐求真理,昌明国粹,融化新知”为标榜的学术性刊物。创刊之初,反对白话文,与新文学潮流相牾,颇受时人批评。但对研究中国古代文化与文学,介绍西方文化与文学等方面,发表了不少有影响的著译,如连载的柳诒徵《中国文化史》,在三四十年代曾两次印行,1988 年大百科全书出版社又列作“中国学术丛书”再次出版。[①]

中华心理学会编《心理》创刊,由本局印行,设有普通心理、老年心理、社会心理、教育心理、智力测验等栏目。主要撰述有陆志韦、刘廷芳、廖世承、陈鹤琴、张耀翔等。

中国新诗社编《诗》杂志创刊,由本局印行。以新诗运动为主旨,是中国新诗的摇篮,实际上为文学研究会人员叶绍钧等所编。内容有创作、翻译、诗人评传、论文等。撰述者有俞平伯、刘复、王统照、朱自清、胡适、周作人、郭绍虞、沈雁冰、郑振铎、冯雪峰等。自一卷四期起改为文学研究会刊物之一,由朱自清主编,出至二卷二期停刊,共出七期。

2月　北京高师编《数学杂志》三卷二号起,《理化杂志》二卷一号起,《史地丛刊》,均由本局印行。

国语研究会编《国语月刊》创刊,由本局印行。以宣传国语及供研究教授者参考,并出有特刊,如"汉字改革号"、"字母研究号"等。撰述者有蔡元培、王璞、黎锦熙、陆费逵、钱玄同、黎锦晖、胡适、赵元任、张一麔、沈兼士、陆衣言、马国英等。

3月　南京高师文学研究会与哲学研究会合编《文哲学报》创刊,由本局印行。称其"于文学不主一派,唯美是尚;于哲学不宗一家,唯真是归"。撰述者有景昌极、钱堃新、缪凤林、陈钟凡等。

黎明、王人路、吴翰云,分别于二、三、四月进编辑所。

4月6日　《小朋友》周刊创刊。以陶冶儿童性情,增进儿童智慧为宗旨。内容有图画、故事、小说、唱歌、谜语、笑话、小朋友作文等,彩色封面。一年四季各出特刊,夏季取名"凉风",秋季为"明月",冬季号"白雪",春季称"鲜花"。其他有配合爱国教育的特刊、专号、附刊等,如"提倡国货"、"抗日救国"、"淞沪抗日战事记略"等。出版后风行全国。主编者先为黎锦晖,后为吴翰云。经常撰稿者有王人路、黎明、陈醉云、吕伯攸等儿童文学家。至"八·一三"停刊。

17—22日　召开分局经理营业会议,议定各案三十条,包括备货、添货、结帐、推广、营业、统计、账目、代接印件、经营外版、文具等各项实施办法。

4月　金兆梓第一次进编辑所,至1923年3月离去。

5月20日　《小妹妹》旬刊、《小弟弟》旬刊同时创刊。

5月　"少年中国学会丛书"开始出版。少年中国学会^②由王光祈^③、李大钊等创立。出版丛书,皆在介绍英、德、法等国各种科学、哲学、文学方面的重要著作。年内出版的有李劼人译莫泊桑《人心》、都德《小物件》、周太玄译补勒《古动物学》、田汉译《哈孟雷特》、毛咏棠等译《人的生活》等。其后陆续出版著译各书至三十余种，如李璜《法兰西学术史略》、《法国文学史》，田汉《日本现代剧选》、《咖啡店之一夜》（1934年被列入查禁书目）、《沙乐美》、《罗密欧与朱丽叶》，李劼人译弗洛贝尔《马丹波娃利》，王光祈《德国人之婚姻问题》、《少年中国运动》，张闻天《青春的梦》、《盲音乐家》，余家菊《英国教育要览》等。

6月　1921年7月至1922年6月，营业总额一百七十三万余元，其中总店四十万，印刷所三十六万，分店九十七万。盈余十七万六千余元。营业额较上届约增15%，均为1921年下半年所增，今年上半年以各省兵事迭兴，反较上届同期有所减少。

7月　朱文叔进编辑所。

8月16日　九江支店被兵灾，损失万元，经理李仲谋略受刀伤，同人行李被毁，各补助有差。

8月　福州代办分局收回自办。

9月15日　田汉进编辑所。

20日　结欠旧债尚有七十余万元，议定自1923年至1926年分七期摊还本息。（届期仍未能全部清偿，又顺延四年才基本了结。）

11月1日　杭州分局经理叶友声病故，致丧葬费四百元；子女教育费每年一百五十元，四年为限。

11月　派薛季安、李虞杰赴德、法、比、奥等国，考察模型标本制作情形，为日后自制教育用具之准备。德国在战败之后，马克贬值，货价较廉，在柏林设中华书局柏林办事处，李留处办事，与德国厂商洽购或经销文具仪器，包括美术用品、音乐体育器械、儿童玩具、绘图仪器等,并可供仿制之需。

12 月 6 日　文明书局前以九万零六百元出典于信有号,为期五年,明年 4 月到期。现决定向该号提前赎回,偿付典金本息十一万八千元,出给期票六十张,分五年清偿。文明负债有吸收存款七八千元,欠庄款约一万两,由本公司担任,但信有号担任办好转期至少六个月。请吕子泉接收并暂代经理。至 1923 年 2 月 9 日办理接收竣事,登报公告。

是年　"新师范教科书"开始出版,至 1925 年共出十二种。

筹划编辑"新小学"和"新中学"两套教科书。因教育部公布学制改革,小学初级四年、高级二年;中学分初高中,设三三、四二两种学制,高中并用选科,教科书又为之一变。先是,在学制改革正式公布前,已由各省区教育联合会议定方案。教科书如何改革,本局编辑所同人亦已讨论经年,于 6 月间在报上公开征求编辑新小学、新中学教科书的意见及教材,复于 11 月初以酬金千元征集小学用书改良计划。

总厂设立雕刻课,聘留日著名雕刻家沈逢吉为技师兼主任[④],招收学徒赵俊等十余人随之学艺,日后成为雕刻名家者多人。本局在承印有价证券方面的优势,除先进的机械设备外,拥有国内第一流的钢版雕刻人才,是极为重要的因素。

用总厂房地产押款在厂外空地建造出租或出售用中西式住宅各两宅竣工,尚有四宅可于明春告成。

是年　出书共三百余种。篇幅较大的书有:影印密韵楼藏本《式古堂书画汇考》三十册,《宋庆历内府刻阁帖》十册,同文书局原版《康熙字典》线装六册。竹简斋版《二十四史》二百册发售预约,1923、1924 年分两期出书,为本局影印大部头古书之始。《四部备要》开始分期出书。《新古文辞类纂》(稿本二十四册),蒋瑞藻纂辑近人著作而成,收有薛福成、吴汝纶、黄遵宪、孙诒让、谭嗣同、康有为、林纾、唐文治、章炳麟、梁启超等百余人的文章百数十篇。

---

① 关于《学衡》的情况,参见《出版史料》1990 年第 4 期王泉根《关于学衡杂志》一文。

② "少年中国学会",1919 年 7 月成立于北京,王光祈、李大钊等发起组织。"本科学的精神为社会的活动,以创造少年中国"为宗旨。王光祈在《少年中国运动》一书中说:"运动旨在使中华民族复兴。大别之,为民族文化的复兴运动,及民族生活的改造运动。"又在《少年中国学会之精神及其进行计划》一文中说:"青年青年,万事全靠自己,世上没有便宜可占;青年青年,我们是中国的青年,我们对于中国这个地方,负有改造的完全责任;青年青年,我们应该恢复过去的民族精神,创造未来的少年世界。中国青年是世界新文化的创造者,是中国旧社会的改革者。"(转引自舒新城《哭王光祈兄》,《狂顾录》第 166 页)主要会员,还有恽代英、左舜生等。郭沫若、郑伯奇、田汉,最初也是会员,成立时有 74 人,后发展到 120 人。由于政见不同,逐步分化,1925 年底停止活动。学会编有《少年中国》及《少年世界》两种期刊。

③ 王光祈,1919 年毕业于中国大学法律系。1920 年赴德留学,初习政治经济,后攻音乐,获波恩大学博士学位,并任该校讲师有年。通英、德、法、意及拉丁文,著译甚富,在国内出版者多至四十余种。其在德学习期间的生活费用,主要来源于稿费,而本局接受他的书稿特多,无不从速出版,从优结汇稿费,或以预付方式应其需用。原约其回国后来局工作,不意于 1936 年 1月 12 日病殁于波恩。中国大学校长王正廷,在该校设"光祈讲座"以纪念之。

④ 1925 年 9 月 28 日《申报》刊登中华书局一则声明中有:"雕刻课技师兼主任沈逢吉君,艺术精美,入公司四年,部下均系沈君学生。"则沈君进局当在 1921 年。又见《局史资料工作》第八期沈谷身、李湘波所写关于赵俊先生一文。

1923 年

1月 "新小学"初高级教科书开始出版,全用国语编写,计初级六种四十八册,高级十种四十册,至1925年出齐,供新制小学六年之用。其中国语读本初级八册、高级四册,由黎锦熙计划,黎锦晖、陆费逵编辑,分撰参订者,有各省学校校长教员,上海国语专修学校教职员,本局编辑同人凡百余人。课文多新撰,以文学作品出之。

"新中学教科书"同时开始出版,计三十种五十六册。其中金兆梓编写的《初级本国历史》更驰誉全国。

其时,全国教育会联合会组织的新学制课程标准起草委员会,已拟定中小学各科课程纲要,新小学、新中学教科书即依据纲要编辑。

2月7日 议定奖励同人参加储蓄寿险办法。本局储蓄寿险团自1920年4月开办以来,成绩甚好,但未保者仍居多数,为奖励起见,自本年起,每年保费由公司代缴十分之一;本年4月已保满一年以上者,4月份保费并由公司缴付。保险金额不得超过本人全年薪水总数。陆费逵特撰《我们为什么提倡储蓄寿险》一文,后收入《青年修养杂谈》。

3月7日 文明书局代理经理吕子泉,因不能脱离大东书局,调沈阳分局经理沈鲁玉任文明书局经理。南昌分局代理经理郭农山调任沈阳分局经理。长沙分局营业主任吴映堂升任南昌分局经理。

3月 少年中国学会编《少年中国》月刊从第四卷一期起归本局印行。该刊为学会机关刊物,始创于1919年7月,原由亚东图书馆印行。编者先后有王光祈、李大钊、康白清、苏滨存、左舜生、黄仲苏等。本期内容有《社会主义与个人》(李璜)、《法兰西民族之天才与其前途》(周太玄)、《诗人微尼评传》(黄仲苏)、田汉的诗《江户之春》和翻译的《罗密欧与朱丽叶》等。经常撰述者还有张闻天、李劼人、余家菊、刘仁静、杨效春等。1924年5月停刊。

4月18日 新加坡合办分局庄希泉向薛仲华借款讼事,上月派沈问梅前往办理。沈来电:和解议妥,归本免息。即汇去现款五千元,其余出7月15、9月30期票各五千元结案。

19日 与商务印书馆1921年12月31日所订关于销售小学教科书协议,经双方议妥修改,续约三年。修订协议二十一条,即通告分局执行。内容有发售折扣、回佣、赠品、对分局补贴数额的限制,以及违约罚款等。

6月 在总店二楼设承印部,承接总厂各种印件,以华弼丞为主任。

1922年7月至1923年6月,营业总额为一百八十四万余元,其中总店四十三万余,印刷所四十余万,分店一百余万。毛利四十六万余元,除去开支、利息、地租等,净利近十九万元。

7月14日 文明书局总店在报上刊登迁移声明:本局开设棋盘街已二十余年,现为扩充营业便利顾客起见,于7月15号迁移至南京路中市498号(浙江路东、石路西)朝南三层楼洋房,照常营业。棋盘街旧址改作支店,以便沪南顾客之零购。所有批发及银钱往来,统归总店主持。印刷所仍在棋盘街中市。

8月 杭州分店设支店于兰溪。

9 月 5 日 公益公司垫款造货合同将于 12 月 15 日到期,决定协商减息再转期三年。

11 月 11、18 日 分别招考柜员、账友,录取冯南屏、蒋黎斋等八人,分派在总店、兰州分局及文明书局。

12 月 4 日 重订分局同人分派花红办法:经理及副经理,用人在十二人以下者,合得 50％,十二到十五人者得 45％,十五到二十人者,得 40％,二十人以上者得 35％。同人花红,除经理所得外,一半照薪水支配(告假三十天以上者酌减),一半照特别支配。特别支配,包括会计、营业主任、薪小事繁者、全年不告假或不满二十天者、有特别劳绩者,一律报总局核定分发。

是年 继续出版"少年中国学会丛书",有《德国文学史大纲》、余家菊等著《国家主义的教育》等。李平书自传《且顽七十岁自叙》六册,附有影印李珍藏的王石谷《长江万里图》及鲍明远《石帆铭》等。

1924 年

1 月　设立兰州分局。与刘锡三合办青岛（同记）分局，本局投资 80%。

3 月 19 日　徐州分局由特约改合办，资本四千元，本局占半数。

30 日　长沙分局经理程通儒病故，由广州分局经理程润之前往接任，并派汉口分局经理沈彬翰先往暂为主持。旋经驻局董事前往长沙查明，程通儒经理湘局，成效卓著，虽有亏款，不无劳绩。给予丧费抚恤一千元，归入欠款；另贴其子教育费每年一百元，以十年为度。

4 月　《儿童文学》月刊创刊，由本局编印，与《小朋友》衔接，以十至十五六岁儿童为对象。内容有乐谱、名曲、童话、诗歌、童谣、儿童剧、故事、自由画等。至 12 月停刊。

5 月　成立中华书局保险部（1923 年 12 月 19 日议定），资本十万元，专办本局各部门及分局的财产保险，一切照保险公司制度，会计独立。至 6 月底改称"火险部"，承保各分局财产火险。总经理通知会计部另立账簿，规定手续。

由九江支局在庐山筹设季节性的牯岭支店。

6 月 18 日　与费君合设大华风琴厂，资本四千元，本局占半数，以薛季安为代表，派有账房。费君占四分之一，四位工头合占四分之一。采用德国技术及部份配件，于翌年生产彩凤牌风琴，较

原产嘉禾牌更为精美,著名于时,1927 年 9 月,获准商标注册。至
1944 年撤回股份,并收回彩凤牌商标。

30 日 1923 年 7 月至 1924 年 6 月,营业总额二百零七万元,
其中总店五十七万余,印刷所五十三万余,分店九十七万余元。毛
利约五十三万七千元,净利近二十万元。

6 月 印刷所添置机器,完成扩建厂房,约费二十余万元。年
来,印刷所本版既忙,又承印南洋兄弟烟草公司烟壳等大宗印件,
实际印量约增一倍,房屋机器均不敷用。添造二层楼房二十五幢
(每间上下为一幢),作装订、图版栈房及新添轮印机的机房等用;
又造三层楼房三幢,作印刷所事务室。至是,印刷所设备已比较完
备,有铅版、石版、橡皮版、铝版、凹凸版、珂罗版,照相铜版、锌版、
三色铜版、雕刻钢版、铜版、木版、电镀钢版、铜版、镍版,聚珍仿宋
版等。

7 月 16 日 董事会决议:为抵制某同行教科书,商务、中华决
定联合组织一书局,股本额定二十万元,商务三之二,中华三之一,
陆续支用。[①]

9 月 10 日 时局不靖,营业减少,汇兑阻滞,实行裁员减薪。
编辑所薪水总额减至每月二千元以内,总办事处薪额减至一千八
百元以内。被裁员工送一个月薪水解职。在职员工自 9 月下半月
起职员七折、工友九折发薪,以后视战事及营业情况分期逐步恢
复。江浙之战已于月初开始,浙江及上海周围苏南各地均为主要
战场,随之福建、江西、安徽、河南等省皆有军事行动。而北方有直
奉大战,南方准备北伐,又有商团事件,各省大多不靖。随着时局
逐渐缓和,至 1925 年 2 月,才分期恢复原薪。

18 日 被裁同人要求加发薪水二个半月及照给奖励金。22
日,蒋、宁、谭、武四代表持"无故被裁同人会"函与总经理面谈,旋

经决定,根据是否家居战地及距沪远近情况,分别加给津贴十至三十元。

此次江浙战事,正当秋季开学及中秋收账之时,营业账欠均受影响,资金周转为难,应摊还第四期旧债存本,决定延缓一期偿付,延缓之数照长年八厘计息。

12月13日 股东常会选举董事,陆费逵、李平书、范源廉、戴克敦、俞复、高时显、孔祥熙、沈陵范、吴镜渊九人当选。徐可亭、黄毅之当选监察。此后,孔祥熙连任历届董事至1949年为止。

12月 《四部备要》第二集发售预约。

是年 张闻天仍在编辑所任编辑员。张大约1921年8月进编辑所,一年后曾赴美留学。

潘汉年在编辑所任编校。1924—1926年间,与陈伯昂合编"民间故事丛书"十余种,后收入"小朋友文库"高级童话部分。

试办化学制品部,先行生产墨水、墨汁。

福州分局收回自办。

总店的监制贩卖业务,扩大到下列十类:(一)欧美图书,(二)中西文具,(三)理化仪器,(四)化学制品,(五)博物标本,(六)人体模型,(七)玩具乐器,(八)纸张墨料,(九)中国笔墨,(十)簿籍笺扇。

组织机构如下:

董事会董事九人,监察二人,总经理一人。下设:

(一)总办事处,设总务、会计、统计、出版、推广、西文事务六部及货栈。

(二)编辑所,设总编辑、国文史地、国语、数理、新文化、国故、西文、美术八部,附藏书室。

(三)印刷所,事务方面设事务、营业、工务、承印四部。工厂方面设聚珍仿宋、铅印、石印、轮印、照相制版、雕刻、电镀、装订八部。

（四）发行所，设货栈、批发、门市三个部门，及清账、收款、推广、名片、收发、庶务六课。

开始出版"常识丛书"，谢彬主其事，已出有《南洋》、《地震浅说》、《进化论浅说》、《人口问题》、《现代五大强国》、《殖民政策》、《摩托车与道路》等，颇受读者欢迎。其后，陆续出至四五十种。

开始出版"音乐丛刊"，陆续出有《欧洲音乐进化论》、《西洋音乐与诗歌》、《西洋音乐与戏剧》、《东西乐制之研究》、《各国国歌评述》、《德国国民学校与唱歌》等，二三年间先后出有十余种，均为王光祈所编著。

出版儿童独幕剧《葡萄仙子》，黎锦晖编著，以仙子为主角，雨露风雪鸟兽等作配角，歌词浅显流利，用中西曲调，情节优美高尚。黎还编有《月明之夜》、《三蝴蝶》、《麻雀与小孩》等多种歌剧。年初，上海实验剧社公演《葡萄仙子》与《月明之夜》两剧，为儿童歌剧风行之始。

其他较大之书，有：《泉货汇考》（十二册）、《中外地名辞典》、《古今游记丛钞》（十二册）、《国外游记汇刊》（八册），并有《云南游记》、《南洋旅行漫记》等。

---

① 《中国现代出版史料》甲编第 268 页注③：世界书局"编印教科书，争夺市场，其营业方法，除给贩卖同业优厚手续费外，更降低批发折扣，赠送钢笔、丝袜、书券作礼物，贿赠教育界和学校负责人。商务、中华共谋抵制，由王显华、陆费伯鸿协商，另办公民书局一所于河南路，资本四十万元，商务出三十万，中华出十万，编印小学教科书一套，专门对付世界。凡世界教科书推销地区，不惜跌价竞争，定价一角之书，可以卖到二分三分，至于其他拉拢方法当然应有尽有。这是民国十四五年间的事。后来北伐军兴，政局变化，公民

书局亦因资本送完而停业"。

按董事会决议"为抵制某同行",无疑是指世界书局,但"联合组织一书局"是国民书局而非公民书局。另有一公民书局,筹组于1920年冬,1921年10月开业,发行部在棋盘街,未见有教科书出版,且当时世界书局也还没有编印教科书。公民书局或谓王云五所办,出有"轴庐丛书",后盘给商务印书馆。世界出版中小学文史地教科书在1923年,秋季开学期间大登广告,每日备赠券二千张,购书满洋五角可摸一张,"个个有奖,人人不落空"。奖品为一丈六尺加重杭熟罗长衫料、银楼十元赤金券、象牙自来水笔、磁面德国香烟盒、美人镜屏等,与一般书店赠送书券的办法迥然不同。到1925年2月,世界发行初小教科书一套,"提出盈余一万元补助十九处大城市初级小学经费";7月,出版高小教科书一套。国民书局于1924年7月筹组,地址在河南路,1925年2月发行"新国民教科书"初小用一套;7月,出版高小用一套。种数册数与世界书局的完全相同,不仅售价较世界更低,且买一送一,谓"普遍直接的优待全国小学"。在发行的时间、品种、售价,甚至在广告用语等方面,显然就是抵制世界书局的了。当时销售小学教科书的竞争情况,于此可见一斑。国民书局于1930年7月21日停止营业。

1925 年

1月7日 董事会决议:(一)本届加薪以月薪二十元以下及职务变动或有合同关系者为限,此外从缓。(二)阴历年底预支奖励金仍照往年成案办理,在1924年6月底月薪三十元以上者支三十元,以下者支一个月薪水。

2月4日 上届红利展缓一年,将来与本届红利一并支发。上年12月股东常会以江浙战事适在秋季开学及中秋收账之时,营业收账均受影响。为惩前毖后,诸事应格外慎重,本届红利是否发给,由董事会视年终收账状况决定。现已阴历年底,第二次江浙战事又起,沪宁路一带时有激战,前途殊无把握,而上年添建厂房机械未付之款尚多,故上届红利展缓支发。

4月 青工毛齐华(毛飞)参加中国共产党,发展王鸿昌、徐秋生、高友洪入党,成立总厂第一届党支部,毛当选为支部书记。先是,毛齐华已参加社会主义青年团,并介绍徐秋生、朱飞熊、赵葵、唐寿贤等入团,成立团支部,毛任书记。

5月30日 晚,印刷所部分工人在上海大学召开中华书局工会筹备委员会成立大会,选出王鸿昌、徐秋生、高友洪、唐霖坤、柳培卿、唐寿贤等为筹备委员,王鸿昌任主委,毛齐华任秘书长,通过工会章程草案。适值南京路惨案消息传来,决定翌日参加印刷工人联合会的集会及游行示威。

6月1日 为抗议帝国主义暴行,根据上海总商会的决定,总店开始罢市,至 26 日开市。

印刷所工人响应上海总工会发动的总同盟罢工,组成以毛齐华等二十人的罢工委员会,领导罢工,自 2 日起开始。旋又组成以王鸿昌、黄乾初负责、有一百多人参加的工人纠察队,维持秩序。至 6 日复工。①

9 日　芜湖分局经理康汉臣辞职(去世界书局),派王谋翁接任。

11 日　下午一时,印刷所工人参加上海市民在公共体育场举行的十万人集会游行,抗议"五卅"惨案。大会推举工商学联合会总务委员林钧为主席,邬志豪、李立三、李鸣钟为副主席。

6 月 30 日　1924 年 7 月至 1925 年 6 月,营业总额近二百万元。其中总店五十二万余,印刷所六十二万余,分店八十四万余,盈余约十七万元。较上届减少之原因,为去秋今春两次战事,及今夏"五卅"惨案停业匝月之故。

7 月 30 日　为提倡国货,便利供求,以抵制英日帝国主义,出版《国货汇刊》,印五万册,分赠全国各本国厂店、商会及高小以上学校。

8 月 28 日　总店职工要求改善待遇罢工,发表宣言。资方同意将原定加薪办法稍予提高,减少一小时工作时间,于 29 日下午复工。

总厂方面,印刷所于 7 月份加薪 7.5%,工人要求与商务一致加至 10%,包工二百余人大部停止工作。工会选出谈判代表十三人,因一人有病未能出席,厂方认为不能代表所有各部门工友,拒绝商谈,遂于 29 日下午四时起罢工,推凌德润为总代表,成立纠察队。于是厂方以唐驼为代表重开谈判。在有关团体调解之下,9 月 1 日达成协议,9 月 2 日下午复工。协议主要内容有:对工会组织俟政府颁布工会条例时再办,包工9月份加7.5%,10月份起加10%,工作时间定八小时半等等。代表公司签字者副所长唐驼、工务长王瑾士。代表工会签字者为筹备委员十一人:毛飞、杨云生、刘孝全、高友洪、王荣吉、徐秋生、王鸿昌、黄乾初、许炳生、徐镇清、胡文元。罢工代表八人:凌德润、冯瑞堂、周挺生、柳培卿、高万成、唐霖坤、王子静、梁宝海。

总厂编辑所及事务所方面,贴出布告,谓"自民六以来,公司能否生存发展,全看奋斗如何。……现发生与商务同样之罢工,公司能否接受尚未可知。现定总办事处、编辑所暂行休业"云云。于是王人路等一百零三人致函经理,略谓"今日来厂办公,九时许,先生以总店罢工事将编辑所、事务所暂行休业,同人等不知是何用意,均甚惊异。公司方面对同人应以礼貌相待,不能维心所欲,招之使来,挥之使去,而置同人之人格于不顾,应将休业理由解释明白"。并提出加薪条件十二项。即晚推举王人路、陈伯昂、潘汉年三人持函往见经理面谈。陆费伯鸿答称:"总店发生罢工事,一时刺激过甚,又恐厂方被外界牵动,乃先将厂方停工。所提条件,待总店问题解决后,即可答复。"翌日,王人路与报馆记者谈话时说:"公司与职员过于隔阂,转多误会,大部分职员薪金过小,加薪有所不平。公司方面对于职员之集会甚为恐惧,与帝国主义者恐惧中国赤化同一滑稽。两方隐衷与苦情无由交换,实为当局之大错与失策。"次日两所办公室照常开放。

30日 报上刊登陆费伯鸿对本局工资及用人等情况的谈话:"一般人每以中华与商务相提并论,实不克当,本局股本营业均不及该馆三分之一。既疲于同业竞争之烈,复受欧战及时局影响,民六(1917)以来,困苦已极。……八年来渐次恢复,然实力未充,发展维艰,股东红利仅一二厘,上届因战事影响,二厘半之红利迟一年发给。总店同人待遇,比上不足,比下有余,迟到早退概不计时扣薪。总店花红,店长得什二,副店长什一,同人什七,上年总店同人约各得月薪二三个月左右,店长不过五个余月,副店长三四个月。本公司寡则有之,不均则未也。薪水上级较薄,仆任总经理,月薪自民元(1912)以来均二百元,所长二人、店长一人各一百四十,总办事处理事二人各一百二十元,较之各大公司瞠乎其后。职员学生薪水尚较普通厂店为优。用人一本人才主义,识人未周容或有之,见贤不举绝对无之。加薪除循资按格外,时有不次之升拔。就总店言之,副店长薛季安进局十三年,月薪十六元加至一百元;总店书记兼西书柜主任徐增奎,本系月三元之学生,八年之间加至五十元;刘蒲孙由十余元之店员,一跃而为兰州分局经理;王伯城以进局不足一年之学生,派往安庆分局代理账房,试办及格即行补实,现调升安庆分局账房。……上级职员亦非皆股东,就总店论,店长李默非本教育家,任万竹小学校长十年,民元以来为本局编书,以稿费附股,故有公司股本一千三百元,近八年来股利仅得六十五元,副店长薛季安现在并非股东,而两君早到晚散,完全与同人相同。"

9月3日　中华书局工会正式成立,隶属于上海印刷总工会,假曹家渡某处开成立大会,到二百余人,通过工会章程。章程规定工会会务,有书报室、工人子弟学校、体育部、工人补习夜校、储蓄部、疾病医药部、游艺部、演讲部、消费合作社等,次第举办。

25日　印刷所雕刻部工人总辞职。落石部练习生吴三南,为上月罢工的中坚分子,与上手稍有口角,被部长停职。吴向签约的代表十九人报告,经会议推凌德润、唐霖坤二人前去情商免予开除。部长拒绝洽谈并关闭马达,致落石、石印、轮转三部停工,乃以工作时间不应至他部谈话之罪,报请所长将凌、唐二人并予开除。

雕刻课闻讯,以唐为该课工友,函请所长予以复职,所长不答,于是决定总辞职。27 日,在报上刊登全体总辞的声明,署名者有:柳培庆、张永清、朱仲皋、高淦生、杨师震、徐镇清、唐霖荣、李谊达、赵俊、谢燕庭十人。印刷工人联合会为此发表宣言,并曾发起组织钢版雕刻社于民厚南里。

12 月 2 日 商务印书馆来函声明,自 1926 年 6 月 1 日起至 1927 年底止,双方(销售小学教科书)合同停止效力,期内如有必要,另行协商。本局董事会议决定,如能续约最好,否则应预备小学教科书以外之发展。

19 日 股东常会决议增资四十万元,资本总额增至二百万元。②

20 日 印刷所以磨版车停车为讯号,停工半小时,向上海工人阶级领袖刘华烈士致哀。刘华,四川人,1920 年秋进本局印刷所绘图课学艺。1923 年 8 月去上海大学附中,不久参加中国共产党,并任上大学生会执行委员。后被派至沪西工友俱乐部工作,经常来印刷所指导工人运动。先后任上海总工会第一及第四办事处主任,“五卅”大罢工期间,为上海总工会副委员长。11 月底被英捕抓去,12 月 17 日为军阀孙传芳及其走狗严春阳秘密处死。20 日,上海总工会通电全国,称刘华是“最亲爱最勇敢的领袖”,号召工友们加紧团结,继续奋斗,打倒帝国主义的走狗——军阀。郭沫若、沈雁冰、胡愈之、郑振铎、叶圣陶、蒋光赤、周建人等四十三人签署“人权保障宣言”,抗议上海军阀秘密杀害刘华事件。

22 日 印刷所工会及发行所职工会于 19 日获悉资方将有裁员之举,因提出六项条件,于本日开始罢工。资方谓本年底甄别辞退员工,总务处、印刷所不过数人,发行所、编辑所不过十余人,较历届有减无增,希望 24 日复工,否则惟有暂时休业。经有关方面调解,对8月15日以后辞退的职工给予补助后,于26日复工。

31日　编辑所潘汉年被辞退。同时被辞退者,有王晓斋、陈赓、李璜、桂葭墙、范徐来等。辞退信由陆费逵具名:"径启者,职事职务现已另行派人,请将经手事件与主任交代清楚。另附上薪水一月,乞察人。此上,××先生鉴。"[③]

是年　藏书楼改名"中华书局图书馆",藏书增至六万余册,按照杜氏分类法重新编目,建立新的购置、登记、出纳制度。负责人先为傅绍先,次为陆衣言,后为程本海,自1926年后为楼云林。

设立张家口分局及邢台支局。

总务部编印《通则甲编》,将1912—1923年间有关处理总局和分局间、分局和分局间的各种业务关系所订立的章程规定,如分局人员的定额、进用、调派、考核、奖惩、分红等,进销货的定额、账务、报表,资产、现金划拨计息等办法,加以修订,汇编成册,作为今后处理的准则,是为处理分局事务比较完整的内部成文法规。其后,又将1923年以后的通启,另编成《通则乙编》。

新学制中等农业教科书开始出版。本年出有中等《稻作学》、《作物学》、《棉作学》、《肥料学》、《农具学》、《农业化学》、《农业气象学》、《农业经济学》等十余种。其后陆续出至二十余种,历久行销不衰,1948年尚有重版。沈彬、马润卿编初中《混合英语》出版,全六册,作为新中学教科用书,将读本、文法、会话、作文混合教授,为首创的全新英语课本。此外,有"国民外交关系小丛书",包括《近代中日关系略史》、《中俄关系略史》、《领事裁判权与中国》、《门户开放之今昔观》等,后陆续出至十余种。倪德基等编《数学辞典》亦于是年出版。

---

①　工人罢工事见《中华书局上海印刷所职工运动史初稿》(1990年8月

编印）。1925 年 6 月 5 日《申报》《中华书局总厂职员职工启事》："本公司总店业于 6 月 1 日起罢市,同人等因华人自办工厂,正应赶制出品,提倡国货,故不罢工。谨于 4 日下半天、5 日全天休业,以志哀忱。6 日起照常工作,特此布告。"

② 据 1987 年第 4 期《出版史料》所载《民国时期的我国出版业统计》:资本在 200 万以上者 2 家（另一家为商务印书馆,资本 500 万元）,10 万元以上者 6 家,3 万元以上者 11 家,3 万元以下者 58 家。据此估计,当时出版业总资本约为 1000 余万元。中华约占五分之一,商务约占半数。

③ 每年 6 月及 12 月底,例有甄别职工之举,由各处所提出意见,经总经理核准处理。其辞退信内容大致如此。所送薪水,自半个月至二个月不等。

1926 年

1月1日 国语研究会在北京举行成立十周年纪念会,同时在全国举行学校团体就地召开国语运动大会,要求各大书店配合。本局所有国音国语图书一律五折廉价发售一个月,以为提倡。

15日 徐州分局原于1915年由严馥保包办,1924年秋因严独立难支改为合办。现因严用空公款,收回自办,原加"丰记"取消。调南昌分局内账升任该局经理。

1月 总店招考学生孙明正、张叔良等八人,2月1日到店。

2月5日 通告分局:本局发行礼券,旧式简略,办法未善。现新印彩色礼券七种(五角、一、二、四、六、八、十元),配齐红色封袋,除购货外,可以抵账,与现钞无异。

11日 本局创办人、董事、编辑所长戴克敦于7日逝世,给丧费一千元,恤金四千元,遗孀赡养费每月五十元。董事出缺以次多数唐绍仪递补。编辑所长暂由总经理陆费逵兼摄。

17日 本日起改用同人签到簿办法,每日上午九点十分、下午一点四十分以前到者,自签姓名于簿上,不得由他人代签。迟到簿从上午九点十分、下午一点四十分起照旧办理。

19日 陆费逵通知:"总办事处及编辑所支款单向由逵委托戴懋哉先生签字,现懋哉先生病故,编辑所长暂由逵兼任。银钱支单签字,例支各款,总办事处由戴劼哉、陈协恭复核签字,编辑所由高欣木、张献之两先生复核签字。特别支款由逵签字,如逵告假出门,仍由戴、陈、高、张分别代签。"

3 月 3 日 与陆咏笙合办民立文具厂,资本一万元,本局占 70%,订合同五年,仿制不碎石板、纸石板、药水浆糊等。

5 日 总厂添设定书邮寄课,陆厚哉负责。

4 月 20 日 重申分局银钱账目的规定:同事除有特故,许支 一个月薪水分几个月扣还外,绝对不许宕账;经理每五日点现一 次,内账无论如何可靠,此种法定手续均须实行,不可稍存疑虑客 气之意。如有银钱账目不符,应立即报告总局;倘未点现或不符不 报,以通同作弊论。

6 月 2 日 广州分局在广西梧州开设支局。

会计课主任吴春荣病逝。吴君 1913 年进局,1919 年任会课主 任迄今,送丧费四百元,抚恤八百元。遗缺由出纳课主任方绎如兼 代。

21 日 召开有分局经理参加的第二次营业大会,至 7 月 3 日 结束。会议提出对编辑中小学教科书的意见。建议办一类似《东 方杂志》的期刊,以改变读者印象,提高本局声誉。规定分局员工 定额,甲等分局 18—22 人,乙等 14—18 人,丙等 10—14 人,小支局 至少 7 人。分局开支,除房租、运费、回佣外,以现并 10—15% 为 准。推广方面,创办巡回文库,假中小学、图书馆、书报社等场所, 巡回陈列宣传。

30 日 辞退周梦甲、陈伯昂、沈绶章、萧觉生等十人。

6 月 1925 年 7 月至 1926 年 6 月,营业总额二百三十万元,其 中总店五十七万余,印刷所八十二万余,分局九十一万余。盈余十 七万余元。本届营业增加,但以各地不靖,时有损失,而工料昂贵, 以是盈余却未能增加。

7 月 7 日 议定 8 月 1 日至 9 月底举行十五周年纪念,廉价及赠送书券,一切仿照商务印书馆办理。商务举行三十周年纪念,小学书购满实洋一元,赠书券六角(1927 年代价券三角,1928 年代价券三角);普通书满一元,赠书券二角;仪器文具九折,原版西书九五折。

12 日　调汉口分局经理沈彬翰任总局分局事务课主任;以文明书局经理沈鲁玉为汉口分局经理;马刚侯为文明书局经理,并派马去汉口监交。

8 月 9 日　印刷所职工以物价飞涨,生活困难,要求给予米贴(因米价在短时期内,每石[约合 160 斤]由十二三元涨至十八九元),并发还上年江浙战争时期所减去的薪工。所长一再拒绝接谈,激起罢工,至 31 日全部复工。据当日总经理向董事会报告:上午十时半,印刷所职工七人持工会公函面交印刷所长,限午后二时答复。到时,副所长唐驼以工会法未颁布前未便承认工会,将原信退回。午后三时半另举代表七人要求承认工会,所长俞复不允,三时三刻即行停止工作。董事会决定:"公司本拟缩小范围,工人既停止工作,应即休业两天,一面劝告上工,否则只得全体解散,另行组织。"总经理陆费逵、印刷所长俞复联名一再布告:12 日开工,不到者作告假,16 日午后不告假者作自行辞职。17 日,原八部工友八百余人的罢工扩展至全厂停止工作。22 日,报上刊登国民党江苏省党部对于上海工潮之宣言,有云:"迩来本埠工潮统计所得,罢工厂数多至二百余家,罢工人数多至十五万以上。……沪上生活程度之高为全国冠,工人区区所入,供一身之衣食犹虞不给,遑论仰事俯蓄。年来物价飞涨等于几何级数,而各厂工资则有历数十年而未改其旧者,实际上直逐渐减少。……工人在此境遇之下,挺而为罢工之举,手段虽越乎寻常,动机实有可原谅。……日前上海总工会在其第一次宣言内评述工人之痛苦,列为上海工人之总要求十一项,实大可作社会各界人士解决工潮之参证。"在印刷总工会及学生联合会等一再调解和商务工会等实力支援之下,经反复谈判,公司作出决定,凡 30 日上工者加给 28、29 两日工资,并拨给三千元分给上工工友作为补偿。工会乃照印刷总工会命令于 30 日开始复工,31 日正式复工。印刷总工会要求整顿工会,扩充纠察队组织,并要求厂方不得开除罢工职工。

8 月 《小朋友画报》半月刊创刊,由王人路、吴启瑞编辑,至 1930 年间停刊。后于 1937 年 7 月复刊,由许达年、沈子丞编辑。

9 月 编辑所设立函授学校,校长吴健(任之),教务主任沈彬(问梅)。后由马润卿、李唯建、吴廉铭先后任主任,校长改由舒新城兼任。先设初、高等英文科。1933 年以改革课程停收学员,1935 年新课本重编完竣,续收新学员,并添设国文科。1936 年又设日文、算学、商业等科,各科分初、中、高三级。1937 年又设国文、英文选科。各科主任:国文张相,英文钱歌川,日文张梦麟,算学仇毅,商业武坺干。学员最多时近三千人,毕业者达数万。正科学员升级可减收学费,成绩优异者给奖学金,同人参加者收半费。至 1940 年停办。

11 月 17 日 旧欠债务至 6 月底尚欠本息三十六万余元,决定自下届起每年偿付九万元,四年全数清偿。

27 日 公益公司借款本年 12 月 15 日到期,前于 9 月 15 日去信,拟将利息减为一分二厘。公益回信仍拟定期三年,前一年半要求加三厘,董事会决议三年一律改为一分三厘。

12 月 29 日 印刷所副所长唐驼自 1 月份起告病假六个月,薪水照送。

12 月 《饮冰室文集》乙丑(1925)重编本出版,聚珍仿宋版排印,线装八十册。分为五集,第一集为戊戌以前所作,第二集居东瀛时作,第三集归国后至欧战前作,第四集欧战和议以迄最近作,第五集为题跋诗词曲小说诗话等。

是年 《四部备要》一至五集发售预约,估计二千余册,至1931年底出齐,定价连史纸一千二百元,赛宋纸八百元,预约收半价。在《申报》等几家日报上刊登《四部备要》宣传广告有云:"不怕不识货,只怕货比货。""包含经史子集一万一千余卷,分订二千余册,二十四史均在内。若用影印,在五千册以上。""聚珍仿宋版印,非特影印所不及,亦远胜木刻版。""据宋元明清善本,尤多采清代精校精刻本,无欠叶缺行之弊。""选读书需用之书,孤本而非读书所需者,均不羼入,盖为读书而刻书,非抱残守缺也。""售价低廉,每本仅二三角。""延著宿校至十三四遍,无鲁鱼亥豕之误。"[①]

中国共产党在本局建立课室支部,朱锦玉任书记。次年4月,朱遭特务暗害。

出版有关历史的书,有《元史略》、《中国近百年史资料》初编二册(其后又出续编二册)、《西藏交涉略史》、《德国文学史大纲》、《梵天庐丛录》石印稿本十八册。字典有《中华万字字典》、《英华万字字典》、《国语学生字典》。其他有"青年丛书"、"国家主义丛书"、赵文锐译罗素《科学与未来之人生》等。

---

① 按此系针对当时商务印书馆重印《四部丛刊》而发。商务广告云:"全书323种,〔二十四史不在内〕2100册。所采底本均为宋元明清之精椠旧钞,原书极为珍贵,无论其不易罗致,即可罗致,亦非数十万金不办。"其时辑印古书颇盛,竞争亦烈。商务《四部丛刊》初编于1922年出齐,中华《四部备要》于1922年开始出版。

1927 年

1月24日 梧州支店改为分局,不再受广州分局管辖。

2月 常德分局经理汪焕庭病故,母老子幼,送丧费一百元,支半年薪工;每月给赡养费十元,以十五年为期。

3月21日 上海总工会为发动第三次武装起义,发布第二次总同盟罢工令。本局印刷所工人于下午关车,召开大会,参加游行示威;王鸿昌等七人参加纠察队攻打曹家渡警署。24日复工,并号召被开除的五十多人来厂复工。

4月6日 经印刷总工会调解,印刷所与工会签订待遇条件。

10日 董事会议讨论印刷所职工待遇条件,除某些保留外通过承认。同时议定总办事处、编辑所、总店待遇办法,包括加薪、升工、年终加俸、工作时间、工会经费等;还规定公司在经济困难时,得就裁人、减薪、停业三项与工会代表公开决定。

12日 凌晨,中华纠察队枪枝被缴。中午,工会带领三百多人去潮州会馆保卫上海总工会。

13日 印刷所工人复去青云路广场参加大会,中途遇国民党二十六军士兵开枪,本局刘镇、汤炳南、秦源泉三烈士死难,伤者有缪龙江等六人。印刷所尚有朱锦玉烈士,则于11日去曹家渡开完会的归途中为特务狙击身亡。

14日 上海在连日事变中,工人被杀者三百多,被捕者五百多,失踪者三千多人。次日胡愈之起草抗议信,签署者有郑振铎、冯次行、章锡琛、周予同、吴觉农、李石岑等共七人,寄给蔡元培等人,翌日并在上海《商报》发表,揭露反革命军队屠杀群众暴行。①

公司认为各处所待遇条件,均以本身为前提,尤以薪小者为前提,然公司不能不兼筹并顾,求一劳永逸之道。现以工作八小时、普遍加薪二成为原则,由董事会重行议定职工待遇办法,公布施行。

5月26日　和济公司垫款利息原系按月一分五厘,本年7月1日到期,原议改为一分一厘,该公司要求改为一分三厘。董事会议决酌中定为一分二厘,续约三年。

5月　香港设立分局,调广州分局副经理杨秉吉任经理。

太原分局经理张文甫辞职,月给养老金三十元。张在晋十五年,办事尚好,前五年应酬较多,亏空一千八百元,准作酬劳出账;后十年亏空一千五百元,应如数偿还。

6月　1926年7月至1927年6月,营业总额二百六十三万余元,其中总店七十一万余,印刷所九十三万余,分局九十八万余。盈余十万余元,尚不敷摊还旧债九万余及新股保息二万余之数。

7月3日　上海各大报刊出《中华书局紧要启事》,宣告自本日起暂停营业,全文公布董事会7月2日议案,总经理及总店负责人避匿不见。

董事会决议案称:“驻局董事兼印刷所长俞复报告,本年4月6日由总工会印刷总工会支配,令本印刷所与工会签订待遇条件,增加薪工,减少工时,实际工作成本增加六成以上。近因南洋烟草公司印件减少,拟酌裁工人,与工会商议办法,遽尔枝节横生。因年老力衰,应付乏术,请求辞去兼职。”总经理报告,照上年营业状况,每月盈利平均一万余元,工资增加已尽此数,效率减低,收益更短。今春以来营业锐减,搁货既多,垫本难继。本月上旬一切开销,为数甚巨,请先决财政办法。经决议经济支绌,用人困难,董会力薄,支持乏术,本公司以7月为年度开始,本年度是否继续营业,公推董事孔祥熙、吴镜渊、监察徐可亭为善后委员,调查研究,再定办法。一面从明日起,先将总厂、总店停业。善后办法:(一)6月下半月欠薪及7月一、二日薪工于一星期内交顾问律师发给,并补助每人回里川资三元;(二)由顾问律师呈报有关各方,并报告捕房派捕看守厂店;(三)员工一律解散;(四)善后委员有相当办法并筹有的款,再定局部或全部开业,应需何项人才,当另定办法再行延聘。

各部门职工除少数重要人员外,事前均无所闻,私人物件皆未移出,仍按时上班,而总店、总厂铁门未开,武装探捕把守门外,禁止出入。下午,四部职工组织联合办事处于静安寺路民厚南里686号,分总务、文书、宣传等七科办事,向外界求援。

4日　本局工会第一分会,职工会第二、三、四分会,在各大报登出启事,公告同人,为图谋解决办法起见,特联合共商进行,要求静待解决,毋为轨外行动。

5日　职工联合办事处派代表凌德润、吴子范、刘季高、黄宙民、李莲波等人,分别向政府有关机关及工会组织统一委员会、总商会等投递呈文,指出公司当局非法突然停业,使本局一千六百余职工立时失业,公司既非破产,显系企图实行裁员减薪之狡谋,要求令其即日复业。

6日　全体职工在各报发表宣言,谓书局突然宣告停业,将职工一律解散,顿使一千六百余人处于非法蹂躏之下,穷蹙无归。今年4月间,上海脱离军阀统治,处于国民革命的旗帜之下,国民党政纲有"保障劳工团体并扶助其发展",各职业团体纷纷设立职工会,中华书局也因事实之需要,印刷、发行、总办事处、编辑所次第成立职工会。因低级职工薪水太少不能生活,同人疾病公司漠不关心,所以也曾作分内之要求。4月14日,中华董事会决议改订同人待遇办法宣布施行。而4月6日印刷总工会代表调解与印刷所签订的条件,已被根本推翻,这时总工会早经解散,何从受总工会的支配。加薪一项超出我们希求以外,我们表示感谢而努力工作,也没有什么龃龉。不料7月3日忽然宣布停业,并派探捕荷枪实弹,把守总店、总厂门外,禁止同人出入。这种意外动作,完全由少数董事秘密主持,同人等事前毫无所知。即使以为非停业不可,事先亦理当开诚布公共图办法,万不该用极秘密极残酷的手段突令停业,解散职工。公司当轴的手段态度,文明呢? 野蛮呢? 深愿全国人民替我们评定是非,是公司当轴错,还是同人错?

8日　律师黄镇磐代表中华书局刊登广告发给薪工及补助川资三元。次日职工会登报驳斥反对,根本不承认解散。黄于10日登报作罢,仍由中华自行分发6月下半月份欠薪。同人拒领川资。

驻局董事俞复与职工会联合办事处代表接谈时声称,本人并未向董事会有"紧要启事"中所说的报告,亦未请求辞去兼任印刷所长职务,且反对停业,中途退席,并未签字。此次董事会议到会者六人,本人退席后只有五人,此五人是否全体签字,不得而知,董事会议案全由少数人把持。善后委员吴镜渊亦谓事前并未知情,另一委员孔祥熙则在外地。

26日　上海市政府农工商局召集江苏省政府、工统会、总商会调解代表及职工联合办事处代表会议,而公司方面陆费伯鸿、徐可亭、陈协恭三人并未与会。当即决定公司先于8月1日复业,原有职工待遇办法,俟复业后由农工商局邀集劳资双方并工商界代表公平解决。

先是,职工联合办事处向社会各界呼吁要求公司复业以来,上海各大报如《申报》、《新闻日报》、《时报》、《时事新报》、《商报》、《民国日报》等，每天均有详细报导，而《民国日报》"觉悟"栏发表署名评论文章即有八篇之多。出版界发表宣言支援者，有商务印书馆职工会、世界书局编辑同人会、报界工会，而商务印书馆编辑员有《告中华书局董事会书》，列名者周颂久、江炼百、段抚群、郑心南、王伯群、徐调孚、胡愈之、蒋少英、周建人、张伯康、黄绍绪、庄叔迁等十二人。邮务工会亦有《忠告中华书局董事会书》的发表。其他上海各行业工会、各工厂企业职工会派员慰问支持者难以枚举。

经过各方多次洽商调解，公司当轴始终坚持非俟工资、经济、用人、债务各问题有相当之解决万难复业。最后，工统会呈请二路政治训练部批准，令限中华书局三日内复业，否则处分其一部分财产以救济失业工人，并传究主谋者，借儆效尤。

31日　各报刊出《中华书局试行复业启事》，谓本局因工资增加，经济支绌，以致停业。承上海特别市农工商局、政治训练部、总商会、工统会敦促复业，面允谋劳资之妥协，任安全之保障，并奉农工商局训令复业。本局勉为其难，遵照试行复业，声明以一月为期，商定办法，以收支适合、用人有权为原则，遵于8月1日试行复业。同时，职工会刊登《上海市中华书局全体职工复业启事》，略谓同人等自受公司于7月3日停业以来，迄已一月，今得上海市政府农工商局及工会组织统一委员会、总商会等之调解，决于8月1日全体复工。8月1日早上七时以前请聚集于总厂广场上，以便复工。

8月1日　职工会于上午七时半召集全体职工举行复工大会，到会各机关代表有农工商局李玉阶、工统会吴苍、二路政训部梁爱群等，到会各团体代表有商务、报界、制墨、笔业、牌业、客帮等工会。由凌德润、熊连生、黄玄裳、吴翰云、余一辰、邢颂文、陈午韶组成主席团。主席吴翰云致开会词,凌德润致辞,来宾演说。李玉阶代表市府讲话,谓今虽复工,此后纠纷尚多,公司复业告白,事前虽经农工商局审定,仍将"试行复业"字样发表,以淆惑听闻,显然不信任政府。公司此次停业目标,乃感于董事会自动所订的议决案难以维持,故忍心出此下策云云。大会上有《职工会敬告全体工友书》,谓过去四星期中,我们都是在纪律的轨道上行动的,所遵守的是秩序,所凭借的是公理,所服从的是正义,所希求的是生活。现在我们的目标是复业,虽已达到,但精神与物质上的种种牺牲已不少。这个目标说来很简单,但做起来颇不容易,尤其是在现在这样的环境中,所以我们职工同人,务须体念过去的艰苦,警惕未来的危机,始终向一个共同的方针前进。这个共同的方针就是努力工作,替公司增加生产;团结精神,替同人互谋福利。态度必须正直,意志必须坚定,只有向前进,才能达到幸福之境,九时半,总办事处、印刷所、编辑所职工开始入内照常工作。总店于八时半开始正常营业。

8 月 18 日　经农工商局及有关单位召集中华劳资双方协议,签订两项办法:(一)中华书局有限公司与上海市中华书局工会、职工会双方签订待遇办法。主要规定薪工照三月份标准二十元以下加三元,二十元以上加二元,三十元以上加一元,四十元以上不加。(二)中华民国十六年(1927)8 月中华书局复业裁人暂行办法,规定公司裁人,工会认为无过失者,补给薪工两个月。代表公司签字者驻局董事吴镜渊、监察徐可亭、总经理陆费伯鸿。代表工会签字者第一分会凌德润、熊连生,第二分会周允恭、吴子范,第三分会黄玄裳,第四分会余时、郑昶。另外,签字各方:上海总商会陆凤竹、朱肖琴,上海工会统一组织委员会张麟书,上海市农工商局应成一。在此两项协议签定后,于 8 月 20 日在各报刊登正式复业启事。

根据第(二)项协议规定,在不到一个月的时间里,公司解雇了三百多名工人,中共党组织亦被破坏。

9 月 7 日 董事会决议年老应退职者三人:(一)王均卿年老解职,应另送退老俸,自 1928 年 1 月起,每月三十元。局外编校依件计值,公司有所顾问不另酬报。(二)余映堂,1913 年春到局,至本年 8 月,统计七年半算,应给退俸金薪水四个半月外,自 1928 年 1 月起另送退老俸每月二十元。局外画件依件计值,公司有所顾问不另酬报。(三)吴贻德,1918 年 3 月到局,至 8 月底折五年,应给退俸金薪水三个月。

董事会复被裁编辑沈问梅信,摘录如下:"民六(1917)五月底,执事接顶张士一合同,甫经一月,公司即遇出租之意外,同人解散,由承租者营业。迨收回自办,困难异常,另定薪额,承热心教育,屈就担任。至民八(1919),执事辞职离局,另营大业。旋仍回局,兼任西文事务部主任;又以西文事务不多,兼任寿险团事,热心公益,极所感佩。而执事在英文部编辑之高小英语及混合英语销路甚佳。在西文事务部经办现今公司货款以一百八十天为期,公司尤深感谢。惟有两事不能不声明者,马君润卿贷费留学,并规定将来如何归还,此事系执事爱才,代为说项,并非酬劳,亦非补助,当时订有合同,执事居证人地位,可复按也。银团垫款似只有经手人,并无保人,令亲友似有误会,尚迄转达为幸。至执事兼充寿险团主任七年有余,团中应如何答报之处,应由团长召集该团监察干事会议,另定办法。公司今年内忧外患,不得不减少生产,事非得已,尚希谅鉴。""再执事保寿险已缴七年余,现仍担任局外编辑,如继续保满十年,以免损失,亦无不可。"

10 月 19 日 董事会决议:"沈问梅先生任本局西文编辑部主

任十年有余,兼任西文事务部主任亦已八年,对于公司多所赞助,此次因公司裁人去职,议决酬送薪水除普通两个月外,再加送四个月。"

　　是年　"新中华教科书"开始出版,初以"新国民图书社"名义编印,由文明、中华、启新三家经售。初级小学用,有三民主义、国语、算术、常识、社会、自然、工用艺术、形象艺术、音乐等,高级小学用有三民主义、国语、算术、历史、地理、自然、卫生、园艺、农业、工用艺术、形象艺术、音乐、英语等,陆续出至四十一种。初高级中学用五十五种。其中三民主义课本由国民党中宣部审定。参与编辑者,有黎锦晖、王祖廉、黎明、陆绍昌、朱文叔、郑昶、李直、陈棠、张相、蒋镜芙、杨卿鸿、糜赞治、朱开乾、黄铁厓、顾楠、赵凤、郑炳渭、张德骖、姜丹书、朱稣典、王隐秋、怀桂琛、陆费执。校订者有吴稚晖、叶楚伧、何鲁、陈布雷。

　　原有"新小学教科书"初高级各一套修正发行。

　　发售预约书:(一)《二十四史辑要》(全三十册),附有二十四史全目并提要六册,1928年出版;(二)《清史列传》(全八十册),清国史馆原稿,1928、1929年分两次出齐;(三)《历代碑帖大观》(全五十册);(四)《古今名人墨迹大观》(全十六册);(六)《楹联墨迹大观》(全十册),均定1928年出书。

　　先后出版珂罗版印的《悲鸿绘集》、《悲鸿描集》、《普吕动画集》三种。聚珍仿宋版印《资治通鉴》(全一百册)、《续资治通鉴》(全八十八册附明纪)、《读通鉴论》(全十八册附宋论)。此外,有顾树森"欧游丛刊"《苏俄新教育》、《苏俄新经济政策》、《德国职业补习学校概况》、《丹麦之农业及其合作》等六种。陈恭禄编《日本全史》,谢侠逊编《象棋谱大全》初集四册,其后又续出二、三两集各四册,1929年出齐。

①　宋原放《中国近代出版大事记》,《出版史料》1990 年第 3 期。

1928 年

1月6日　文明书局副经理周菊人代理经理已半年,改为实任经理,月薪七十元,暂不设副经理。王文奂任营业主任,月薪三十二元。代理内账黄锦荣,月薪十八元。

1月　舒新城在南京黄泥岗何家花园设"中华辞典编辑部",以局外编辑名义继徐元诰主编《辞海》。认为原稿中已死之旧辞太多,流行之新辞太少,乃改变方针,删旧增新,并改加新式标点。至9月间,因原址修路拆屋,迁往杭州上西大街长颐里。

6月　1927年7月至1928年6月,营业总额为二百二十五万余元,其中总店七十一万余元,分局七十七万余元,印刷所七十五万余元,盈余八万三千余元。营业总额较上届减少近四十万元,主要原因,各地秩序未尽恢复,教育方面多退少进;而交通阻滞,不惟运输往往不通,邮寄亦多困难,加以上年7月间停业一个月等等。惟自上年八九月间裁减人员以后,开支节省,营业取紧缩方针,负债有所减少,存款略增,公司状态由飘摇而渐趋稳定。

10月8日　同意总办事处理事戴劫哉离职,月致原薪养老。18日,董事会决议同意戴劫哉辞去董事职务,由次多数史量才递补。

10月　陆费逵赴杭州参加筹划西湖博览会事,并约舒新城摄西湖风景集。

12月5日　上海成立新书业公会,会址设福州路529号二楼。

会员二十一家:泰东图书局,亚东图书馆,北新书局,光华书局,开明书店,创造社出版部,卿云图书公司,良友图书公司,太平洋书店,群众图书公司,新月书店,现代书局,真善美书店,金屋书店,嘤嘤书屋,新宇宙书店,乐群书店,第一线书店,复旦书店,春潮书店,远东图书公司。

21 日　英文部添聘新闻报馆顾执中为局外编辑员,自本月起担任《英文周报》编辑,月薪五十元。

25 日　在中华国货展览会上举行中华书局宣传日,日夜两场,分别为下午 1—6 时及 7—11 时。除零星游艺外,所有本局出版的《葡萄仙子》、《月明之夜》等六种歌剧同时表演,并放映本局全景及工作电影,为上海空前盛举。

是年　编辑所组织有六部一馆,即总编辑部、教科部、新书部、古书部、西文部、美术部,附图书馆。

出版教育方面的书,有:舒新城《收回教育权运动》、《近代中国教育史料》、《中国新教育概况》,庄泽宣《教育概论》,余家菊等编《中国教育词典》附有四千年中国教育大事年表。

儿童读物,黎锦晖的歌舞剧续有出版,如《麻雀与小孩》、《春天的快乐》、《七姊妹游花园》、《神仙妹妹》、《三蝴蝶》等,是美育德育的好教材,大都经过几年的实验才正式定稿出版。

"国民外交小丛书"续出八种,有《外国在华之经济侵略》、《中国交通与外国侵略》、《中英关系略史》、《法国殖民地》、《新疆问题》等。工具书《二十世纪阴阳合历》(1901—2000 年)。珂罗版印《圆明园全图》两大册凡四十幅,乾隆时内廷供奉所绘,各有御题一咏,由陈演生摄自巴黎国家图书馆;《圆明园考》同时出版。影印梅王阁藏本《宋雪岩梅花喜神谱》线装上下册。

1929 年

1 月　创办"中华教育用具制造厂"于上海昆明路,与胡庭梅等合资,为两合公司性质。资本总额国币十万元,本公司投资占70%,为有限责任股东;胡庭梅投资二万六千元,胡振富、陈永福各二千元,合占 30%,均为无限责任股东。自建厂房,装置新式机械,延聘专家,参考德国样品设计研究,制造中小学及专门学校应备之科学仪器、博物标本、应用药品及一切教具用具。

总处通告:同人子弟愿入第一国语模范学校附小就读者,学费可减半收取(八元收四元,校址在福煦路哈同路南口),可向庶务课报名。

3 月 6 日　《中华英文周报》上年因改组停顿,现由马润卿博士主编,分初高级两种恢复出版。每种每期二大张(八面),全年四十期,改组后第一期即原 414 期。

3 月　登报招考分局经理(月薪 40—100 元),书记(月薪 30—70 元)、账房(月薪 20—40 元)约十人,月内报名,4 月份函约面试,录取后试用两个月派缺定薪。

3 月 31 日　除教科书外,近期重印书一百二十二种,其中再版至四版者六十二种,占 50%,五版至九版者四十五种,占 37%,十版至十五版者十五种,占 12.3%。

4 月 1 日　金兆梓第二次进编辑所。越二年,任教科图书部主任。

6月6日 浙江省建设厅主办的西湖博览会在杭州开幕，至10月10日止。陆费逵为该会发起人之一，任宣传处长。本届参展的产品有出版物、运动器具、校具、教具、玩具五类，并出版了舒新城等编的《西湖博览会指南》、《西湖百景（摄影）》、《杭州西湖游览指南》等书。编辑所派华享平、朱稣典、郑午昌、吕伯攸前往参观。

6月 1928年7月至1929年6月，营业总额二百八十三万余元，其中总店九十二万余，分局一百零一万，印刷所八十九万余元。盈余十八万余元。与前几届相比，营业额增加不少，惟以金价高涨，纸墨成本较昂，平民课本等销数增多，而此类书原为启发民智而编，不惟无利，且须亏蚀，故盈余未能相应增涨。

7月 郑子展调任粤局经理，派王谋翁前往监盘。又张杰三调任津局经理。

12月 聚珍仿宋版《二十四史》发售预约，五开本，共五百册，预约收半价一百四十元。1930年6月至1932年6月分五期出书。李泽彰《三十五年来中国之出版业》，谓图书馆运动发生于1925年，有议建图书馆一批于各要地以示范，有倡议广设通俗图书馆者；至1928年全国教育会议大会通过，请大学院令全国各学校均须设置图书馆，并以每年全校经费5%用以购书，于是运动空气弥漫全国；自是出版界趋向大量出书，以适应图书馆购书需要。1929年商务出版《万有文库》，给图书馆以极大方便，1930年中华发售殿版《二十四史》，商务影印百衲本《二十四史》，这两部大书对图书馆运动都有很大的帮助。

是年 出版中等商业教科书计十一种。

印行部头较大的书，有聚珍仿宋版《袖珍古书读本》，仿巾箱本，二百零四册，50开线装，选辑经史子集三十种加句读，为研究古籍的入门读本。又有周子序译述的《皇汉医学》第一卷,第二、三卷于次年出版,此书于十年中印至八版。郑昶《中国画学全史》,从上古至清末,分期论述国画之源流、历代画家、画论,并附有历代画学之著述、现代画家传略等。

与帝国主义侵华有关的书,有王光祈选译的《美国与满洲问题》、《三国干陟还辽秘闻》、《辛亥革命与列强态度》等。

出版的丛书有:"现代戏剧选刊"《武者小路实笃戏曲集》、《孤独之魂》、《圣女的反面》等。语体"学生文学丛书"《天方夜谭》、《依里亚德》、《奥特赛》等;"英文文学丛书",《莎氏戏剧本事》、《二城故事》、《天方夜谭》等陆续出版,共十四种。

儿童读物有黎锦晖作的歌舞表演曲《可怜的秋香》等二十种,均有五线谱及简谱,后附表演说明。

工具书有李儒勉《实用英汉汉英词典》,附有中外重要地名表及世界重要人名表,曾重印至十版。

另有《秋瑾女侠遗集》,为其女王灿芝所编。

1930 年

1月 聘舒新城为编辑所长,兼图书馆长及函授学校校长,定期五年。

舒新城(1893—1960),又名玉山、维周、心怡、遯庵,湖南溆浦人,出生于农民家庭。1917年毕业于湖南高等师范学校英语部,先在长沙兑泽中学任教,上半年教音乐,下半年兼教英文。旋任长老会办福湘女学教员、教务主任。以《我对教会学校的意见与希望》一文,反对女生因接亲友来信而被开除,希望学校取消一切违反时代潮流的规章制度,因而去职。后在省立第一师范学校、省立第一中学等校任职。

1921年到上海,任中国公学中学部主任,竭力推行道尔顿制教学法,其后继续研究,著有《道尔顿制概观》、《道尔顿制讨论集》、《道尔顿制研究集》等。1923年1月去南京任东南大学附中研究股主任、江苏省立第一中学教员。1923年,由恽代英等介绍加入"中国少年学会"。1924年去成都任高等师范学校教授,以学校风潮遭通缉,1926年回南京专事著译。

1928年应中华书局之聘,在局外主编《辞海》,先后在南京、杭州设立中华辞典编辑部。1930年初,中华书局聘为编辑所长,直至1953年退休。其间曾被选为中华书局董事、常务董事及代理总经理。退休以后,被选为全国人民代表大会第一、二届代表,上海市第二届人大代表及政协副主席。1957年向中央建议重新修订

《辞海》,经毛泽东主席同意,于 1958 年在上海成立辞海编辑委员会并任主任委员。1960 年 11 月 28 日病逝于上海。

先生以研究教育为主,旁及文学、摄影等。有《教育通论》、《近代中国教育史料》(1—4)、《近代中国教育思想史》、《近代中国留学史》、《现代心理学之趋势》、《教育丛稿》、《电化教育讲话》、《摄影初步》等著作三十余种。由其主编的有《辞海》、《中华百科辞典》、《中华百科丛书》、《中华文库》等。

原在杭州的中华辞典编辑部及其工作人员并入编辑所,成立辞典部,同来的刘范猷任辞典部副主任。

张相任编辑所副所长兼辞典部主任。

3 月 1 日　为免总店开学时拥挤起见,在南市设支店,名为沪南支店。

3 月　发行中华英语留声机片,全套十五张三十课,连课本一册,马润卿、周开甲编辑,司密斯夫人发音。

4 月　登报招考编校、账务、柜员、学生等十余人,25 日报名截止,合则函约面试。声明"为事择人,毫无情面,请托无效"。

6 月　1929 年 7 月至 1930 年 6 月,营业总额三百三十五万元,其中总店一百零九万元,分局一百三十八万元,印刷所八十七万余元。较上届增加 18% 强。沿海各省稍有进步,惟长江、黄河一带内战不停,不惟营业减色,且时有损失。本届盈余十九万六千余元。

曹亚伯《武昌革命真史》(全三册)由本局代为印刷发行。本书记述从武昌起义前的革命准备活动到孙中山辞去临时大总统为止,有日知会的活动,清吏捕杀党人的口供,狱中日记,各省的革命活动和同盟会的历史等。著者为日知会会员,并参与孙中山、黄克强等的革命活动,对各种情况皆据实记载,材料翔实,附有图片百余幅,因而招忌。以"记载失实,讥评总理"为由,10 月间遭行政院严禁发行,存书及纸型图版均予销毁。①

7 月 1 日 路锡三任总办事处理事。以后总办事处支款单,即由陈协恭、胡懋昭、路锡三核签。

5 日 聚珍仿宋部丁辅之先生身体不好,其营业、银钱、材料均并入印刷所。于原有本版、外版两课外,另设仿宋版课,姚竹天任课长,副邵咏笙。汤慕林调会计课帮账。仿宋部仍由丁先生总其成。②

25 日 编辑所左舜生辞职。

7 月 钱歌川进编辑所。

上海书业商会与书业公所等联合组成上海市书业同业公会,陆费逵任主席委员,逐年连任至 1934 年 7 月止。

长沙分局被兵灾,职工五人遇害,按服务年数各给抚恤丧费:李汝舟八百元、送月薪八年,彭静甫七百元、月薪四年,金次云五百元、月薪四年,董玉田五百元,王桂林二百五十元。

8 月 14 日 世界书局新版《初中本国史》"历史的回顾"一节,与本局 1923 年《新中学初级本国史》"结论"一章十同其九;又所附三国鼎立及太平军图两幅形式内容完全相同。本局因在各报刊登"悬赏二千元"启事,谓有能证明本局历史书之文字及附图抄袭翻印而来,致与世界本不谋而合者,各酬洋一千元。一个月后又登报鸣谢来信人士,并通知世界书局于两个月内自行解决。世界书局在广告中则称,该书系根据暂行课程标准编辑,插图则请专家绘制,有经纬线,与众不同。③

9 月 11 日 陆费逵携夫人及公子第二次赴日本考察印刷厂及出版事业,编辑所长舒新城、印刷所长王瑾士及钱歌川等同行,逗留四十余日。带回新四号、新五号字模,嗣后中学教科书、中华百科丛书等即改用新四号排印，节省篇幅而无损目力。应同人要求于 10 月 26 日（星期日）午前 9 时在总厂报告见闻，放映舒先生所拍电影，惟工厂方面不易得主人许可，故所摄以风景、学校为多，工厂较少。

9 月　发行人体生理及动物模型，谓特派专人赴德研究，购回模型样本，从事比较，重定图样，全部改制。

10 月　自建南昌分局新屋落成。

12 月 6 日　举行第二十次股东常会，议及有关重建印刷厂时，谓本公司印刷所机械多数旧式，设备不完，房屋不敷。倘就原址改良，不惟地价增高利息捐税不合算，一时亦无此财力。故将总厂基地售去，经泰利洋行介绍，于 4 月间以银七十五万两出售，先付定银十五万两，以后分期付款。三年交产，厂屋由本局拆迁，不在售价之内。新厂基地在平凉路，已买约三十亩，尚在进行加并。惟时局多难，营业惟艰，此后进行方针，有取格外稳健之必要，建筑计划亦须变更。

12 月 27 日　编辑所刘述庭任事十八年，现年六十四岁，精力渐衰，自行辞职，除照章致送退职金四百九十五元外，加送酬劳金三百元。

是年　将 1927 年后出版的"新中华教科书"修正发行。

图书馆扩大采购范围，对所有出版的教科书力求完备，并收购善本书、地方志、金石书画、报章杂志等；国外出版的重要书籍，以及有关研究中国文史地的著作，亦一律收购。

出版图书较多。教育部因"注音字母"改称"注音符号"，设立推行注音符号筹备委员会，派赵元任、郭有守等为筹备委员，组织国语注音推广会。本局于是年出版有关图书：教育部编审处《注音符号传习小册》、蒋镜芙《国语注音符号新教本》、陆衣言《国语注音符号讲习课本》、《国语注音符号发音法》等。

徐志摩主编"新文艺丛书"开始出版,创作译述均有,取材严格,文字优美,旨在供爱好文艺者一种良好的读物。有徐志摩《轮盘》,梁实秋译《结婚集》,胡也频《一幕悲剧的写实》,沈从文《旅店及其他》、《石子船》,丁玲《一个女人》等。旋以主编乘飞机遇难而中止,连已收之稿陆续出版者,三五年中出有三十余种。

"社会科学丛书"开始出版,有《社会学概论》、《经济史概论》、《比较政治制度》等,陆续出至三十余种。

通俗读物方面,有"民众农业丛书"、"民众工业丛书"、"民众商业丛书"、"民众经济丛书"、"民众常识丛书"等,每种十至二十册不等。

有关工商业的:徐钧溪《最新银行论》、王效文《中国保险法论》、于树德《合作社之理论与经营》、吴承洛《菲列滨工商业考察记》等。

有关中外关系方面的有王光祈译《库伦条约之始末》、《西藏外交文件》,蒋恭晟《中美关系纪要》、《中德外交史》,陈重为《西康问题》等。

外语方面有:蒋君辉《现代日语》,钱歌川《日文典纲要》正续编。陆费执、严独鹤主编《中华汉英大辞典》收有汉字五千。苏州中学教员英文研究会编《高中英文选》三册,印数极大,颇负时誉,行销近二十年。

陆援华等编"分年儿童文学"开始出版,小学一至六年级每年十册,全六十册。

舒新城主编《中华百科辞典》,包括社会科学、文艺、数理、化学、博物等各种学科术语一万余条二百万字,附有中国历代纪元世界大事年表、中国省市区县名表等十余种。

其他有景昌极《哲学论文集》二册，杨树达《周易古义》，陈裕菁译《蒲寿庚考》，张孝若《南通张季直先生传记》订正初版，附有自编年谱。

---

① 本书于1982年2月由上海书店影印出版。

② 丁辅之1921年任仿宋部主任时，所订合同十年期满。

③ 八月下旬，开明书店在报上刊登启事并分发小册子，指责世界书局出版的《标准英语读本》(林汉达编)有抄袭林语堂《开明英文读本》之处。在第二次声明中有"果自爱惜其名誉信用者，以后编辑图书，务望多请通人，慎重将事，毋诱于小利，毋期其速成，毋劳他人悬赏二千元之巨资……"。世界乃发表宣言，认为教科书出版愈多愈好，愈新愈好，愈竞争愈好，以有益于教育界为目标。并称该局为进行教科书革命，受到种种破坏。第一次出版小学教科时，受到两家同业联合起来百计破坏，特开书局与我们为敌〔按指1924年中华、商务合组国民书局事〕；此次出版中学教科书，造成第二次竞争局面。世界乃向法院控告开明散布诽谤文字，妨害信用罪。法院判决，以有事实，不认为有诽谤等罪，但用词举例，溢出必要范围，使人难堪，应构成侮辱罪，处开明罚金三十元。同时教育部有批：确有抄袭冒效之处，饬世界将该书停止发行。开明因将该书抄袭之处与原书陈列橱窗展览。

1931 年

2 月 4 日　登报招考账务、柜员、学生等十人。

7 日　张子嘉代表维妙公司将所有机械生财原料照原本一万六百元盘予本公司。

4 月 10 日　招考职员,于 18 日复试,录取二十二人,计甲等九人,乙等二人,丙等六人,丁等五人。有张佩之、董涤芳、刘有为、王石泉、吴志澄、张觇余、应观兴、郁金庄、张福堃等。

4 月　自建天津分局新屋落成。

5 月 5 日　南京实业部国货陈列馆举办江苏省物产展览会,本局以自制文具、风琴及书籍、印刷品等参展。

5 月　长沙分局经理程润之改任第四区监理员,遗缺调安庆分局经理沈松茂继任,并调长沙分局内帐王廷献任安庆分局经理。

前兰州分局经理刘蒲孙在职病故,除回里川资照实支外,致抚恤丧费一千五百元,遗孤教育费每月二十元,十年为限。又内账吴仲溪在职病故,致丧费三百元,抚恤六百元,川资五百元,遗腹子教养费每月十元,以十六年为限。

6 月　1930 年 7 月至 1931 年 6 月,营业总额三百九十八万余元,其中总店一百十三万余元,分局一百六十九万余元,印刷所一百十五万余元。盈余为二十二万三千余元。本届初期长沙分局受兵事影响,除五人遇害外,物质损失约五万元。

7 月 1 日　常德、衡阳、九江三支局改为分局。

9日　在报上刊登查究翻版启事。为发现私印本局出版的黎锦晖著作各种歌曲集，除群友书局已协商解决外，尚有数种，希望主动交出纸型、存书得款等；如有人举报者，另给赏格一千元。

8月7日　上海市出版业工会中华书局分事务所，于下午四时开成立大会。选出王济平、梅雨今、李鸿斌、陶顺宝、杨荫林、黄竹汀、杨锡祺、徐一帆、顾金初等九人为干事，由市党部、市社会局代表监督就职，组成干事会，开始工作，提出要求改善待遇条件十条。时各地大水，上海米价涨至每石近二十元。

当晚，总经理陆费逵、编辑所长舒新城、印刷所长陈协恭、总办事处理事路锡三，联名发出紧急通电，谓市出版业工会6日函告，为成立分事务所开会，要求7日下午提前放工。以未明开会范围，去函询问。7日午后，忽来五六十人，将前后门下锁，闯入工场，擅敲放工钟，迫押工人开会，并将编辑员、办事员驱至空地，工作中断，秩序混乱。如此违法行动，公司财产业务，工人生命自由，失其保障。不得已，明日暂行休业，候市社会局、市商会派员履勘，以求行政上、法律上之救济。

8日　今起停业。

市出版业工会发出紧急通告。谓本会中华书局事务所7日会员大会，有市党部、社会局代表参加，法律手续完备。乃资方捏词耸听，擅行停业，师十六年摧残工会故技，威吓工人，无非企图破坏工会组织。除呈请社会局严令制裁外，并函资方促其觉悟。凡我会员幸各安心，加紧团结，本会自当尽完全保障之责。各业工会邮务、水电、卷烟、装订、铅印、码头等七十二个工会于13日联合发表《为中华书局经理破坏工运宣言》，有云"此次陆费逵欲师其故智企图破坏工会，如再执迷不悟，当以全市工人力量相与周旋，誓下最大之决心与坚强之奋斗，务必除此公敌，上海有陆费逵即无全市工人,有全市工人即无陆费逵"。

同时,市商会及书业公会、彩印业公会则通电要求依法制裁出版业工会的违法行为。中华资方并呈请市社会局要求解决产业工会与职业工会并存的问题,如中华印刷所工会为产业的工会,装订、彩印业工会等为职业的工会,两者之中择一保留,严禁两重工会,以免办法分歧,命令冲突。

10日　经市社会局及市商会派员履勘纷乱损失状况后,社会局训令必须开业,静候核办。资方乃于今日复业。

《中华书局图书月刊》第一期出版,为"中华书局二十周年纪念号",载有陆费逵撰《中华书局二十年之回顾》一文。

为纪念本局二十周年,自本日起至10月9日止总分店四十处同时赠送书券,购买本版书实洋五角,预约书及文仪等满实洋一元,均赠券一角。

8月　秋季开学时期,本局以成立二十周年名义举行廉价两个月。各出版社相继举行周年纪念,都是廉价两个月,有商务三十五周年,世界十周年,开明五周年,文明三十周年等。

9月2日　同人庆祝二十周年纪念会筹备处公告,庆祝活动将在总厂举行盛大游艺会,纪念往昔,重励将来。凡与本局有历史关系者,无论个人或团体,务希一致参加。

23日　"九·一八"事变发生后,本局二十周年纪念停止举行庆祝,启事云:"敝公司创于1912年,今岁适逢二十周年纪念,已于8月10日起大赠券两个月,并拟于国庆前举行庆祝大会,招待热心维护之各界,以尽一日之欢。兹因水灾奇重,外侮侵凌,经董事会议决定停止举行庆祝,除前已捐赈二千五百元,再拨庆祝经费二千五百元助赈。

董事会议决以银盾分赠有殊勋者。1917年公司濒于破产,幸赖各方维持,借支危局,本拟于庆祝大会时,对于维护公司特著勋劳者举行纪念。兹既停止庆祝,特制"扶危定倾"银盾,分赠前董事于右任、康心如、今董事孔庸之、俞仲还、吴镜渊、监察黄毅之。

陆费逵在《中华书局二十年之回顾》中,提到热心维护此文化机关已作古者有四人。一为戴懋哉,守正不阿,克苦自励,前后任董事、事务所长、编辑所长凡十四年,其行为与设施,至今犹奉为典型。一为范静生,目光远大,不计利害,在局虽仅四年,然服务勤劳,时间恪守,编辑基础于以立,社会声誉于以隆。而东山再起之后,对于公司尤多擘画维持。一为陈仲瑃,豪爽恳挚,热心古道,厂店建筑之时,公之助力尤多。有时告以窘状,慨然曰:"事业愈大,盘根错节,君勿馁,吾为君图之。"临死犹以勿馁见勉。一为宋耀如,公正刚直,情理兼顾。民六(1917)恐慌之时,公为股东,又为大存户,首与公司订分年摊还之约,且责起诉者曰:"吾人当明是非,当与公司当局者共谋维持之方,若冒昧破坏,损失恐更大。"且不时惠顾,勖以努力恢复,屡言"外国公司失败再兴者,方为真成功也"。

9 月 26 日　上海市抗日救国会通告开市民大会,本局停业一天,以便参加。

10 月 26 日　印刷所工人李鸿斌、周志清斗殴事,因处理不当,发生怠工,延及总店,经各方调解,于 29 日复工。

是年　舒新城以所藏教科书及教育史料一万余册,低价让与本局图书馆。

出版书籍,有教育方面的,如舒新城《中国教育建设方针》,教育部编《全国中等教育概况》、《全国社会教育概况》等。

儿童读物有"小学生丛书"第一集一百册,分初中高三级,由吴研因、叶绍钧等十余人编辑。另有"儿童服务丛书"、"儿童艺术丛书"及《儿童自治概论》等。"儿童古今通"开始出版,取古书内容分别编写为神话、童话、故事,供高小、初中学生阅读,有二十余种。

根据中小学教材编印动物挂图一套,彩印二十六幅,在编绘中的植物挂图二十五幅,尚有矿物挂图等。

任敏中编"散曲丛刊"元明清《阳春白雪》等十五种,分订二十八册。

其他论著有陈怀《中国近百年史要》,钟挺秀等编译《近代政治思想史略》,张安世《近代世界外交史》上下册,华胥社编《文艺论集》,论文译者为梁宗岱、傅雷、萧石君、王光祈、朱光潜、徐志摩、王了一等。黄曾樾编《陈石遗先生谈艺录》,32 开环筒页线装。古楳《中国农业经济问题》。

郑午昌主编《当代名人画海》收有陈宝琛、商笙伯、徐世昌等一百二十余人的图画作品。刘海粟《中国绘画上的六法论》。

1932 年

1月28日　日本侵略军犯上海,十九路军奋起抵抗,上海罢市。

2月8日　总办事处总务部通告:"上月28日沪战发生……勉强筹发一月下半月及二月上半月份薪工。各分局大都人心恐慌,市面萧条,教费无着,学校停顿;而东北各分局生意毫无,账欠无着;长江一带水灾及外侮,恐慌更甚,更无款来;天津新遭火灾,更无营业;总店营业停顿,账欠亦不能收。公司平时约须月支三十万元,计薪工开支利息等十万,纸料十万,文仪进货及装订等费约十万。现在货不能售、不能造,无大宗收入,银行不能往来,即使战事停息,营业必大减。"

总局自9日至15日,暂定工作半天,给全薪。并公布临时紧缩办法:自16日起开半工,给半薪,不少于七元;需全工者八折支薪,不少于十五元;无工作者给四分之一薪,不少于六元。以两个月为期。

陆费逵在紧缩办法意见中云:"上月28日晚间闻枪炮声,我彻夜未眠,悬想世界大势,我国大局,我公司及同人前途。次早,知我国军事胜利,为之大慰。但思我等羁沪作工商的人,无钱使用的危险是立刻而且普遍的,遂决定将一月份下半月薪工提前发给,并预发二月份半个月薪工。于是向各方张罗现款,十一点多,银行停业了,只得到数千元,我跳起来了。再向各方设法,下午,勉强把一月份下半月薪工发出了。30日以后，陆续设法，东拼西凑，废历大除夕（2月5日），总算达到预发二月份半个月薪工的目的。……我们日夜商量，但总想不到好方法。……总之，我们处在现在的境界，只有大家就力之所及，努力互助，切实做去，将来或则随国家大放异彩于世界，或则山穷水尽沉沦海底……"

11日　上海继续罢市。上海市特区市民联合会、上海各路商界总联合会联合通告："前日报载，市商会会议公决昨日开市，幸我市民尚有决心，未为所动。查自'一·二八'晚闸北暴变发生以后，该会在同赴国难呼声下，〔1月29日〕发表罢市御侮之公告。今者闸北之炮声虽已稍减，吴淞之总攻势极严重，所谓中立区域之租界，仍供日军驻兵运械之需用。吾人若以炮声已远认为安定，不独无以对前线热心作战诸将士，亦且何以慰虹口一带不能安居之市民，即同赴国难罢市御侮之呼声与公告，俱成为点缀门面之工作。敝会会员良心未死，在租界便利日军事实未曾完全消灭以前，决不开市。尚望全市市民一致奋起，共为爱国保土忠勇抗敌之十九路军作后援。"

13日　总店通告，在罢市期间，总店职员仍于午前十时至午后三时到店。送信及有事接洽者由福州路后门进出。

4月1日　全市正式开市。

4月　函授学校为国难失学青年便于学习英文，减收学费四分之一，初等一级二十元减为十五元，其余初高级各三十元者减为二十二元五角。

与上海出版业商务、世界、北新、华通、广益、开明、光华、儿童、中西、会文堂、大东、光明、生活周刊社等六十九家，联合反对国民党政府施行出版法及其施行细则，所具请愿书云："出版法及出版法施行细则（分别公布于1930及1931年10月7日）条文繁碎，奉行维艰，如细则规定书籍出版前应将稿本送内政部申请许可，否则概行扣押或处罚。""则凡所有新书，呈待许可，经年累月，直等废纸；至如研讨日新月异之科学，论述朝夕变幻之世界大势者，悉成明日黄花。……此法一行，将使著作出版之人，无一书可以应时出版，无一日不可陷于刑辟……此项束缚出版自由，阻遏文化事业之法令，应请毅然废除，以慰民众喁喁之望而保出版自由……并停止党政军各机关对书籍之检查搜索，以尊人权而裨文化。"①

6月1日　陆费逵撰《六十年来中国之出版业与印刷业》，载《申报月刊》第一卷第一期。谓"上海书业公会会员共四十余家，资本总额九百余万元，其中商务印书馆五百万元，中华书局二百万元，世界书局七十万元，大东书局三十万元，此外都是一二十万元以下的了。""统计全行业营运资金连同非公会会员出版印刷业百余家的资本共计不到一千五百万元，再加吸收的存款、银行钱庄的放款和房地产押款，活动资金就算和资本相等，一共也不过三千万元"。"书业的营业额，民国初年大约每年一千万元，商务占十分之三至四，中华占十分之一至二。近年约三千万元，商务约占二十分之六，中华约占二十分之三，世界约占二十分之一"。"全国所用之教科书，商务供给十六，中华供给十三，近年世界书局教科书亦占一部分"。"商务、中华两家印刷较前大为进步，雕刻、凹版、凸版、橡皮版、影写版……以及种种印法，或为从前所未有，或为从前所未精，现在颇有观止之叹。但比之欧美相差尚远，比之日本也还不如。外商印刷厂，惟英美烟公司之印刷厂，规模宏大，机械精新，为华商所不及。而日人在上海所设之印刷厂不下十余家，大率均代日人印刷，并承印卷烟盒，在印刷业为华商劲敌，在文化及教育上却无甚影响。此外，北平有财政部印刷局，以凹版著名，香港有永发公司，以橡皮版著名"。

在谈到作者稿费和发行者情况时说:"说到买稿,欧美我不知道,日本则每原稿一页约五百字,最低者售二元日金,最高者五十元,即每千字四元至一百元。稿费越大者销路越好,各书坊越争买其稿。我国通常稿费每千字二元至四元,五六元者很少,小书坊甚至收每千字五角至一元的书稿。试问著作人每日辛苦著作,得数元乃至数十元的酬报,倘无主顾,只好自己鉴赏。照此情形,著作人那能安心从事著作呢? 或以为薄待作者,一定肥了发行者。但是发行者得利之书很少,蚀本者很多。每一书坊开若干年,只剩些不销之书籍和无着落之欠账,便不得不关门了。前清末年的许多书坊,至今存在的,差不多只有商务印书馆和广益书局几家,其余不是关门便是出盘。即民元开办的中华书局,艰险备尝,慎重紧缩,股东在近十七年中,或无利,或得利一二,最多一年只四厘。办事人待遇也很薄,苦了二三年,总算勉强站住了。其他与中华书局先后开办的,现在一家都不存在了。试问如此情形,资本家和事业家,谁肯来经营这种事业呢?"

29 日　总店西书部即行取消,存货尽量廉售。

聚珍仿宋部工作极少,与中排合并称排字课,蔡葆生代课长,朱瑛才助理宋字,梁宝海助理仿宋组事务。

6 月　1931 年 7 月至 1932 年 6 月,总营业额三百六十七万余元,其中总店九十六万,分局一百六十四万,印刷所一百零七万元。盈余十八万三千余元。本届初期长江水灾严重,继则有日本帝国主义入侵,制造"九·一八"事变和"一·二八"淞沪战事,以是营业较上届减少 8%。

东北三省营业每年本有四五十万元,"九·一八"后,初则教科书不能行销,后则社会科学文艺等书继之,营业仅剩十之一二。哈尔滨、长春两分局售得之款不敷开销,只得收歇;吉林分局亦已不克支持;沈阳分局须接收吉长两局账项,只得勉强支持。

编辑所奉总经理示改为五部:(一)总编辑部(所长直辖),(二)教科图书部(仍由金子敦任主任),(三)普通图书部(所长兼),(四)杂志部(暂缓成立,附于总编辑部),(五)辞典部(副所长兼,旋由沈颐任部长)。原有古书部、新书部、美术部等均取消,附入普通图书部。英文部取消,分别附入教科图书部、普通图书部。教科图书部直分中学、小学、师范三组,横分国语文系、史地系、数理系、英语系、艺术系、体育系。普通图书部暂分古书、社会科学、文学、美术、外国语系,将来或添置数理系。

7月1日　舒新城撰《中华书局编辑所》一文[②],在谈到出版经营方针时说:"中华书局在形式上与性质上,虽然是一个私人企业机关,但对国家的教育和文化同时也想顾到。因为要谋公司的生存,不能不注意于营业;同时觉着过于亏本的东西,又非营业所宜。在这'左右为难'的境况中,我们只好两面都'打折扣'。这就是说,凡属于营业有重大利益,而与教育或文化有妨碍者,我们弃而不作;反之,某事与教育或文化有重大关系,而公司要受较大损失者,也只得弃之。换句话说,我们只求于营业之中发展教育及文化,于发展教育文化之中维持营业。因此,我们在营业上无惊人之成绩,在教育与文化上也无特殊的贡献,而成为所谓中庸之道的'中'字了。"

在谈到人员状况时说:"讲人选,我们要替教育与文化上做点事,自然需要专门的知识,然而为经济限制,不能养活专门的学者;同时,又不愿自作聪明,也不能不要求相当的人才。老实说,我们用人的条件严于官厅及学校,待遇却不能超过官厅及学校。我们的同事所以还能维系,第一是靠着各人的志愿与兴趣;第二是靠着同事的感情;第三是靠着用人的大公无私,进退黜陟不讲情面;第四是靠着生活比较的稳定。凡属真正的事业,总需要熟练人员去处理,在事业上感到熟练人员之必要。所以我们的同事,在未到公司以前,固然要经过很多的考验,除去干部的职员,差不多都是经过考试的;既进公司经过一相当试验期之后,除自动去职或公司营业方针有变更外,中途是很不容易去职的。我们公司创立不过二十一年,同事服务达十年以上的很多,并有将近二十年的。这种长期持续工作,于社会及个人都是利多害少。"

2日　董事会有关待遇问题的决议:(一)今年"一·二八"国难以来,一切紧缩,每月升工两天及其他额外待遇,均经停止;目下外患内忧虽仍可虑,本局营业亦未恢复,但员工生活,亦不能不兼筹并顾。议决:所有每月升工两天,于七月起照旧升给;其他额外待遇,暂仍停止,视各大小同业如何办理,再行酌定。(二)本年度现已开始,因大局未定,竞争日烈,此次同人薪水以不加为原则,但成绩较优,原薪过小者,仍予酌加,学生满年期者仍照加。(三)议定学生待遇新办法:旧定办法,对曾受较高教育者,与小学未毕业者相距太近,且最近每月津贴八元亦不敷食宿之用。议决改为(1)学生:小学五年级程度月津贴第一年十元(如无五年级程度而资质可造者,先试习半年至一年,每月九元),第二年十一元,第三年十三元。三年期满作为职工,月薪十六元。(2)练习生:初中二年程度,每月津贴第一年十二元,第二年十四元。两年期满作为职工职员,每月最低十八元。(3)学习员:高中二年程度,每月津贴十六元,一年期满作为职员职工,每月最低二十元。所有考试考绩办法另定之。旧有学生照学生新章程办理,其余合于练习生、学习员资格,得自行声明,定期考试,考试依标准程度,不问有无文凭证书。

在公布这一决议时,总经理陆费逵对当时本局处境有个说明:"就本局说,殊未可乐观,东三省国难愈弄愈紧,非武力抵抗不可。

然武力周旋之后,沿江海各处,均有受'一·二八'损失之可能。国内又有内战、水灾的危险,教育经费、人民生计都日趋枯窘,学校数、学生数都有减无增。本届再版图书,多印若干,分存各分局,以防大局变化,交通阻滞,但能否于秋季销去,实无把握。就同业说,无论书籍、印刷,各家经营都不好,于是减价、滥放账,以图苟延旦夕。他家开销小,成本低,常有某物某价,在他家能售,在我局便不能售,倘常处此种情况之下,生意怎么能进步呢?从前商务开销比我局大,现在商务定 8 月 1 日复业,一切自必紧缩,如果他们的开销比我小,成本比我低,以他营业范围之大、版权之多,我一定更无办法。所以要求公司生存,不能不大家努力,并将开支缩小、成本减低。"

"我和诸董事决无为股东谋厚利的意思,只求:(一)公司能维持,股东得相当的利息;(二)员工得相当之待遇。此两层是一定的道理。公司不能维持,我们在这里做甚么呢? 股东苦了多年,现在旧债还清,如再不能得相当的利息,股东要开这个店做甚么呢? 同人的待遇,要将本人能力资格、社会经济状况、同业待遇情形作比例。如果过薄,同人必不干了。如果过优而使公司开支大、成本高,致不能与人竞争,结果公司固然损失,同人也有损无益。所以我们要双方顾到,方能保全这个文化实业,方能有我们共同工作的团体。希望大家明白这个意思,共图进步。"

汉局栈房主任詹荣轩病故。詹君 1918 年进局,办事向称得力,遗有寡妻及幼小子女二人,不得不特别抚恤。董事会决议,除给丧葬费二百元外,令其家属回皖,月给生活费十元,以十六年为限。

董事会决议撤销南京路文明书局发行所。该所近几年来开支增加,营业反有退步,全年本版书连分局销十万元左右,文具、戏片销十余万元,每年开支要三万余元,本勉强支持。现东三省生意差不多没有了,门市也不见佳,只好缩小局面,以免多受损失。

4 日 通告各分局及同业,以前与文明书局的直接往来,截至 7 月 31 日止。8 月 1 日起,批发径向中华书局函洽添配,门市由棋盘街分发行所出售。

7 月 28 日 呈请专利三种:三用复印器,两用蜡纸,蜡纸改正药水,送宁局转递。

8 月 3 日 文明书局结束移交事,请李墨飞、薛季安、沈鲁玉、周菊忱办理,由李主持其事。保留书栈,称"中华书局文明书栈"。

9 月 7 日 文明书局登报通知寄售客户:"本局结束在即,现在屋已退租,希于 9 月 20 日以前前来结算,收回未售件,过期代捐慈善机关,不再通知。"至此,文明书局即告完全结束。

15 日 为新课程标准即将公布,准备编印相应适用的中小学教科书,上年 1 月间曾公开征求国语教材的意见。一年以来,国难当头,教育上尤须有沉毅不屈之精神,卧薪尝胆之训练。小学教育为国家民族命脉所系,国语课关系尤巨,撰拟尤难。因再登报公开征求国语教材及编辑意见,将评选十名,给予 100—300 元的酬金。

30 日 原文明书店经理周菊忱,调总店任事务主任,管理文书、清账、书栈、庶务、收发等一切事务。

10 月 5 日 为筹备参加芝加哥博览会,在经理室召开第一次筹备会议,参加者:陈协恭、舒新城、王瑾士、陆费叔辰、范瑞华、沈鼎澄。

11 月 10 日 通函各分局有关用人的规定。各分局营业情况有进有退,分局薪水除经理外,有占年营业额 1—2%,有占 5—10%,有占 20%。职员薪水占现并 5% 以上,即难得盈余,占 10—15% 以上包亏本。因此,重行规定用人标准,自 1933 年元旦起实行。

（一）过去三年现并平均年届三万元以上为第五等分局,连经理准用八人,每加一万元准添一人,其在省会者再添一人,至十二人为限,薪水占4—5%。

（二）过去三年现并平均六万元以上为第四等分局,准用十二至十四人,每增一万元许增一人,至十八人为限。

（三）过去三年现并平均十二万元以上为三等分局,至少十六人,随营业额可递增,以二十四人为限。

（四）过去三年现并平均二十万元以上为二等分局,以二十人为度,不得超过二十八人。

（五）过去三年现并平均三十万元以上为一等分局,可用二十八人,营业增加每三万元,加职员、学生各一人。薪水占现并2%,营业发展可加1%。

（六）营业在四十万元以上者,副经理不得兼其他事务。

分局用人,经理同乡介绍者,考试录取额不得超过四分之一,须凭考卷照片经总局核准。经理绝对不得任用戚族。前用同乡超过四分之一者,应加甄别酌量辞退。

12月17日　第二十二次股东常会选举董事十一人:陆费伯鸿、唐少川、史量才、陈协恭、舒新城、汪伯奇、孔庸之、吴镜渊、沈陵笵、李墨非、高欣木。其中舒、汪、李三人为新选董事。

23日　本年底月工照给半个月津贴。

是年　新课程标准适用高级中学教科用书开始出版,连教学法陆续出有普通科二十二种四十册,师范科二十种三十三册,商科四种。

开始出版专供南洋华侨小学用教科书,陆续编印四套。

初中用《直接法英语读本》开始出版,加拿大人文幼章(James

G. Endicott)编，以不用国语转译为原则，辅以挂图练习片等。并出有补充读物及巴麦所编《直接法英语副读本》等。

与日本帝国主义入侵有关的书籍，有"东北研究丛书"：《东北与日本》、《东北铁路问题》、《满铁事业的暴露》、《东北的金融》、《东北的社会组织》、《东北移民问题》、《日本帝国主义侵略下东北的产业》等十余种。又国联秘书厅编《国联调查团报告书》附地图十四幅。有关"一·二八"战事的书《淞沪御日战史》正编、《淞沪抗日战争始末》、《"一·二八"淞沪抗日之役庙行镇战记》、《毒气战争与防御方法》、《小朋友》出版附刊《淞沪抗日战事记略》、实业部编《日本在华经济势力》。

有关教育方面的，《教育科学研究大纲》、《比利时德可乐利的新教育法》、《历史教学法》、《初中国文实验教育法》等。

"现代文学丛刊"开始出版，钱歌川、张梦麟主编，兼收本国及外国作品，如《苦恋》、《爱的氛围》等，此后五六年间出版近六十种，著译者有刘大杰、王家槐、孙用、熊佛西、郁达夫、潘予且、萧石君、李劼人、沈端先、谢六逸、毛秋白、周作人、张友松、王实味等。

历史方面的著译，有蒋维乔编《中国近三百年哲学史》、杨幼炯讲《近世革命史纲》、凌璧如译"世界经济史"包括英国、法国、德国、俄国、美国经济史五种，郑成译《产业革命史》，许亦非译《近代社会思想史》，王锡纶译《近代世界殖民史略》。

又，徐嗣同《社会科学名著题解》。《张季子九录》，张謇晚年手定，分政闻录、实业录、教育录、自治录、慈善录、文录、诗录、专录、外录等九录，全书二十五册。

珂罗版印画册有刘海粟编"世界名画集"开始出版，连1933、1936年续出者有特朗、梵高、塞尚等七集，又有《海粟画刊》、《齐白石画册》、《方君璧画集》、《悲鸿画集》等。

① 《中国现代出版史料》丁编下卷第 413 页。
② 舒新城《狂顾录》第 149 页,中华书局 1936 年版。

1933 年

　　1月　《新中华》半月刊创刊,为大型综合性期刊,编者周宪文、钱歌川、倪文宙。社址在新闸路同德里一号,一年后迁至总厂编辑所。关于刊名,周宪文《忆伯鸿先生》一文中说:先生主张用"中国与中国人",意谓第一要人人有国家观念,第二要人人明白自己是中国人。当时我觉得有点异样,不赞成,后改称"新中华",有承接前《大中华》月刊之意。其旨以国难日亟,民困日深,对国家建设、民族生存诸问题,思欲有所贡献,即一般国民趣味,亦欲促其向上。内容有国际时事、经济状况、各种学说、文艺、谭薮、新刊介绍、讽刺漫画、时论摘粹、半月要闻、通讯等。行销在三万以上,至1937年8月停刊,出至5卷15期。

　　创刊号上有陆费逵《备战》一文,可视为发刊词。文长三千余言,略谓太平洋风云一天紧一天,世界第二次大战到底是难免的。在分析英、美、日等国在太平洋的角逐后说,日本可能先动手,占据菲列滨、夏威夷等地,并控制中国沿海。战端一开,恐非三五年不能完。我们的陆军虽没有什么力量,但抵抗占领我者,使其出重大代价是可能的。如准备有方,运用得宜,确有复兴的希望。应将整个财力人力准备作战,因为战事不能免,别人要迫着我们应战,若太平洋大战不发生,东邻的肆扰势所必至。就军事言,建设空军为最要,不必以保护都市为目的,要以抵抗敌机、轰炸敌人为目的。战事发生,南部与中部立刻会断绝交通,所以要完成粤汉、陇海两路通车,因陕甘敌不易到,可为后路大本营。公路交通要提倡骡车马车,以辅助汽车汽油之不足。军需方面要储存大量弹药、汽油、军粮、军衣及军民用食盐。文章用几句古语作结束,"七年之病求三年之艾,苟为不蓄则不得也","凡事豫则立,不豫则废","有备无患","多难兴邦",最后两句是时髦话"一致对外,长期抵抗"。

第2期并载有陆费逵《东三省、热河早为我国领土考》,取《大清一统志》、《通鉴辑览》及日人所著《清朝全史》三书中资料排比,详为说明。

为《新中华》撰稿的学者有:耿淡如、钱亦石、李石岑、陈望道、何子恒、王亚南、章伯钧、龚梅彬、何思敬、沈志远以及青年学者薛暮桥、胡乔木、千家驹、于光远等。

新加坡分局报告,南洋当地政府对《小朋友》、《新中华》、《中华教育界》检查扣留,认为有排外字句,荷属亦纷纷退货,再来将查禁。因此,暂不接受南洋定户。

陆费叔辰进局任理事,原在江苏省实业厅任职。

招考学生、练习生,取陈梅邨、王基亲、陆钦荣等十一人。不久,又招考朱培根、陈秋痕等十余人,主要分配总店各部门。

2月　陆费伯鸿为港厂购地去港,并转梧州等地视察分局。

3月　陆费伯鸿为确定建造厂房事,再去香港。

5月1日　新课程标准适用小学教科书开始出版,根据1932年10月教育部颁布的小学课程标准编辑,陆续出有初小用八种六十册,高小用十种四十册,教学法齐备。另印五彩精印课本一套。参加编校者七十余人,并有上海中学实验小学、苏州中学国语教材研究会等参加编辑。至1935年7月出齐。

6月1日　新课程标准适用初级中学教科书开始出版,根据1932年11月教育部颁行的中学课程标准编辑,初高中都定为普通科,连同教育法计三十五种一百零一册。

26 日　港厂建设即将完工,派定负责人:王瑾士以印刷所副所长兼任港厂监督,兼职不兼薪,照同人派遣出门办法酌支津贴,归总局出账。原港局经理杨丙吉调港厂司理,月薪改港币一百二十元,照旧暂负责港局事务,但不支薪。工务主任白纯华月薪定九十元,事务邵咏笙定七十五元,均自 7 月 1 日起。陆费逵致王瑾士信中有云:"港厂一切事务会同杨君办理。其余各人并派去工友,均请台从领导。赴港就职为盼。"

6 月　1932 年 7 月至 1933 年 6 月,营业总额三百九十七万余元,其中总店一百一十万元,分局一百六十八万余元,印刷所一百十七万余元,与前届相仿。盈余十七万六千余元。本届营业,前半期较好,下半期则以竞争激烈,日军入侵,华北又发生战事,损失不少;加以教育部颁布中小学新课程标准,改编教科书,稿费广告费等支出尤多。营业额虽比上届增 8%,而盈余反减少 3%。

9 月　自建南京分局新屋落成,在太平路杨公井转角,和北门桥街支店、下关大马路支店同时举行特别廉价。

12 月 16 日　原与新民书社合办的厦门新记分局收回自办,开始营业,设于厦门中山路 161 号。

12 月　发行标准国音国语留声片,连课本一册,朱文叔等编辑,白涤洲发音,全套十六片,计国音四片、国语四片、小学国语读本选读八片。白于 10 月间来沪灌音,致酬劳费一千元。

是年　开始出版"国防丛书",王光祈等选译,介绍东西各国成法成例,引伸以及于我国。有《经济战争与战争经济》、《德英法战时税收》、《空防要览》等十余种,至 1936 年出齐。

"东北小丛书"陆续出版,有《东北的农业》、《东北的矿产》、《日本侵略东北的阴谋》、《日本侵略中国的机关》等,实业部编《日本在华经济势力》,中日贸易研究所编《中日贸易统计》。

"国际丛书"开始出版,有董之学《世界殖民地独立运动》、王亚南《现代外交与国际关系》、张明养《国际裁军问题》、刘炳藜等编译《苏俄经济生活》等,陆续出至二十五六种。

"世界童话丛书"选译欧亚各国童话集,陆续出有十三四种。

其他论著如孙俍工等《中华学术思想文选》、王治心《中国宗教思想史大纲》、李翙灼《西藏佛教史》、梁漱溟《中国民族自救运动》、周宪文《资本主义与统制经济》、吴廉铭译《实用工商管理》、王光祈译《李鸿章游俄纪事》等。

英语教学方面有钱歌川、张梦麟合编《基本英语课本》三册,用于电台播音教授。又"基本英语丛书"有基本英语入门、文法、例解、作文、会话等十种。其后又有"基本英语文库"亦十种。

1934 年

1 月 《四部备要》五开大本发售预约。全书一万一千三百零五卷,仍分订二千五百册。并分拆十二种,读者可按需要与财力分别购置。如《二十四史》、《清人十三经注疏》、正续《资治通鉴》,及选出子书四十种、理学书十四种等等,灵活供应。

"中华百科丛书"开始出版,舒新城主编。本书为中等学生课外读物,将日常习见现象作学理的说明,以能启发思想,引起研究之兴趣。全书一百种。分总类、哲理科学、教育科学、社会科学、自然科学、应用科学、艺术、语文学、文学、史地等十类。每类有书八至二十四册成一小单元,可以分购。每书约五万字,书末附有名词索引及重要参考书目,便于读者深造。至 1939 年出齐。年内出版二十余种,有刘天予《社会学纲要》、周宪文《社会问题与社会政策》、刘炳藜《社会主义史纲》、李权时《现代中国经济思想》、左舜生《辛亥革命史》、杨钟健《气象学纲要》、瞿菊农《现代哲学思潮纲要》、蒋维乔《中国哲学史纲要》、向达《中西交通史》、梁实秋《文艺批评论》、黄鹤年《动物学纲要》、王光祈《中国音乐史》、丰子恺《近代艺术纲要》等。

香港分厂建成。1932 年 12 月 17 日董事会向股东会的报告中提出,"鉴于'一·二八'闸北损失之大,印刷所拟变集中式为分散式。总厂注重制版,而酌设印刷分所于沪、港、津、汉等处,分别供给各方之需要。纸版亦视该书销路多备一二副至三四副,庶可减少危险,谋本公司之安全"。陆费逵曾于当月下旬及 1933 年二三月间三次去港筹办购地建厂等事。选定厂址于九龙码头角,原为中华牛皮厂厂址,基地约十七亩,地价合十三万三千余元(港币十七万五千元),厂房修缮及新建费十六万余元。新购卷筒机一部、密勒机四部,以及其他设备二十余万元。

2 月　国民党中央党部查禁书籍一百四十九种,列有本局出版物四种:"少年中国学会丛书"(一)田汉《咖啡店之一夜》,(二)《日本现代剧选》;"新文艺丛书"(三)丁玲《一个女人》,(四)胡也频《一幕悲剧的写实》。前三种存书一千二百八十一册截角送交国民党上海市党部。4 月 18 日,接"出版人著作权保护协会筹备会"转知,国民党中央党部改定办法:第(一)种删改后发售,第(二)种暂缓执行,第(三)(四)两种查禁。

调福州分局严慎之任厦门分局经理,遗缺由荀潜接任。

在局外成立编目社,整理近代中国史料,计划出版文库百种,聘刘济群主持其事,订三年半合同。至"八·一三"停顿。

3 月 22 日　在报上刊登启事,请预约《四部备要》诸君分任校勘,规定办法和期限,正误一字酬银十元。

3 月　舒新城将所藏中国近代教育史资料七千余册价让本局图书馆,其中清末民初的教科书最称完整。在致陆费伯鸿信中说:"自认为所编教育史之有价值者:《近代中国教育史料》、《近代中国教育思想史》、《近代中国留学史》三种。"

《古今图书集成》开始影印出版,发售预约。三开本,以原书九叶合印一叶,计五万余叶,线装,分订八百册,后附考证二十四卷(八册),定价八百元,预约价一次交款四百元。原计划 1936 年底出齐,由于加工编稿和制版印订工作,复杂艰巨,很难完全按照预期进行,复受"八·一三"战事影响,时停时续,以致从 1934 年 10 月出版第一期六十二册起，至 1940 年 2 月出齐。共印一千五百部，其中个别分典，如艺术典、医部等有多印一千部者。

陆费逵撰有影印缘起："儿时闻《图书集成》之名，某处有一部，某老人曾阅过几遍，心向往之，未见其书也。弱冠以后，编书撰文，时时利用是书，获益匪鲜。盖我国图籍浩如烟海，研究一问题，检查多种图书，不惟费时费力，抑且无从下手。例如研究田赋，虽将《周礼》、《论》、《孟》、《管子》、《二十四史》、《通典》、《通考》，以及各政论家专集尽行检阅，尚不能免遗漏。此书则每一事项，将关系之书分条列入，一检即得。古人云，事半功倍，此真可谓事一功万也。"

"考此书为陈梦雷纂辑，彼自称读书五十载，涉猎万余卷，就所藏书及诚亲王允祉协一堂藏书约计一万五千余卷，辑为是书：为汇编者六，为典三十二，为部六千有零，共一万卷，目录四十卷。凡在六合之内，巨细毕举；其在十三经、二十四史者，只字不遗；其在稗史子集者，十亦只删一二。较之前代《太平御览》、《册府元龟》精详何止十倍(见陈上诚亲王书)。雍正初年，因陈梦雷原附耿精忠，发遣边外，但对于此书不肯湮没，重订刊行。上谕云：'陈梦雷处所存《古今图书集成》一书，皆皇考指示训诲，钦定条例，费数十年圣心，故能贯穿古今，汇合经史，天文地理，皆有图记，下至山川草木，百工制造，海西秘法，靡不备具，洵为典籍之大观。此书工犹未竣，著九卿公举一二学问渊博之人，令其编辑竣事。原稿内有讹错未当者，即加润色增删，仰副皇考稽古博览至意。'越四年书成，由蒋廷锡上进书表(此表文载本书之首)，却无纂修职官姓名，陈梦雷亦湮没而不彰，良可慨也。"

"此书雍正初年，刷印铜活字版仅六十四部，以后并未重印(见故宫博物院文献馆《史料旬刊》第十四期)。光绪十年，上海图书集成局印扁字本,讹误甚多。光绪十六年,总理各国事务衙门(后改外务部)委托同文书局照原书大小影印一百部,每部工料三千五百余两,约合五千元。以若干部运京,若干部留沪。留沪之书,不久即遭火厄,故流传甚少。今惟扁字本旧书肆尚偶有之。铜活字本大内所藏四部,皆五千零二十册,今均存故宫博物院。日本内阁图书馆有两部:一订五千零二十册,一订一万零四十册。同文影印本,故宫博物院有一部,其描裱原底,则有外交部移赠清华学校,今尚存在。"

"民国十五年,敝局刊行《四部备要》全书之际,高野侯先生即主张重印图书集成,就扁字本影印,或用聚珍仿宋版排印。然细加整理之后,发现扁字本脱卷脱页,脱行讹字,不可胜数。舒新城先生力主用铜活字本,然求之多年而不得,即影印本亦鲜完全无缺者。客冬,陈炳谦先生以铜活字本原书见贻。是书旧藏孔氏(岳雪楼)、叶氏(华溪),继藏康氏(有为),全书五千零二十册,仅有六十二册抄配。每册首均有孔氏、叶氏、康氏藏书之印。武进陶氏谓'同文印本缺十余叶,以与故宫所藏四部对勘,所缺相符,岂六十四部一律如斯耶? 甚可惜也!'乃一经核对,则《草木典》所缺之一页,此本居然存在,且确系铜活字本,并非配补,诚人间瑰宝已。"

"至于原书抄配部分,字体不能一律,现已商之浙江省立图书馆馆长陈叔谅先生,蒙将文澜阁藏本借与影印。将来书成之后,全书字体版式,均归一律,无有参差。又本书光绪石印本后附考证二十四卷为殿本所无,亦蒙浙江省立图书馆将石印本之考证全部借敝局影印,附于书后。两美既合,庶成完璧矣。"

"影印之初,有主张缩成小六开本者,然原书将近五十万叶,预约须售二千元左右,即缩至十开本,亦须售千元以上。当兹四海困穷之时,能以千元购书者究有几人,非普及之道也。余后拟用五开本,以原书四叶合为一叶,全书约十二万叶,亦非五六百元不可。张献之、金子敦两先生谓:'三开本九叶合一叶,较之五开本四叶合一叶可减少订口及天地头之余白,售价可减少,字体并不减小,实为最经济之办法。'询谋金同,卒用三开本影印。全书约五万余叶,分订八百册,此洋洋大观之中国百科全书,遂能以最廉之价供学子之求矣。计划既定,爰请丁辅之、吴志抱两先生料量校印,而志其缘起如右。中华民国二十三年(1934)一月,桐乡陆费逵志于上海中华书局。"①

陈炳谦为中山旅沪巨商,其将康氏原藏《古今图书集成》铜活字本允归本局影印事,陆费逵于1938年陈氏逝世后所撰《纪念陈炳谦先生》文中,所述经过颇详:"康先生此书于民国初年以一万元让与简照南。简氏逝世,有外人欲买,炳谦先生闻之,亟劝止之,简氏遂让与炳谦先生。后先生想建图书馆公之于世,适与路锡三谈及。路告我,我遂请于炳谦先生拟影印行世,承先生慨允。询其代价,先生说:'我如为利,则早已售于他人了。贵局肯印行,可无条件取去,将来送我两部书足矣。'其慷慨,其爱国,其热心文化,其笃于友谊,都非他人所能及。后来再三商量,总算奉还原价一万元,赠书数部——先生转赠广肇公学等。"

《古今图书集成》康氏藏本公开展览。此书原系南海叶氏领运。后归康有为。书后有康氏手书跋文。因此书颇不易见,社会人士前来请观者络绎不绝。乃于3月27日至4月1日,在编辑所公开展览一星期,俾研究国学者一睹庐山真面。

康氏手跋原文:"《古今图书集成》为清朝第一大书,将以轶宋之《册府元龟》、《太平御览》、《文苑英华》,而与明之《永乐大典》竞宏富者。浙、杨、苏诸阁毁后,流传日少,闻刘忠诚督两江将翻印时查问,只有湖南及广东共三本,近经革乱,海内传本益寥寥;京师经庚子破后,存本亦稀。此本自我邑叶氏领运,自京来粤费万金,后归我邑孔氏。昔先师朱九江先生语我当假读,馆孔氏三月焉。今归于我,一万卷皆完好,诚中国之瑰宝也,原为中国之文明保存之。自笑久为亡人,流离异国之日多,绝少定居,安能以暇读此秘笈,而藏此巨册,抑亦思古幽情,不能自已者耶?孔子二千四百六十四年癸丑冬十二月,南海康有为。"

"高宗题武英殿聚珍版曰:康熙年间编《古今图书集成》,刻铜字为活版,贮之武英殿,历年既久,铜字被窃缺少,有司惧干咎。值乾隆初年钱贵,遂请毁铜字供铸,从之。因题诗曰:毁铜者悔彼,刊木比惭余。悔其非计而深惜之。故此书遂为绝版也。更生父又记。"

4月1日　以郑健庐为五区监理②,驻港时多,自4月份起发给港洋。

12日　登报招请书记数人:甲种月薪60—120元,乙种20—40元。下半年又招请营业员、账务员各数人,年收入在300—1000元之间。

26日　闽局内账徐立权与徐局内账张士良对调。

4月　彩印方面的技术设备及管理经验日益完善,已具备承印大宗高档印件的能力。印刷所在报上刊登广告云:"敝局从事印刷业二十余年,彩印尤所特长,执印刷界之牛耳,亦已十年于兹。备有全张橡皮机九部,对开四部(可日印折合对开纸一百万张),以及铝版机、石印机、影写机、凹版机、雕刻机等,印刷公债票、股票等等所用之号码机多至七百余具。历年承印财政部之公债票、库券,各银行公司之股票、钞票、支票,各大公司工厂之商标,以及申报馆最近发行丁文江等编绘之《中国分省新图》,南洋兄弟烟草公司之香烟壳纸等,无不物美价廉,克期交货。"

6月12日 扬州八邑旅沪同乡会对本局3月间出版的易君左《闲话扬州》一书,认为有侮辱扬州民众之处,来信责问。本局于7月7日通知总分店及同业停售。同乡会复组织"查究委员会",呈请中央主持公道,招待新闻记者,发表宣言,提起诉讼。其呈文谓该书"扬州人的生活"一篇,以轻薄之口吻尽情丑诋,不留余地。其中侮辱扬州妇女实甚,称全国娼妓为"扬州妇女所包办",沪战汉奸亦强指为扬人。请求将易撤职拿送法庭严惩,将中华书局执行封闭,原版存书抄毁,责令赔偿名誉损失。本局请律师薛笃弼出面调停,除停售毁版外,愿登报道歉,将书售款购夏季药品运扬散放,对扬州图书馆赠书若干。至10月底各自登报息讼言和。作者亦登报道歉,并自动辞去江苏省教育厅编审主任之职。其间曾有扬州妇女协会代表郭坚忍向镇江法院起诉,该书发行人陆费逵与作者易君左均到庭受审。从此,本局出版物发行人改由理事路锡三署名。

6月 1933年7月至1934年6月,营业总额四百十二万余元,其中总店一百十八万余元,分局约一百六十七万元,印刷所一百二十六万余元。盈余十八万余元。本届营业较上届虽稍有增加,而新编教科书须增加备货,推销《四部备要》及《古今图书集成》之广告、样本等,费用开支较上届约增三成,故盈余所增无几。

7月1日 《小朋友画报》半月刊创刊,沈子丞、许达年编,朱文叔校。

7月 陆费逵在上海市书业同业公会由主席委员改任首席监察委员。

郁树锟来编辑所,于普通图书部成立数理系。

赣局吴映堂调任渝局经理,原杭局内账唐树勋调渝局,黄锦荣任杭局内账。

8月25日　董事会议决抚恤案二件:(一)总店店长李墨非,任职十三年,早到晚退,店风丕变,公司营业1920年与现在约为一与三之比,而总店为一与四五之比,成绩可谓特优。兹于6月30日逝世,悼惜殊深,致送丧费一千元,酬恤三千元。第四子现年十四在初中三,第五女现年十二小学方卒业,每年各津贴教育费一百五十元,入高中以后加五十元,满十八岁为度,成绩须在及格以上,成绩单每学期送交公司。(二)陈协恭为公司创办人,历任店长、理事、印刷所长,任职二十三年(1912—1934),诚恳刻实、勤劳夙著。兹于8月19日逝世,致送丧费一千元,酬劳五千元,援创办人戴懋哉例,送陈夫人每月生活费五十元;未成年子女四人,二到十一岁,每人每年补助教养费一百五十元,各至十六岁为限,如届时在高中肄业,可延长至满十八岁为度,在高中期间每人每年加五十元,但须成绩在及格以上,每半年将成绩单送交公司。

10月15日　以路锡三、陆费叔辰、舒新城、王瑾士、沈鲁玉五人,组成"新厂建筑设备委员会",俟标定后即促承造人开工。

10月　建造澳门路新厂招标,计造楼房五幢、平房一幢,共二百余万立方尺,标价三十九万三千二百元,11月份动工。此项建筑费由某银行垫款,即以房地之总值九十万元抵押,于1936年6月到期清偿。按上海新厂原拟设杨树浦,已在平凉路购地数十亩,经"一·二八"战事后,陆费逵决定放弃平凉路所购之地,改在澳门路购地建筑。因预料不久中日必有战事再起,而租界东区必为不安全之地,故改新址。

聚珍仿宋版洋装《四部备要》发售预约,十六开本,原四页合印一页。精装本分甲乙两种,均分订一百册,平装本订二百八十册。1935年11月开始分八期出书,两年内出齐。但至1937年抗日战争开始时仅出四期。最后一期书至1952年才补齐。

划定粤港两局及平、津、邢三局营业区域。

12 月 16 日　第二十四届股东常会决定,常务董事每月支公费一百元,此外董事、监察均每年支公费四百元,职员兼任者不支。按 1912 年规定董监公费每人每年一百元,职员兼任者不支。后由董事会议决定常务董事每月公费一百元,监察二十元,此外董监照旧每年支一百元,职员兼任者不支。现在公司资本及营业额,均非初创时可比,故有是议。

股东常会选出董事十一人:吴镜渊、陆费伯鸿、孔庸之、唐少川、汪伯奇、舒新城、沈陵范、高欣木、胡懋昭、王志莘、李叔明,其中胡、王、李三人为新选董事。监察二人:黄毅之、徐可亭。

12 月　四川区监理胡浚泉定薪八十元,7 月份起支,已由成局代付。以后由胡懋昭在沪代领。

发行基本英语留声片。全套六片连课本一册,赵元任编辑并发音。

是年　新课程标准适用师范学校教科书开始出版。有高中师范用二十种三十三册,简易师范用五种十三册,乡村师范用二十三种三十八册,简易乡村师范用六种十三册。至 1935 年 7 月出齐。

中华教育用具制造厂自去年自建厂房,分设专业制造工场,工友已增至三百余人。制造中小学自然、卫生、博物、数理化等课程应配备的模型标本仪器药品,日益增多,可以配套分组发售,并制造测绘、音乐、运动用品、两用幻灯等。因在总店二楼添辟门市部发售。

开始出版"新中华丛书"文艺汇刊及社会科学汇刊两种各二十册,至 1936 年出齐。

有关教育方面的书,有余家菊《中国教育史要》,吴守谦《小生产教育的理论和实际》,钱歌川编译《现代教育学说》、《社会化的新教育》等。

上海市社会局编有《上海之机制工业》、《上海之农业》、《近十五年来上海之罢工与停业》、《近五年来上海之劳资纠纷》、《上海市工人生活程度》等。立法院编《中华民国法规汇编》(十二编)。

有关文学方面有丘琼荪《诗赋词曲概论》，刘大杰《德国文学大纲》、《东西文学评论》，郁达夫《几个伟大的作家》，现代文学有《小菊》、《忏悔》、《日本戏曲集》、《菊池宽戏曲集》、《芥川龙之介集》。钱歌川、张梦麟主编"世界文学全集"，专收世界文学名著的中译本，如《苔丝姑娘》、《真妮姑娘》、《人与神之间》、《被开垦的荒地》等，陆续出至三十余种。

葛绥成《中国近代边疆沿革考》，陈翊林《张居正评传》，向达译《甘地自传》，谢扶雅《基督教纲要》。章元善等《乡村建设实验》第一集，其二三两集于1935、1936年出版。

影印有金批贯华堂原本《水浒传》巾箱本二十四册，有刘半农序、叶德辉跋。《潘玉良油画集》，木造纸活页单面印，封面有自画像。

---

① 录自1939年4月所印《古今图书集成分典发售目录》第3—6页。

② 五区监理，亦称华南区监理，辖闽、粤、汕、港、星、厦、滇、梧八处分局，初定常川驻粤。其待遇除监理薪水外，以所辖分局年奖总数的十分之一作为监理奖金。

1935 年

1 月 《初中学生文库》第一辑发售预约。全书二百五十五种三百册,1936 年出齐。编者:朱文叔、朱鲦典、李唯建、金兆梓、郁树锟、华汝成、华襄治、葛绥成等数十人。编印缘起云:"初中学生是求知欲最强烈的时候,一般参考书往往不适合于学生的环境、生活、心理状态,不能满足其需要,因而饥不择食,稍一不慎,陟及不正当之书,反致身心有害,因有文库的编辑。内容可分六类:(一)各科学习法,(二)各科表解,(三)知识读物,(四)文艺读物,(五)技能读物,(六)修养读物。

原印制厂雕刻课技师兼主任沈逢吉病故,以代理主任赵俊升任主任。后赵亦成为著名雕刻家。

3 月 28 日 《小朋友》出"儿童节特刊",印数加五倍,通知各分局于 4 月 4 日(儿童节)派交际员亲去规模较大的完小,分送五六年级全体学生。

3 月 洋装《四部备要》点句本发售预约。将《四部备要》中初学必读之书,有经部之《四书集注》及《十三经古注》;史部之《二十四史》、《资治通鉴》、《国语》、《国策》;子部之周秦诸子四十种,以及浅近理性书;集部之楚辞、诗文词总集(如文选、古文选本、诗词选本等),共一百二十六种,加点句读,分订一百十九册。

《二十四史》洋装大字点句本同时发售预约。

4 月 《小朋友文库》发售预约。供小学课外阅读,以涵养德性,扩充常识,训练技能为目标。分初中高三级,初级十四类一百册,彩印,备小学一二年级儿童之用;中级十八类一百五十册,文字短浅,备三四年级儿童之用;高级十类二百册,文字较长,各科齐备,供五六年级儿童之用。共四百五十册。编纂者朱彦颕、吴翰云、吕伯攸、蒋镜芙、余一辰等。至1936年出齐。

5月20日　与中央银行签订二角、五分辅币券四十万张的印制合同。是为正式承印钞券的开始。

6月9日　董事会议定本届甄别标准,由总经理通知编辑所、印刷所、总店执行。议定标准:(一)学生、练习生、学习员照章加薪。(二)新进职员试用成绩佳者酌加。(三)业务特别发展部门,特别有能力者从优加薪,能力尚佳者酌加。(四)职务调动责任加重者酌加。(五)办事能力有特别进步者酌加。(六)业务不进步部门应将开支减省。(七)办事效率不佳者从严甄别。

19日　印刷所副所长王瑾士升任所长,自1月份起补足少支薪水。分局课主任沈鲁玉调升印刷所副所长。南昌分局经理蔡同庆调任总办事处分局课主任;该局李仲谋改任副经理暂代经理。

30日　1934年7月至1935年6月,营业总额四百七十余万元,比上届增14%。其中总店一百四十七万余元,分局一百八十九万余元,印刷所一百三十五万余元。盈余二十万三千余元。本届营业之增加主要有:(一)承印中央银行辅币券,于公司声誉极有裨益。(二)中华教育用具制造厂的仪器标本模型及月日星期时辰钟等,成绩甚佳,颇得教育界赞许。

7月22日　聘乌训卿为驻厂医师,专应急诊。

27日　新课程标准小学及中学教科书完全出版,今呈准市教育局通令各校分别采用。

31日　陆费逵赴青岛休息若干日,转赴平津,半为休息,半为视察。外出期间一切事务由各处所办理,重要者由联席会议决之。各处所主要职员:编辑所舒新城、张献之,印刷所王瑾士、沈鲁玉,总店王酌清、薛季安,总办事处路锡三、陆费叔辰、武佛航。

7月 "小学各科副课本"发售预约。就学校正课本有关的各方面作知识之补充与工作之指导,共三百册。分初中高三级各一百册。吕伯攸、施仁夫、赵欲仁分别主编。初级由本局编辑,中级由江苏省及苏州中小学校长教师编辑,高级则由浙江省及杭州中小学校长教师编辑。1936年出齐。

8月1日 政府通令全国自今日起实施儿童年。本局举办:(一)广播儿童节目,假交通部上海电台,请西城小学女教师陆振亚每日下午六时起播出半小时,并解答各种问题;(二)儿童书八折优待两个月。

10日 开封分局协议解约(原由文会山房代办挂牌),收回自办,派郭农山前往筹备,以原商务汴分馆营业主任宋自立为批发主任,开始营业。

汕头分局特约取消,另觅新址(至平路转角永平路),自设分局,即可开业。

13日 电各分局:"丙①回佣大,又密升水,现定跟丙。二十五元以上总局任半数,7月发同行货追认。最好面谈或批发部员发私信,弗落据。"

9月 设立职员训练所,以舒新城、王瑾士、王酌清、薛季安、武佛航等组成委员会,主要由武佛航负责。一面招考学员三十人,学习期一年,前半年全日上课,后半年白天派往各部实习,晚间上课。不收学费,供膳宿,月考视成绩给奖金四至十二元,或令退学。十二月下旬又招考一期。一面设夜课,训练在职员生。编辑所派往任课者有赵懿翔、周伯棣、蒋镜芙、吴志抱等,也聘局外人士讲课。该所至 1936 年 10 月结束。

10 月　今秋各省水灾,总经理及全体职工捐赈,共得款一千五百余元,公司捐赈二千元。

11 月 1 日　渝局寄来吴安荣赴筑(贵阳)调查文通书局的报告。

12 月 25 日　通告各分局,一为营业竞争,二为活动资金,三为时局不好,用"新厂建成纪念"名义,全国各地同时举行廉价两个月,自 1936 年 1 月 6 日起,至 3 月 5 日止。切勿用新厂"落成"②字样。

26 日　总经理通知各所店:现在时局不好,收入殊难预计,外汇复有看缩之势。编辑所、印刷所及总店将已定编之书及定货等,即造表送会计部,以便预算或酌量预备外汇。普通定货及约编书均暂停。俟阴历正月看大局情形、收入状况、存货数目,再定进行方针。(当时约稿有百余种,需稿费六万三千余元。)

是年　澳门路新厂建成。12 月 28 日,总办事处、编辑所、印刷所正式迁入,分局部和邮寄、货栈及印刷所一部分暂留老厂。

新厂在澳门路 477 号,占地约十二亩,建有钢骨水泥结构厂房四层楼五幢,平房一幢,总面积二十三万平方英尺。其中楼房三幢为印刷车间;一幢纸型图版仓库;一幢为办公楼,底层印刷所管理部门,二楼总办事处,三楼编辑所,四楼图书馆;平房为锅炉房及浇版车间。造价三十五万余元,基地 1933 年购进为二十二万余元。

徐悲鸿特画巨幅奔马,题曰"日进无疆",以贺新厦建成,一直悬挂于厂长办公室。

老厂基地买主因市面不佳,一时不拟经营,以廉价租与本公司。爰将分散各处之分栈、订作等并入。印钞车间仍留老厂。

图书馆迁新厂四楼,定制新式钢书架二百八十五个,费一万四千元。出纳设三楼编辑所,用电动小型升降梯通四楼书库,传送图书。设备均称先进。

上海市部分编辑出版单位十五个及个人沈西苓等二百人,发起推行"手头字"(即手写简体字),先选常用的三百个字作为第一期推广字,以后再逐渐增加,直到手头字和印刷体一样为止。本局作为单位参加发起者有:小朋友社、小朋友画报社、中华教育界社、新中华杂志社,个人参加者有:吴廉铭、吴翰云、金兆梓、周伯棣、姚绍华、倪文宙、陆衣言、张梦麟、许达年、舒新城、葛绥成等。

自建广州、杭州及衡阳分局新屋先后落成。

出版图书较多,除丛书、文库、及若干大部头书外,有"农业丛书"《制丝学》、《农业推广》等,陆续出有二十余种。"化学工业小丛书"《牙粉与牙膏》、《电木与电玉》等五种。

地理和游记有《中国地理新志》、《近代地理发现史》、《世界文化地理》、《世界人生地理》、《南洋三月记》、《桂游一月》、《广西旅行记》、《台游追记》、《中国十大名城游记》等。

经济方面,有金国宝《中国经济问题之研究》,孙俍工译《中国经济学史》,章乃器等《中国经济恐慌与经济改造》,郭大力译《生产过剩与恐慌》。

康有为《大同书》首次出版,其弟子钱定安有序。其他如张军光《中国社会发展史纲》,赵师震《近世内科学》第一册,次年出第二册,刘海粟编《晋唐宋元明清名画大观》全四册、《十九世纪法兰西的美术》、《世界裸体美术》三集等。

---

① 丙,指世界书局。此电是关于销售教科书付给回佣事。

② 总经理陆费逵以"落"字不吉利,故讳言之。

1936 年

1月7日 要求各分局扩大销售书籍,亏本在所不计。所发通启有云:"同业竞争已达极点,总局销售之毛利不及开销,幸年来仪器及印刷发达,略可补助。分局亦当仰体此意,力求地盘之扩张,亏折所不计也。"

皖局经理王献廷调沪另有任用,派书栈课邹蓉僧代理。

8日 编辑所长舒新城以任期合约尚有四年,应早物色继任人选。"环顾国内,此时最适当之继任人当推邹韬奋,使其先任总经理秘书,俾于内情熟悉之后再改调,庶个人公司两有裨益。"并谓"其才干可于《生活》周刊中见之,其操守可于办《生活日报》未成,而将股款一一退还见之,(数年前,彼拟办《生活日报》,伯鸿允为帮忙,后以招股未成而中止,但对伯鸿甚为感激。)其学识可于著作中见之"。因访邹于三联书店,"彼现任《大众生活》周刊编辑,月薪250元,负担甚重,泛谈新闻事而隐漏请其入局之意"。但又想到"邹在才干外尚有两问题,第一思想似乎稍左,第二现政府对之颇不满,当待与伯鸿详细研究"。2月6日,再访邹于大众生活社,谓生活书店职务太多,《大众生活》编辑亦不能辞去云。①

21日 本局代印桂省辅币券,该省主要人员帮忙者,有李总司令等十六人,各送日月星期时辰钟一座,运梧局转赠。

31日 总办事处迁入新厂后,组织略有变更,分部如下:(一)总务部,仍由理事路锡三兼部长,庶务课并入。关于分局营业之事划归发行所。(二)造货部,即从前之出版部,推广部广告事务并入设广告课,理事陆费叔辰兼部长。初版事务划归编辑所。(三)账务部,统计、稽核等课并入,理事武佛航兼部长。(四)会计部。(五)承印部,均仍在总店。编②印两所照旧。

总店改发行所,店长、副店长改称发行所所长、副所长。发行所专管营业,从前总店及分局事务课、邮寄课、总栈均划入。王酌清、薛季安分任正副所长。分部:(一)发行部,王酌清兼部长,设分局、批发、门市、定书、清账等课。(二)事务部,薛季安兼部长,设进货、分栈、庶务、收发等课。(三)秘书处,主任赵侣青,设文书、推广、统计等课。(四)供应部,部长蔡同庆,设支配、存货、发货,邮寄等课。

规定各处所部及分局通信具名办法五项,以明确权利义务及公私信件界限,废除向以个人为主体,常有人不到而被搁置的情况。

1 月 《饮冰室合集》开始出版,林宰平编。计文集十六册,专集二十四册,共四十册,七百七十余万字,4 月份出齐。文集附有诗词、题跋、寿序、祭文、墓志等。专集附门人笔记若干种。比1926 年出版的《饮冰室文集》多出一百五十篇、专集六十三种。其后陆续发行单行本三十余种。

2 月 24 日 总经理陆费逵为杂志误期函编辑所长舒新城:"顷据瑾士兄云,《小朋友画报》2 月 1 号应出版者,7 号方发稿。彩印之书制版费时,且用大机印刷,最好两期同发。此报无甚时事关系,请嘱编绘者早两个月发稿。"

"杂志发稿、校齐、付印、出版,请嘱秘书用卡纸填日期,到期向主管者查询,绝对不许误期。如偶因事迟误,须开快车赶到下期不误。各杂志如 3 月份不能赶到而误期,只好换人或停刊。"

"再，《中华少年》③有时事关系，发稿印订均不能脱期，请严密组织，规定日期，一天不能误。或 4 月 1 日不能出，俟卷筒机装好再出(七八月可装好)，9 月 1 号出版。但请人作文尽管进行。"

3 月 18 日　陆费逵去中央银行晤见孔祥熙，确定印钞业务。本局设计之图样尚须稍改，加印凹版两套，损失近十万元，但此后之承印权当无问题。

3 月　编辑所设立〔近现代〕史料整理组，承接编目社的任务，由姚绍华负责，并调原编目社管思九、吴中伯等参加工作，设在四楼图书馆东面。其任务：(一)编目剪报供编辑所参考，(二)整理史料文库供一般人参考。计划在年内发售预约，拟出版史料四十册、文库三十册。前后积有卡片数万张，此项工作至"八·一三"停顿。

收买群益书局四种书的版权：周作人《艺术与生活》、《域外小说集》，刘复《四声实验录》、《中国文法》，价一千一百元。

4 月 4 日　董事会通过议案④三项：

(一)　财政部长孔祥熙指令本公司与中央、中国、交通三银行合组钞票公司事⑤，由总经理全权与之协商，但订立合同或订立章程，须经董事会议通过。

(二)　总经理增加薪水每月一百元。⑥

(三)　此后印刷大宗特别营业⑦在十万元以上者，提 1—2%，以一部分作公益金，一部分奖励总经理、印刷所长(非印刷所承接者略少)、经手人、高等技师。支配款项在一千元以下者，由总经理决定；超过一千元者开单由董事会议通过。分局承揽大批印刷营业，照旧提 10%或 5%给分局。

16 日　《舒新城日记》记："收到顾荫亭致伯鸿快函，内二纸：一为复伯鸿、云五等请小学教科书停用注音汉字之公函，谓部长不加采纳，某司长以为得意之工作云云；又一纸谓教部自编之高初小国语、算术、高小自然,现已完成,不久即付印,当交与商务、中华、正中三家承印云云。"

22日 商定以四千元收买文艺书局出版的图书版权连同存书四十种,有孙孟涛《莎菲的爱》、张资平《天孙之女》、郭沫若译《战争与和平》、钱杏邨《安得烈夫评传》等。

4月 《辞海》上下册发售预约。

本书有各种不同的印本:甲乙两种16开本,分别用圣书纸、道林纸印,定价为二十四及二十元。丙丁两种32开缩印本,同样用两种纸印,定价为十二及十元。预约售出三万余部。11月出上册,1937年6月下册出版。1938年,又印32开次道林纸本称戊种,定价六元五角。丙丁戊三种缩本于1941年印有25开报纸本。1944年,在赣州印有江西土纸本一种(见1944年本纪要)。

主编徐元诰、舒新城、沈颐、张相。书前有黎锦熙序,陆费逵的缘起。有林森、吴敬恒、陈立夫题词,还有蔡元培的长篇题词。

陆费逵所撰《编印缘起》云:1915年秋,《中华大字典》既杀青,徐元诰欲续编大词典,编辑所长范源廉亟赞成之,商讨体例,从事进行,定名"辞海"。越明年,共和再造,徐、范皆任公职去,事遂搁置。旋徐虽倦游归来,重理故业,然仍屡任公职,时作时辍,至1927年,复任最高法院去,乃由舒新城继其事。1930年,舒改任编辑所长,乃由张相、沈颐董之。而张任编辑所副所长,实沈主持之力为最。刘范猷、罗伯诚、华文祺、陈润泉、周颂棣、胡君复、朱起凤、徐嗣同、金寒英、邹今适、常殿恺、周云青分任其事,其他先后从事者百数十人。复经黎锦熙、彭世芳、徐凌霄、周宪文、武堉幹、王祖廉、金兆梓、陆费执等校阅,亘时二十年之久。

全书收单字一万三千余,复词十余万条,三千余页,约八百万字。旧辞以应用为主,采集新辞占三分之一以上,用新式标点、专名线,引书注篇名。

陆费逵《辞海编印缘起》,谓此书所以费时而难成者,厥有五因:(一)选辞之难。旧辞采集尚易,然判断其孰为死辞而删之,则大费周章。新辞不但搜集困难,而舶来名辞译音译义,重复冲突,决定取舍亦甚困难。更有同一辞新旧异解,彼此异用,不能不兼筹并顾。而地名之更改或添置,事类之新出或变迁,尤不能不随时增订,故常有已选之辞,不数月而改删,已定之稿不一年而屡易。成稿三十余万条,并修改重复计之,不下五十万条,今仅留十万有奇,无异披沙拣金。(二)解释之难。旧时注疏以及字书类书之属,仅罗列诸家之说,少折衷归纳之言,学者翻检,有无所适从之感。今于群言庞杂之中,必一一分别异同,归纳类似,故一条辞目之编成定稿,往往翻检群书至数十种,而所得仅数字之定义,或数十百字之说明而已。又如同一辞目,而兼含新旧各科之义者,甲撰一条,乙撰一条,丙丁各撰一条,必合数人之稿归纳为一,或综合解释,或分项标明,去其重复,合其异同,始获定稿。(三)引书篇名之困难。辞目之采自字书类书者,多仅举书名,常有引用某书而某书竟无此句者,仍复查对原书加注篇名,费时甚多,然不致再沿前人之讹。(四)标点之难。古书多无标点,其文难于句读者,千百年无定案,现用新式标点加以确定,往往讨论二三句之点号,至费二三人竟日之功。比旧法断句,其难易不可以道里计。(五)校印之难。一般书印刷所、编辑所各校三次,此书印刷所校五次,编辑所校至十次。共用铜模一万六千个,临时仍须有雕刻者。其缕述困难之原因,则谓"对后之编辞典者聊效前驱"之意。

关于选词,《舒新城日记》有云:"朵山与献之、子敦商定不收"一·二八"及"上海事变"、"塘沽协定"等条目,舒谓我国积弱,不能与强邻抗衡,彼诬我者我不与辨,已属屈辱,而彼加于我之事实亦默不提,未免不近人情。《辞海》出版于今日,应是今日的东西,绝不能单提往事而不及今日之事,尤不能不提今日人人伤心之事。如恐外交上有问题,则以政府公布之事实为准绳,不加臆测之辞可也。故我主张将此类词目如实叙述录入之。再将日本近出词典检阅,既有上海事件之辞目,且叙述甚详,颠倒是非之处尤多。我以立场不同,绝不能将日人诬我之词一一抄入,替政府增罪名,替强邻造反证。但中华民国国民之观点万不可移动。众皆以为然,遂一一收入。"

有关编辑《辞海》的问题,舒新城在日记中另有两条记载:(一)4月10日记:"我于1927年自编百科全书后,1928年4月改任《辞海》编辑主任,以旧学根柢太浅,所集材料颇不精萃,原定1929年底完成,即可排印。但1930年任编辑所长后,交由范献整理,发现旧日工作,颇多浪费,后经献之董理,但为时未久。1932年秋,请沈朵山任辞典部长,三年以来,得力不少,今日能发售预约,朵山之力实多。我对于此事颇为疚心,非为不负责任,乃为看事太易,不能践言也。此书在中国文化史或亦可占一行,而与个人之关系亦不小。伯鸿有缘起一篇述此书编辑经过,……文中所述五项困难,均属事实,亦即本书之特点。"(二)17日记:"下午润泉来,谓《辞海》'世界'一条,只有旧日之宇宙说,而不及现在之真实世界,颇不妥。调原稿一阅,颇为不妥。遂决定由子敦看初校样一次,并嘱打二份分送伯鸿与我。我将通体阅过一次,就直觉所及,遇有疑问即行指出,或亦可增进《辞海》之质地也。"

本局编印的五种期刊,向内政部依例登记:《新中华》、《中华教育界》发行人倪文宙,初高级《中华英文周报》发行人桂绍盱,《小朋友》发行人吴瀚云,《小朋友画报》发行人沈子丞。

5月2日 新中华杂志社由舒新城、倪文宙在新亚酒楼约请作者交换意见,有李先生、杨东蓴、周予同、郭一岑、张宗麟、钱亦石、王造时。

5日　滇局经理赵子艺另有任用,调芜局代经理杨世华接任,杨到港时,由五区监理郑健庐同去昆明监交,港局经理由郑华基暂代。赵子艺旋即调任太原分局经理。

19日　陆费逵为总编辑室学生曾某冒领样书三千余元事,函舒新城云:"手书并廉铭兄报告等均悉。防弊不胜防,舞弊舞日工。吾人得此教训又可得一经验,加意防范,更须防其术之更工。弟意以后取书手续仍可照旧,惟关照栈房:(1)不必交来人,如言急用须带去时,应电询原开单处,应用回单。(2)每月结账一次。(3)遇有疑问时随时电询原发单人。经过此事,将来必可减少许多作弊机会也。公请罚俸,廉兄请惩戒,均与正题相去太远,不但毋庸议,并请不必介怀。"

5月　假万竹小学招考缮校员、账务员、学习员、练习生共三十人,报名者千七百余,经挑选后参加初试者三百二十余人。考题分四种,前两项人员除考专业外,有英、国、算、常识(稍难);后两种人员,考英、国、算、史地、自然、商业等,分别依初高中标准。每门五题,内一题极易,两题普通,两题高深,完卷者不及五分之一。这次考试中,编辑所所需学习员、练习生,应试者一百六十余人,进用二十余人。

关于此次招考,舒新城在日记中说:"拟定广告时,伯鸿于后批语:'编辑所以用缮校及学习员为宜,练习生程度低,编辑用之,在我不相宜,在人反误终生。'确系至言,但前时大家都说不出也。过去编辑所低级职员与其他各所不分,文理不通之少年至编辑所为学生,终身无出路。"又说:"这次录取标准,第一为对人对事之态度,以忠实为主(不知以为知者,是作人治事之大忌);第二是中文精通;第三是常识丰富;第四是服务经验;第五是专门知识。专门知识列于最末者,以此次需要之人,不需多专门知识也。"

香港分厂开始承印中央银行钞券。在此之前,港厂曾承印粤桂两省地方银行辅币券。由沪厂运去电镀、凹版、零件有关技术设备。至1941年12月太平洋战事爆发,港厂共承印中央银行钞券二十一批,累计营业额约二千八百余万元。

6月1日　沈阳分局改用文明招牌,称"沈阳文明书局"。

10日　西安特约分局(双记)解约,郭农山于四月间前往筹备自办,今派高星桥为经理,吴子华为副经理。高未接手前由赵亮伯暂代,先行开业。

23日　订定视察分局简章十四条通告施行。规定视察员往分局视察时,分局供给食宿,应即住分局内。视察内容包括银钱存数、账欠、销号,抽查书刊存数四五十种,当地状况及营业情形、物价、开支等。视察一处以三至六星期为度,应作出书面报告,必要时派上级职员复查。视察员于三年内不得去该分局任事,不得干涉其用人行政及营业等事。分局不得以礼物馈送视察员。视察员如有不规行动,分局经理应报告总局。

7月1日　为续编人事调查表,分发各部门空白表格,计印刷数600份,发行数200份,编辑所160份,总办事处90份,共计1050份。(当时本局在上海的职工人数大约近于此数。)

本公司会计制度系民元规定,行之二十余年,于会计原理既多未合,事实上亦有难行之处。由理事武佛航研究改良,对总局部份已拟定办法,即日起开始实行。会计账册改革,由武理事与会计部长方绎如洽办。以后稽核事务由武担任,账务部设稽核统计两课,武兼部长,徐仲涵任副部长兼稽核课主任,吴子范任统计课主任、兼稽核课副主任。分局簿记先作研究,准备于下年度实行。

7月　修正课程标准适用的小学⑧及初高中教科书开始出版，连同教学法计初小用十三种一百零四册，高小用二十三种八十八册，初中用二十二种七十册，高中用二十二种五十六册。年内即可出齐。

本局图书馆成立于 1916 年，1930 年以前藏书不及十万册，现有二十万册。其中中文书约十六万册，西文书一万五千册，东文书一万三千册，杂志汇订本约一万册，日报汇订本二千余册。

总经理陆费逵重任上海市书业同业公会主席。

8月　编辑所钱歌川请假去英国进修，公司资助旅费，按月发给工资作为家属生活费用。舒新城又函请蔡元培转请教育部给予补助五百元。

9月2日　与商务、世界、大东、开明五家为合印部编音乐教材，各派一人组成"承印部编音乐教材联合办事处"，原有的乐教出版合作社结束。小学音乐教材，由部指定商务、中华两家承印，发行人、印刷者由两家具名，印数平均分配。印成后照比例摊受：商务 4/11，中华 3/11，世界 2.5/11，大东 0.75/11，开明 0.75/11。中学部分由商务、中华、世界、开明四家承印及具名；大东不能自印，其摊受部分可委托四家中某家印刷，印成后分受比例同前。此项所签合同称"乐教合同"。

后于 10 月间又签订类似的合同二份：一份称"民教合同"，一份称"义教合同"。民教合同是与商务、世界、正中、大东、开明、北新七家，承印部编民校课本，组成联合办事处，其权利义务分配比例：商务 30％，中华 22.5％，世界 20.5％，正中 12％，大东、开明、北新各 5％。义教合同与商务、世界、正中四家，承印部编短期小学课本，组成联合办事处，其权利义务分配比例：商务2/6，中华1.6/6，世界1.4/6，正中1/6。

11 日　陆费逵对古书排式和定价提出意见:"最普通之古书一律排 32 开报纸本。读本正文三号或二号,小注新五号或五号,无注者用新四号。非读本可用五号。定价最普通者每页一厘半,次则二厘。查明商务'国学基本丛书'之定价,如形式相同,宜低不宜高。"

10 月 9 日　为杂志应宣传本版书,陆费逵致舒新城函:"顷见《小朋友》周刊大介绍其他家之书,太不成话。本局刊行杂志为宣传本版之书。以后各杂志每期须介绍本版:《新中华》介绍政治、经济、文学书,《小朋友》介绍儿童书,《教育界》介绍教育书,《英文周报》介绍英文书。除编辑人自行起草外,可由原编校人拟稿选登。《英文周报》葛君于问答中介绍自己之书,以后不予刊登,改本局书。"

20 日　陆费逵函舒云:"时局不佳,即现在能免战事(按:指日本侵华战争),迟早终不能免。此后,吾人须为战期中之预备,不能多出新书,有来商让稿或版税者,希婉词谢却为幸。"

22 日　与商务、世界、正中、大东、开明协商签订六家营业新契约,以代替本年 3 月 10 日及 5 月 25 日六家所订契约及实施办法。新约旨在贯彻实施上海市书业同业公会最近所定的业规,主要对销售教科书中的折扣及同行回佣数额加以规定。如部编教科书将由六家共同发行,付给回佣不依各家资本大小区别,一律定为每百元本埠十五元、外埠二十元为最高额;对教育机关或图书馆募捐的金钱或书籍,须于三日内互相通知,此项数额,商务不得过五千元,中华四千,世界三千,其他三家各二千;学术团体开会不赠送书物,有公宴之必要者联合办理;廉价发售新旧书的品种、折扣、期限,都有具体规定。

11 月 16—18 日　在发行所召开监理⑥会议,出席者有监理周支山、郭农山、郑健庐、胡浚泉(李秋帆代)。16日举行第一次会议,总办事处及发行所参加者有王酌清(主席)、蔡同庆、薛季安、赵侣青、赵亮伯、王竹亭等。17—18日第二次会议,总办事处及编辑所参加者有舒新城、武佛航、陆费叔辰、蔡同庆、路锡三(主席)等。讨论实施公会业规及六家新契约外,决定分局扩大栈房,备非常时期储存新版教科书;并增强文仪业务,分局派员来总局实习;在港厂设文仪分栈等。

28日　在汉口召开长江区分局经理会议,讨论推销书籍,加强分局核算,以及向总局的建议等问题。由监理郭农山召集,参加者长沙、南昌、常德、汉口、成都、九江等地分局经理,有沈松茂、李仲谋、罗利臣、陈仲祥、徐铭堂、王伯城等。

12月1日　在港厂召开五区分局经理会议,由监理郑子健召集,参加者:"梧局张汉文、汕局徐孟霖、厦局严慎之、闽局荀潜、粤局郑子展、港局郑华基、杨丙吉及钱正化、高民铎、伍濬文等。讨论书籍文仪进发货及回佣等业务改进问题。粤局所给回佣约分三级,(一)销数较少之小同行每百元十五至二十元,(二)销数较多者在二十至二十五元之间,殷实大同行或者销本版者二十五至三十元。文仪外货,由港分发华南各分局,国货仍由沪直接装运。

27日　召开临时股东会议,决议增加资本二百万元,连原有二百万合成资本总额为四百万元。每股仍为五十元,共计八万股。所有增资之四万股,老股东每五股可以认附四股,计三万二千股;余八千股公募之,但老股东如愿额外认附有优先权。上项老股东每五股认附之四股,系将各种应分派之盈余、分局公积及提回部分固定资产过去折旧之过多者抵充,并不补交现金。

30日　通告同人子女进特约小学就学优待办法:"本公司从前办有中华小学校,便利同人子女就学,后来因事停办,中间屡欲恢复,终以校舍无着、主持乏人而未克实现。今与国华小学商定,以该校为本公司特约小学。"捐助该校建筑校舍用五百元,又借予一千五百元。同人子女入该校初高级小学者,订有办法七条:(一)月薪不满三十元者,学费全部由公司津贴。(二)三十元以上不满五十元者,津贴四分之三。(三)五十元以上者津贴二分之一。(四)在校肄业期内所用本局之教科书,概由公司供给。(五)以本人子女为限,如父母已去世,学龄期内之弟妹亦可享受,但以二人为限。(六)欲享此项待遇者,开学前半个月申请,并觅成年同事一人保证(保证与第五条符合,如冒充照津贴数五倍赔偿)。(七)小学六年内只得留级二次,且不得二次连续,不得改名,有不守校规被令退学者,均取消优待。

是年　开封分局先后设立许昌、南阳两支局,汉口分局设立沙市支局,杭州分局设立金华支局。

下半年添置印刷机械百余万元,主要为印钞券用凹凸版大电机及附属设备。此后印钞可与英德两国媲美,称亚洲第一。

为推行国音注音字母,特制仿宋长体注音汉字铜模,铸造完成。[⑩]

中华教育用具制造厂主要产品发展到十余类,理化博物实验器械二千余种,人体生理病理模型三百余种,动植矿物标本模型七八千种,工艺制造顺序标本九十余种,显微镜玻璃片标本六七百种。本年又制造变压器、整流器、气压计和无线电收音机,可以一至六灯分别使用,便于教学说理。在上年获得专利的月日星期昼夜时辰钟的基础上,更发明八用日历台钟,可以放置在不是水平的台面上使用,并附有温度湿度计。

编辑所于四楼设科学实验室,与图书馆毗邻,备有理化普通实验仪器及博物标本全套。

本公司变更会计年度,更因会计科目新旧不同,故本年分两次结账。(一)第二十五届,即 1935 年 7 月至 1936 年 6 月,总营业额(收现数)八百十九万余元,比上届增 74% 强,为从来所未有。其中总分店六百余万,印刷所二百十五万余元。盈余二十四万七千余元,仅增 21%,究其原因:(1)今年一二月份新厂建成纪念廉价,总分店营业平均增加 80%,但书籍对折出售,同行给予回佣,版权自有者仅敷成本,共有者尚须亏折。(2)承印中央银行钞券数目虽大,因与外商竞争,印价低廉,利益甚薄。(3)理化仪器、标本模型、日月时辰钟等,销数均有可观,惟事属创新,研究设备所费不赀,尚不能获利。(二)本年 7 月至 12 月营业总额,包括账欠在内为五百三十二万元,盈余十五万余元,实际与上届大致相仿。

公司以业务发展较快,财力渐充,除本身出版印刷发行之外,有举办社会文化事业之议,包括办普通图书馆、专门图书馆(如现代史料、教育文库、上海文库等)、实验室,设立奖学金、科学发明奖励金等。均以日寇入侵抗战以起而罢议。

本公司已成立二十五年,同人醵资建碑①,纪念伯鸿先生任总经理二十五周年,碑文由唐驼书写,用一人多高的铜版镌刻,镶嵌在新厂办公楼入口处墙上。碑文如下:

"中华书局创业、总经理陆费伯鸿先生任职二十五周年纪念辞:中华书局成立于民国元年元旦,迄今二十五年,上海澳门路新厂同时建成,美轮美奂,气象一新。回溯二十五年中,营业屡经挫折,支持艰巨,危而复安,始终独当其冲者,陆费伯鸿先生也。先生创办中华书局被任为总经理,迄今亦二十五年,自奉薄,责己厚,知人明,任事专,智察千里而外,虑用百年之远。有大疑难,当机立断,方针既定,萃全力以赴之,必贯彻而后已。今年夏,先生因办公趋听电话,蹐地折左臂,卧床二月余,仍力疾指挥不少懈,其精力果有如此者。同人等服务书局有年,书局之进展,先生之劳苦,目睹耳闻,皆所甚审。因于庆祝二十五周之际,擒辞而镌之碑,留为纪念,便览观焉。中华民国二十五年双十节,中华书局总公司、各分局同人谨识。唐驼书。"

"大学用书"开始出版。多为各大学教授学者,就试教多年的教本讲义及翻译的东西方名著、著名大学的教本编撰而成。年内出版的如林和成编《中国农业金融》、黄缘芳译《代数方程式论》、常导之《各国教育制度》、郭大力译《经济学理论》及《郎格唯物论史》、吴虞《因名学》、向达译《斯坦因西域考古记》等。两年内出至二十五种。⑫

本年出书较多,如地方史料有上海通志社等编的"上海掌故丛书"第一集《熬波图》等十四种,陈陶遗、黄任之为之序,"上海博物馆丛书"《顾绣考》等五种,《上海研究资料》,《民国廿五年上海市年鉴》等。

"都市地理小丛书"已出南京、北平、杭州、济南、西京、青岛、广州等七种。

教育方面有舒新城《近代中国教育史稿选存》,艾伟《教育心理学论丛》,曹刍《小学教育的理论与实际》,张耿西《小学公民训练的理论与实际》等。

经济方面有郭大力、王亚南译《国富论》、《经济学及赋税之原理》,王澹如《企业组织》,王渔村《现代世界经济概论》,周伯棣《国际经济概论》,陈绥荪等《欧洲经济史纲》,胡雪译《中国资本主义发达史》。

国学方面有钱基博《经学通论》(光华大学丛书),本局辑注的一套"中国文学精华丛书",选自经史子集、总集、选本,新式标点,共六十八种八十册,至1937年5月出齐。《四部备要书目提要》、

《洋装四部备要书目提要》等。

"中国文艺丛书"《歌德研究》、《郭果尔研究》、《德国短篇小说》。继续出版的"现代文学丛书"有毛秋白译《浑堡王子》,郑延谷译《渔光女》,凌璧如译《朵连格莱的画像》,《岳飞之死》,李劼人《死水微澜》、《暴风雨前》,高植《树下集》等。

蒋士铨原著卢冀野校订《鸿雪楼逸稿》(杂剧三种)。刘海粟编《欧洲名画大观》活页装五册,收论文及画二百六十余幅。

1934—1936年上海三大出版社出版新书册数统计:

年　份	商　务 印书馆	中华 书局	世界 书局	合　计	全国出 版总数	三家 合占%
1934	2793	482	511	3786	6197	61%
1935	4293	1068	391	5752	9223	62%
1936	4938	1548	231	6717	9438	71%

　　　　本表据伪上海市政研究会用日文编写的《上海租界内中国出版界的实况》,见1985年12月《出版史料》第4辑第118页。录供参考。

---

　　① 《舒新城日记》,《出版史料》1987年第2期。

　　② 档案中有一张编辑所各部领用文具纸张负责审批人名单,可能就是当时编辑所各部门的负责人,兹录供参考:教科图书部金子敦、朱文叔、华汝成,普通图书部钱歌川、钱亦石、郁树锟,新中华社倪文宙、钱歌川,教育界社陈子明,英文周报社桂绍旴,小朋友社吴翰云,古书部丁辅之、吴志抱,辞典部沈朵山、刘范猷,图书馆楼云林,总编辑部吴廉铭。

　　③ 当时筹备中的《中华少年》,后改称《少年周报》,于1937年4月创刊。

　　④ 本年董事会议纪录无存,此项议案概要,摘自《出版史料》1987年第2期《舒新城日记》。

　　⑤ 筹组钞票公司事,财政部意欲设总厂于上海,设分厂于重庆。董事

会于5月12日再次讨论,认为官商合办危险太大,将来欲拒之而不可得;内地设厂,原料、运输、人才种种不便,而政治上一有问题,危险更大。如在上海设厂,则本公司已订有机器设备,可以供应,不必另起炉灶。即以此理由答复财部。

⑥ 总经理陆费逵薪水,最初定二百元,自1917年"民六危机"后,每月只支公费一百元。至公司情况好转,1921—1931年月支二百元,仍低于当时编辑、印刷、发行三所所长的薪水。1932年后月支三百元。本年正拟议干部加薪问题,所谓干部,指三所正副所长及理事共约十人。他们的加薪与一般职工每年或每二年加一次不同,大约每五年或十年普加一次,加的数目也较大。这次由各所长拟议中的加薪数:所长加六十元,理事四十元,副所长三十元。这样,所长薪水可至三百元,编辑所长更高于此数。故舒新城向董事会提议将总经理薪水加至五百元。陆费逵认为若公司情形不好,股东等或以干部支薪太多所致,反使办事困难,故只接受加至四百元之数。

⑦ "印刷大宗特别营业",主要指承印钞券,舒新城在1936年4月5日的日记中有:"去年公司因印刷营业甚好,而瑾士对于印刷研究与发明之功至大。伯鸿去年赠以五千元特别酬劳,我尚嫌少,而酌清则不满意。今照董事会之决议,则数将更大,酌清将更不快。就各方面来看,此后公司愈发达,人事问题愈无办法。"由此可见,中华印刷厂因承印钞券,在印刷技术上、质量上都有所提高。

⑧ 1932年10月,教育部公布小学课程标准后,经全国学校实验,陈述意见。教部于1935年3月编列问题,分发各地教育研究会研究,多主张修正。10月邀集专家商订。1936年2月18日公布小学科目及每周教学时间总表,约专家起草标准。同年7月,颁布《修正小学课程标准》。

⑨ 监理制度何时设置,如何分区,职责如何,未能备悉。就所见零散材料可以确知的一些情况:(一)监理分区设置,有华北区,亦称二区,驻平局,辖北平、天津、保定、邢台、张家口、太原六处,青岛、济南二地分局,亦属二区,因系合办性质,与自办的六处有别;华南区,亦称五区,驻港局,辖广州、汕头、香港、新加坡、福州、厦门、梧州、昆明;长江区,驻汉局,辖汉口、长沙、常德、南

昌、九江;成渝区,亦称四川区,驻成局,辖成都、重庆。另有苏、皖、豫、陕、甘等省,如何分区不详。(二)所见任监理的人员:周支山(二区)、郭农山(长江)、胡浚泉(成渝,1934年2月任)、郑健庐(五区,1934年4月任)、陈光莹(驻杭局)、程润之(四区,未知辖哪些分局,1931年5月任),共六人。

⑩　1935年9月,教育部公布促进注音汉字推行办法,规定自1936年起,凡儿童、民众读物,一律用注音汉字印刷。1935年2月29日舒新城致黎劭西函云:"伯鸿昨日返沪,铜模事,彼在京曾与雷、张接洽过,字数应加选择限制。小学用字不过三千,常用字千余;中学用字只四千,常用二千余。著作界写文章,普通用不过三四千。弟不过认得四千字,写文章用不到三千。因此,选五千已足。"

⑪　1935年12月间,同人发起为公司及伯鸿纪念历年功绩,泐碑于新厂。各人出资自一角起,最多不逾一元。发起者共22人:舒新城、张献之、沈朵山、金子敦、倪文宙、王瑾士、沈鲁玉、陆费叔辰、路锡三、武佛航、汪志刚、蔡同庆、许达年、徐仲涵、来炯芬、沈卓甫、周文彬、吴子范、孙荜人、邵咏笙、汤培元、刘茂青。

⑫　关于"大学用书"的出版,本年2月间始商定,主张不大作。目的只是将"大学用书"之名叫出去,使人知道我非无大学用书,只是一般人不用耳。就已出版书中选取或加改编外,补充必备之书目。向局外专家接洽,组织委员会,请其选择书目;同时向各大学调查现用书书目,再择要约稿。就本局已出之书,教育及社会科学尚有若干较高深而合大学之用,自然科学与数学、哲学及应用科学之书则极少,甚至于无。其故由于二十年来不注意于此,遂致毫无基础。(见《舒新城日记》)

1937 年

1月4日 总经理通知,发行所原发行部,主持总分局发行事宜,一年以来,觉其范围太广,对分局方面办理或有不周。兹特分为两部:一,上海发行部,仍由赵亮伯代理部长,主管门市、批发、函购、定书等事。一,分局发行部,由郭农山任部长,主管分局发行事宜,制定大纲六条,包括考核分局营业状况、备货、核算,以及用人和会商各方之间的关系等。

20日 在报上刊登紧要声明:自办分局三十处,支局六处,均不许在外赊欠银货,钱庄银行往来另有规定办法。领牌之分局均加记为别,所有银钱往来及一切契约行为,均与本公司无涉。列举自办分局三十处为:南京、徐州、安庆、芜湖、九江、南昌、汉口、长沙、衡州、常德、成都、重庆、兰州、太原、西安、北平、张家口、天津、邢台、沈阳、杭州、福州、厦门、广州、汕头、香港、梧州、昆明、贵阳、新加坡。支局六处为:保定、南阳、许昌、沙市、武昌、金华。

22日 核定晋、衡、湘、京、赣、闽、邢、徐、粤、平、杭、胶十二处分支局自有地产房产应向总局缴纳的 1936 年 7—12 月份租金,分别自 14,850 元至 7,033 元不等。

1月 与贵阳文通书局结束特约关系,自设贵阳分局于三山路 3 号,经理吴安荣。

编辑所副所长张相年满六十,因病辞退,由金兆梓继任。公司以张副所长历年主持教科图书及普通图书编辑事务,特著辛劳,辞职后仍请其留所指导。1936年12月28日,陆费逵致舒新城函:"编辑所副所长张献之先生函请辞职养疴,弟已函复准其解除副所长职务,以免琐事烦扰,惟不许其回里,以便整理《辞海》并校改教科、参考等书。仍送原薪,有病许其不到,不扣薪。所有编辑所副所长职务,自廿六年(1937)一月份起,请金子敦先生担任。"

2月10日 沈阳分局停止营业。

28日 第二十六次股东常会选举董事十一人:高时显、孔祥熙、吴有伦、李叔明、陆费逵、唐绍仪、舒新城、汪伯奇、王志莘、沈乐康、胡懋昭。监察二人:徐士渊、黄景范。其后,抗日战争开始,到1948年3月重开股东会时才行改选。在此期间有陆费逵、唐绍仪、吴有伦、胡懋昭先后出缺,由次多数路锡三、陆费叔辰、王瑾士、丁辅之依次递补。

2月 招考账务员、练习生数人。

3月15日 增资二百万元中公开招募的八千股(四十万元)已足额,即日起至31日向总店会计部缴款取据,以后再换取股票。本公司股票面额分一股、五股、十股、二十股、一百股五种。

4月 《少年周报》创刊,每星期四出版,潘予且主编。与《小朋友》衔接,以灌输时代知识,培养良好德性,陶冶活泼感情,训练实用技术为宗旨。内容有修养、常识、时事、文学、艺术、技能等等。年底以战事停刊。

九江分局在景德镇前街迎瑞弄口设立支局。

《出版月刊》创刊。

5月 统计历年出版图书约四千余种一万余册。其中所出各种丛书,包括《四部备要》、袖珍古书读本、中国文学精华、学生文库等共计九十六种,分类统计如下:(一)总类十一种;(二)哲学三种;(三)教育科学十种;(四)社会科学十二种;(五)艺术四种;(六)自

然科学五种;(七)应用科学十二种;(八)语文学五种;(九)文学二
十八种;(十)史地六种。

6月　陆费逵发起制造防毒面具及药品、药罐、桅灯、登陆艇
等,供应军民需用。初拟利用中华教育用具制造厂的仪器设备,后
决定另组保安实业公司,先以三万元作试制面具资本,计划日出五
百具。筹备委员有:陆费逵、吴稚晖、薛明剑、薛季安、王瑾士、胡庭
梅、汪畏之。该公司旋移设香港。

7月7日　日本驻军在芦沟桥进攻我军,抗日战争开始。

7月　陆费逵上庐山参加蒋介石召开的谈话会,在会议期间
四次函舒新城:(一)7月11日函:"十日上山,谈话之人,荫亭言有
三百余,云五在第一期。今日中央牯报言一百八十余人,到底不明
白。农山、铭堂颇活动。分政治、军事、经济、教育四组,各省教育
界到一千余人。铭堂加入训练,农山领有出入证,在内设处陈列书
籍。"(二)19日函:"前日蒋在寓约午餐(共十八人,适之、云五等早
一天),蒋颇注意教育问题。昨日汪请午餐,更大谈其教育。明早
正式谈话,亦为教育问题。"(三)23日函:"教科书多印,多发各省,
似较有益。因除教科书外,无大批用纸之书。"(四)24日函:"暂缓
返沪。此中有一不公平之点,即中学校长受训俨如士兵,大学校长
院长谈话却为上宾。叔辰有一友人本为某大学院长,近改任中学
校长,于是屈为士兵矣。"

8月　"七七"事变后,日寇南侵,"八·一三"沪战继起。陆费
逵认为战事一有迁延,必将波及沿海沿江工商区域。告诫员工及
时准备,应付时艰,先将应造之货限期完成,分运各处,以免日后货
源枯竭。

上海书业公会劝募救国捐,本局与商务各认捐五万元,世界认
一万元。

9月1日　对于总分局同人薪工,董事会决议:同业于8月16日起减折发薪,本公司则书籍、印刷尚有一部分营业,目前尚可维持,故暂不减折。惟特别办法与普通商业习惯不同者,一律废止,如总局同人每月升工二天、年底升工二十五天、星期日半天作全天等。大多数分局于年初已改七折支薪者,自10月16日起八折支薪。

9月　保定于25日沦陷,分局同人先于19日离保定去邢台分局,旋与邢局同人同转许昌分局,暂支半薪。至下年初分别北返。

有关华北各分局沦陷前期四年多的情况,据二区监理周支山1941年12月1日向总经理李叔明所写"七七"事变后,关于所辖平、津、邢、保、张、晋各局情况的报告中说:(一)人员调动。事变时,保、邢、张、晋四局同人多已逃避。各地秩序略恢复时,平局曾派师荆璞到保局维持开业。保局王杏生归来,调师去邢局维持开业。邢局于梦武归来,调师去晋局维持开业。津局臧经理病故,调于梦武去津接任。邢台改为平局支店,以会计李尧咨为主任。晋局师荆璞自行经营,调保局王杏生去晋主持,保局由会计翟崇华负责。今春翟调平,调津局邢小峰到保负责。张局无大变动。

(二)事变后,邢、保、张、晋相继开业,因损失甚大,周转货物完全由平局代为设法,颇感困难。各局存教科书是否退沪及应请示报告者甚多,非函件所能陈述,1938年曾派王木天到港面谒前陆费逵总经理,除面谕外,又亲笔书写应注意事项数条,主要者:(1)教科书尽可能退沪;(2)北方各局须在自力更生下想法维持;(3)二区除青、济两局外,在此时势下,一切均由周监理直接主持;(4)平局如有相当房屋可商量购置。二区各局至1939年已能自力生存,1940年,平、津、张、邢各局尚有微利。然在此环境中,内部之维持,对外之应付,实煞费苦心。

（三）现在二区平、津、张、保、邢、晋各局营业,每年约有三十余万元,各局开支约八万元上下。甲方（商务）分馆邢、张已撤销,所余津、平、晋、保分馆每年营业不到廿万元,开支九万上下。丙方（世界）现只平、保两局,每年营业不过三万,开支约二万上下。我局略胜一筹。

（四）物价涨,薪给小,希望调整。周岐月薪一百二十元,连津贴及加成共三百余。副经理王木天到局三十年仅六十余元,连加成等一百数十元,乡间家产荡尽,家人来平寄居,不敷甚巨。其他三十元以上一人,二十元以上二人,余均十元以下。〔商务孙经理底薪四百元,副伊见思一百三十元,其他五十元以上十人,三十元以上数人,此外均十元以上。丙方（世界）邵经理月薪二百元,副刘宏任一百十元。〕

（五）商务、世界、会文、广益等家,年终均有星期升工加薪等,每年能发至十四个月。二区各局星期升工向未支过,明年起希望能发至十四个月。

将上海赶印的大量教科书及各种参考书,雇帆船运到镇江,再从长江航运汉口,先后有四五千箱,或遭敌机轰炸,或滞留沿江各埠,颇有损失。一面海运宁波,利用浙赣铁路尚通之际,邮寄南昌共四磅邮包二十多万包,供应内地需要。

10月17日　陆费逵为解释增加印刷所用车函舒新城:“八月中旬,接两宗大量印件,置汽车一辆接送监印委员。最近,中行日交大批印件,而救国公债不但此间大量交货,且由财政部派人来逐一检查后将三分之一运往香港,更无办法,弟当嘱多用一部车。”

11月2日　初步决定拟将总办事处移往昆明。上海改为驻沪办事处,委由舒新城代拆代行。

6日　陆费逵去香港,同去者有蔡同庆等,筹设香港办事处,主持总办事处的迁移与香港分厂以及南方各分局的业务。(按:总办事处始终没有迁去昆明,因总经理驻香港,即在香港指挥一切。原上海总办事处部分日常事务,由驻沪办事处办理。)

在港积极印制教科图书,连同文仪等货分运广州、汉口。并利用尚可通行的路线经广州湾、海防、西贡、仰光等港口,分别运往广西、云南,供应内地各省。更谋大量积聚,为抗战胜利后复兴全国教育之需。内运书货,战时交通困难,或达或不达,损失不少,但各地分局勉能供应,亦颇赖之。陆费逵于12月28日有函致沪局云:"上海沦陷后交通阻滞,不惟运输困难,邮电汇兑亦极不便。兹设总公司香港办事处于香港德辅道中告罗士打行二楼四号(按:港处于翌年1月中旬移往九龙港厂),由蔡同庆、徐仲涵二君驻港办事,并派郭农山君常驻汉口。尊处添货汇款及簿据副页等,均请函驻港办事处接洽。如有困难问题及各各相互间之联络等,请函汉口与农山先生接洽为幸。"

11月　杭州分局撤往金华支店。后据1939年3月14日杭局内账黄锦荣函称:"杭局于1937年11月5日,由陈光莹率领避难上江,行时所管物器移交朱朗亭(营业主任),将簿据移往金华支店。杭州吃紧,甲方(商务)移严,正中迁金,丙方(世界)迁绍,市府通令迁避上游,顿成死市。同人除归乡外,十四人徒步自富阳来严。现陈、朱等四人留严外,由黄锦荣率领去金。杭局存货拟运金,但舟车被封,仅运出一百二十八包,其余打好四百余包,虽呈请教厅亦无办法。已运一百二十八包,中途船只被扣,弃在途中,在严找到三十余件,其余尚不可知。存杭者亦拟设法运出。"

原有七种杂志,因"八·一三"日寇侵沪,纸张被毁不少,幸存者亦难取用,以致暂行停刊。现就存纸情况,《中华英文周报》、《少年周报》、《小朋友》三种先行复刊,两期合并一期。其余《新中华》、

《中华教育界》、《小朋友画报》、《出版月刊》四种，仍暂停刊。

12 月 31 日　宣布编辑、印刷两所停办。编辑所各部酌留保管员一二人，共二十四五人，平均七折支薪。不留用者发给维持费六个月，照薪工六折计算。在报上刊登人事紧缩启事，谓战区愈广，运输益艰，迫不得已从事紧缩，……自 1938 年 1 月 1 日起实行。

下午印刷所临时工一百八十余人因无维持费，先派代表向所长王瑾士要求借支，维持生活，当晚代表们留在厂里连夜商量办法。这样，开始了长达九个月的解雇工潮。

"七七"事变后，原在老厂的印钞设备，主要有大电机五台（一台已按装未及试用）、小电机一百多台，开始陆续拆运港厂。嗣后承接的各种有价证券，均在港厂印制。

是年　出版有"非常时期丛书"计三十二册，中国新论社雷震、马宗荣等编，旨在介绍古人处非常时期之经验，人民应尽之职责，并对政治经济各方面发表意见。包括非常时期之经济、金融、交通、地方行政、外交、国防、社会政策，以及非常时期之教师、农民、工人、妇女、报纸等各册。

"现代经济丛书"有《工业经济概论》、《国民经济建设精义》、《中国人口与粮食问题》等，年内已出十种。《经济学辞典》，周宪文主编，收辞目六千余条，二百余万字，执笔者千家驹、王渔村等三十人。《外交大辞典》，外交学会王卓然、刘达人主编，收辞目二千一百余条，以中国外交关系为主，有影响于中国外交的事项一并收入，包括外交术语、公文程式、法规、人物等。

其他论著有金兆丰《中国通史》，仿通志例分总论、地形、食货、职官、刑法、兵政、选举、外交、文学、学说十卷。蒋维乔等《吕氏春秋汇校》，阿英《弹词小说评考》，是研究弹词文学的第一部专著。

本年继续出版的"现代文学丛刊"有李劼人《大波》上中下三册[①]，王家槭《成名以后》，雪菲女士《现代中国女作家创作选》，周作人《艺术与生活》、《域外小说集》，陈翔鹤《独身者》，予且《两间房》，王实味《还乡》，维特译《方枘圆凿》(戏剧)，帅约之译《母心》。这个丛刊已出至五十余种。

自编的《近代十大家尺牍》全四册，收曾国藩、俞曲园、吴挚甫、王益吾、王壬秋、樊樊山、康有为、林畏庐、梁启超、章太炎十人书简。

1930—1937 年 7 月出书统计(包括期刊在内)：

时　　期	册数	字数(万字)	定价(元)
1930 年 1—12 月	462	1351	145.60
1931 年 1—6 月	207	647	91.88
1931 年 7 月—1932 年 6 月	270	884	93.85
1932 年 7 月—1933 年 6 月	551	2354	253.67
1933 年 7 月—1934 年 6 月	553	2572	214.20
1934 年 7—12 月	325	1620	155.70
1935 年 1—12 月	614	2982	289.27
1936 年 1—12 月	713	3399	298.50
1937 年 1—7 月	464	2838	271.88

---

①　《舒新城日记》1939 年 1 月 12 日记："李劼人之《大波》等小说三种(另两种指《死水微澜》、《暴风雨前》)，为民国以来第一佳著，郭沫若曾为近万言之长文揄之，曾嘱摘登广告，但销路亦不见佳。如在开明书店、生活书店等当可大大行销。虽曰店之素质有关系，但推广方面亦有问题。"

1938 年

1月3日 自上年 12 月 31 日公司宣布编辑、印刷两所停办后,临时工代表连夜在厂商量办法。1 月 1 日,工人纷纷来厂,联合起来,推举钦家俊等五人为临时代表,在中共地下党组织领导下,于 4 日召开全体大会,成立"同人会",选出短工和长工代表江铭生、刘绪槐等五人组成主席团作为领导机构。向资方提出增发维持费、调往香港和内地工作等六项具体要求,并发动工人家属进住厂房。至六月间,经法院调解成立笔录,除解雇费二个月薪工外,发给维持费由六个月加至九个半月。当时被解雇者,编辑一百二十余人,总店四五十人,总办事处八九十人,印刷所一百余人①。到 7 月间,工人们又成立复工委员会,经过反复谈判,最后劳资双方达成三项协定:(一)港厂待机器运到后调用 180—200 人;(二)沪厂迅速恢复工作,可复工 100—200 人;(三)在广西建立西南新厂。10 月间,根据协定办法,经抽签决定,有 180 人去港厂。180人进永宁厂复工,另有十余人往柳州开办小印刷厂。1939 年出版的《上海产业与上海职工》一书中,谓刘长胜在总结这次复工斗争时说:"中华这次斗争,告诉全上海的工友们,在不妨碍抗战的大前提下,为了改善我们的生活,应该发动斗争,并以斗争来争取资方,巩固双方的合作。"②

7日 分局发行部部长郭农山自沪绕道香港抵汉,设立分局发行部汉口办事处于汉口分局内,主持港沪两地大量发往汉口书货的转运,以及西南、西北、湘、鄂各地的分局事务。

当时长江区各分局所在地,或已沦陷,或已疏散,大多停止营业,货物尽量迁往安全地区,人员分别遣散转移。郭农山自汉致舒新城等函,谓南京、芜湖两分局同人及眷属三十余人,随经理沈仲约避难无为县,俟机进止。徐州分局货已运出,安庆分局仅运出文具,两分局各有二人留守,其经理、账房,均到汉局另派工作。南昌分局亦已停业,迁往吉安。景德镇、牯岭两支店均收歇。

沈仲约后于4月初抵汉口,随来人员另行分派工作:柳鼎臣为粤局内账,范瑞华为湘局营业主任,谢寿荫为渝局办事员,范荣民来港帮忙,均照沪派职员待遇。

17日　港处通函各分局:公司业务照常进行。缘1月2日上海电讯讹传中华突然停业。总经理在港随即发表谈话,次日电讯即行更正。但当时各地讯息阻滞,分局不明真相,又值春季教科书供应之期,一时陷于困境。因此通函各分局在当地日报刊登声明三天,向社会各界说明,沪战以后,不得不采取裁员减薪的经过,以及上海总店照常营业,香港分厂亦照常开工,非战区各分局备货尤为充足。原文如下:

中华书局声明

沪战起后,上海交通阻滞,银行限制提款,各同业或裁人,或减薪,或仅发维持费,或完全停业,独敝局并不裁人减薪,维持至四个半月之久。嗣后战区扩大,分局陷入战区不能营业者几达半数,印出之书积存甚多,运出之书毁损不少,既乏工作,自不得不裁人减薪。留用之人照五、六、七、八折发薪;不留用者给半薪维持费,以六个月为度。自信兼筹并顾,较一切工厂商店学校机关为优。乃少数不留用员工,一面要求公司维持费须三十元以下不折,五十元以下九折,……发至抗战终了为止。一面盘踞工厂,并在各报宣传公司未受重大损失,突然停业云云。查全部或一部停业,工厂法规定给以十天至三十天之预告或同期之工资。敝局规定办法已超过应尽义务。而敝局照常营业,并未停止(1—3日系新年休业),香港分厂照常开工,并无问题,非战区各分局备货尤为充足(运输困难,到达或有迟早),尚乞各界勿为流言所惑为幸。

中华书局股份有限公司谨启。

1月　广州分局于12日由粤汉路转运汉口办事处书货二千一百余件,中途被炸,损失八百七十二包。另有汉口办事处先后三次转运重庆分局书货,搁置宜昌,无轮船装运。由渝局派人前往雇民船起运,途经万县时一船沉没,装书五百余包,又派员去万县雇工摊晒,损失四成。

3月10日　梧州分局在桂林设立支店,以樊振秋为主任。

11日　董事会通告暂缓召开股东常会。上年战事发生以来,总店总厂虽未受直接损失,但各分局生财存货损失之数,迄今不能确知;总分局放出账欠究竟损失几何,亦无从计算,故1937年份决算无从下手。兹由本会议决,二十七次股东常会暂缓召集,俟时局转机,交通恢复,再办1937年决算并召集股东会议。

14日　港厂因与工人在1月间所签"永久临时短工契约"意见分歧,关闭厂门停止工作。经广东省政府调解,至5月10日复工。

5月2日　教育部普通教育司发来马来西亚禁书目录,其中本局出版中小学、师范教科书包括教学法,被禁用者二十八种,为被禁最多的一家。

18日　广州分局第二次由粤汉路发货四百一十包四十五箱运抵汉口,转发川、黔、豫、陕、甘等地分局。

5月　编印本版"各级教科用书目录",计列:(一)小学教科书初级用十六种,高级用二十一种,短期小学用十一种,暑期课本二种;(二)中学教科书初中用三十三种,高中用二十二种,师范学校用三十种;(三)南洋华侨学校用小学初级十种,高级十七种。

上列(一)(二)两类小学、中学师范用书,按编辑体系包括四套教科书,即(1)修正课程标准小学、中学用书;(2)新课程标准中学师范用书。以上两套均照现行课程标准编辑,大部分在1937年1月后印行;(3)新课程标准小学用书;(4)新中华小学、中学师范用书。这两套系1936年前印行。

厦门沦陷,闽局于南平、永安分设支店,批发设南平。

中共在港厂建立支部,夏国钧(子明)任书记,成员有朱复(亚民)、浦润泉(严敏)等③。

6月25日　订定分发1936年底止特别花红办法。发放范围除分局外,以1936年12月31日在职职工服务满六个月并曾派得上届花红者为限;以前几届所得花红乘以服务年限为基本分数,每一基本分数派给法币八角,印刷所工友原花红较少,分数加倍计算;定7月5日开始发给;超过二百元者发给存折,自7月1日起息④。

6月　天津分局经理臧殿宸逝世。邢台分局决定收歇,经理于梦武调任津局经理;交际李旭昇调任成局副经理,月薪五十元;调郑容熙为黔局内账,月薪二十六元。

陆费逵被聘为国民参政会参政员。

7月1日　原上海总办事处改为驻沪办事处,总店改称上海发行所,会计部改称会计课,今起实行。无对外关系各部课暂时不改。驻沪办事处在老厂办公,由在沪理事路锡三、陆费叔辰、武佛航主持,路为主要负责人。

7 日　分局发行部汉口办事处主任郭农山调往成都,主任由汉局经理徐秀成兼代,继续办理转运川、陕、豫、甘各分局书货。

7 月　开封沦陷。汴局先后迁往许昌及南阳支局。

9 月初　自 7 月底政府公布《战时图书杂志原稿审查办法》后,本局与商务、开明、世界、生活等十余家书店联合具文吁请有关当局,要求撤销该项办法。后由参政员邹韬奋在 11 月底举行的第二次参政会上提出"撤销图书杂志原稿审查办法,以充分反映舆论及保障出版自由"的议案⑤。

12 日　本公司因上年战事所受之损失,如虹口洋栈未提纸张一万余令被毁,运输途中被炸货物一千余箱,中华教育用具制造厂被焚,此三者有数可稽。计值五十余万元。而分局存货生财损失,因交通阻滞,迄未详悉。总分局放出账欠在战区者百万元以上,将来能否收回无从估计。是以 1937 年决算至今不能办理,因决定在特别公积项下借拨十二万元垫发股利三厘。

19 日　调成都分局经理李秋帆任总局会计部出纳课课长,蓉局经理暂由分局部部长郭农山代理。为此,陆费逵致成渝区监理胡浚泉及郭农山函云:"现在西南营业将为本公司之大本营,非求发展,不能保公司之生存,秋帆兄殊难胜此重任。惟彼在局多年,虽不能为滕薛大夫,而赵孟宰固优为也,总局会计部出纳课主任辞职,尚未补人,拟调秋帆兄接任。农山兄暂时屈留代理蓉局经理,俟物色相当之人到蓉,再行东下。(旭昇兄学识能力虽佳,但书生气重,不精营业,不能升任。)并恳浚泉兄念卅年友谊及手创之蓉局,竭力帮忙,期得相当之发展。农山兄局于西陲,虽太委曲,但为时非长,且代公司谋天府之发展,想必不致不为弟纾西顾之忧也。时局如此,吾人当竭其力之所及为公司谋持久之方,倘能比他家多支持若干时,即使同归于尽,能最后一家关门,即为胜利、为尽职、其他均非所计也。(懋昭兄常闻弟此言,可一询之。)弟身体仍不好,飞机又停,十月参政会在渝开会,大约仍告假不出席。"

调安庆分局经理邵咏笙为汕头分局副经理。

10月26日　武汉沦陷。汉口分局人员书货于24日前陆续运出。经理徐秀成后来在报告中说:武汉失守为10月26日,汉局结束为24日,亦可说作到最后一市。深夜雨中,秀成以木船带货七百五十件送往鸿安轮,被人挤落水中。为忙公务已两日未食,公物未失一点,惟自己物件被炸落水。诸存货运完毕,方同徐立权、诸葛明等七人乘预定五战区汽车黄夜逃出。当24日夜,机关撤尽,银行多日关门,秀成仍用存款在法租界买得港币汇港。

10月　上海总厂改挂"美商永宁公司"招牌。陆费逵与恒丰洋行经理美籍 A·F·沃德生商妥,向美国注册作为掩护,和许多中国厂商一样借以避免日本特务等胁迫破坏。名义资本国币一百万元,洋股占51%,由沃等代表;华股占49%,由本公司董事吴镜渊、汪伯奇为代表。实际沃等并未出资,完全为应付特殊环境的一种方式,因将所有洋股由代表人签具信托书,连同股票留存本公司。总厂既改为"合资"的永宁公司,沃德生任经理,沈鲁玉、王凌汉任副经理,沃的弟弟小沃德生任会计主任,希腊人海力生为营业主任。原沪厂职工抽签留沪的一百多人回厂,于10月16日开工,恢复营业。以印本版图书为主,赶造急需之货,分运各地分局应销。1939年秋季以后,印过几批中央银行一分、五分辅币券。至1948年4月方与沃德生办理收回手续。

印刷所长王瑾士调任香港厂监督。

编辑所仅留少数人员维持对外关系,移至老厂办公。

原公司创办人沈颐未能复职,沈于公司初创期间颇著劳绩,1917年后在教育部服务期内,为公司尽力尤多,特自本月16日起仍致送半薪,每月国币一百二十元。

陆费逵在香港致函沈颐云:"十三日手书敬悉。弟因交通阻滞,汇兑困难,对分局函电接洽异常忙碌,总期无办法之中求一线生机。即使万一不能支撑,亦必最后一家关门。……弟处此环境,欲罢不能,好在慢性病,一时无性命之忧。不过万一不能做事,继任人选却不可得,盖须于政治、商业、教育三方面,均有相当能力与资格也。"

11 月　广州分局在广州湾赤坎设立批发部。又派邹耀华等去广州湾支店办理港厂发货转运事务。

自 11 月中旬长沙大火后,湘局设办事处于邵阳,从事中小学教科书的印制与批发业务。

12 月 6 日　港厂凹版课两名工人因口角细故,被厂方解雇;同时,加印课将污损钞票事故的责任全部加诸工人,予以重罚。工人均不服,工会向监督提出意见,发生争执。第二天厂方宣布休业四天,向港府华民司投诉。工会于 9 日发表《为厂方诬指工人代表强迫王监督签字的声明》,并表明在抗日高于一切的今天,愿以最大忍耐,诚心诚意与厂方合作,为抗战救国奋斗到底。四天期满,厂方又延长休业一周。全厂工人乃向国民党中央及行政院有关部委发去"导报",报告详细经过情况,请求早日解决。15 日,厂方又通告开除凹版、加印两课工人六十九名,并不说明理由,目的显然在破坏工会组织。工会发表《告全国同胞书》、《告国民政府书》。到 19 日休业期满,工人在厂召开大会,推出代表,要求收回开除六十九人成命,厂方拒绝接见。中午,部分工人开始留厂绝食,楼顶竖起"绝食待命"的大标语,不久,参加绝食者近千人,生产全部停顿。三天以后,香港《太晤士报》首先报道,中文报纸亦随着刊登消息。厂方迫于社会压力,在华民司、劳工司的调解下,订立劳资协定,厂方被迫收回解雇六十九人的成命,并承认工会组织等。绝食斗争历时四天三夜计八十四小时,于 23 日复工。

────────────

①　印刷所解雇"一百余人",系根据档案中一位未署名的印刷所负责人所写的材料。1991 年 6 月出版的《中华书局总厂职工运动史》第 63—64 页所载:"按照这一裁员方案,全书局 1038 人,只留 249 人,789 人被停职解雇。在被解雇的 789 人中,印刷所有 558 人,占 70%,其中临时工 183 人。"则此处所称一百余人,当专指长工而言,也不包括短工及计件工在内。

②　转引自《中华书局总厂职工运动史》第 84 页。

③　见《中华书局总厂职工运动史》。

④　档案中存有一份经总经理核准的上海各处所发放奖励金人员名单,一般职工大致相当于一二个月薪金,自二三十元至七八十元不等;课长、部长约三四个月薪金,可得一二百元至三四百元;正副所长、理事等高级干部约可得二十个月薪金,在二三千元以上,其中以编辑所长为高,如所长舒新城为九千余元,近三十个月薪金,副所长金兆梓四千多元,约合二十个月薪金。这份名单无日期,估计为 1937 年事。

⑤　《中国现代出版史料》丙编第 45 页。

1939 年

1月5日　总经理提议经董事会决议:自本月份起,上海员工月薪在三十一元以上者,恢复1937年12月份的原薪,不再折扣。将来公司十分困难时,另定办法。

13日　任蔡同庆为供应部长,华弼丞为承印部长。

16日　昆明西南办事处筹备处郭农山拟购卡车六辆及港处需款,函渝局调汇十万元。郭于23日去海防购车及办理进口手续。

2月6日　陆费逵在港函复路锡三云:"普通同人死亡,照总局例送丧费五十元、薪水二至六个月,总分局员工在四千以上,无力从优。施君辑五服务年数虽多(廿余年),但并无殊劳,未便过于从优,只可将已支医药费、丧费三百十二元,由平局出账。"

2月　永安大火,福州分局永安支店店屋被毁。

3月17日　南昌分局驻吉安办事处被敌机炸毁。

22日　胶局过年,费二百余元,实在太大,陆费逵谓遇此种事应简单告诫,但勿使难堪,以免误会。

4月10日　陆费逵函路锡三云:(一)香港分局经理由监理郑子健兼任。监理薪水原由总局支国币,现改为半由港局支港币,半由总局支国币,房租津帖全由港局开支。郑华基做事极谨慎,特嫌太呆,任保安司库可谓适宜,任经理则嫌不甚开展也。(二)已沦陷的汉口、安庆、九江、南京、杭州等地分局,决定暂不复业。

4月　原由胶局调回的钱正化,调去滇局接账房,来港与郭农山、王伯城同去。

汴局营业主任杨仲荫衣物损失,津贴一百五十元。杨及焦依吾自汉停业后留守,送杨一百五十元,焦一百元,特酬其劳。

6月1日　西南办事处经三个月筹备,正式开始办公。上年10月间,广州、汉口相继沦陷,货运益见困难,而滇缅路成,乃决定自办运输。本年初,派郭农山去越南、缅甸,联系进口书货及购买卡车等,进行尚称顺利,遂决定在昆明设立西南办事处。地址在昆明巡津街荽瓜塘18号。主任郭农山,杨世华、王伯城任副主任,办事员有项再青、范瑞华、谢寿荫、赵俊等。郭原由总局支月薪一百六十元,自本月起所有调用人员一律由西处支薪。自置卡车六辆,其后添置至十余辆,负责转运来自香港办事处经海防、西贡、仰光等地的转口书货。这些发往滇、黔、川、鄂、陕、甘等省分局的书籍文仪到昆明后,一路经贵阳转重庆,由汽车运载;一路以驮运至四川泸州,沿途泥污水渍严重,至泸州后再水运重庆。然后分运成都、西安、兰州以及恩施、南阳等分局应销。为此,渝局在叙府设转运站专司其事。当时自渝至蓉木船二十五天,板车运十六天可到。

2日　南阳危急,分局除派人留守外,迁镇平县办公,书货疏散内乡。

19日　由西南办事处向各分局转达陆费逵"维持现状,渡此难关"的指示方针。

6月　汕头沦陷,经理蔡名焯改任惠阳转运处主任,转运港发湘、粤各省书货。

8月7日　港厂解雇有关凹版印钞工人1162人[①]引起绝食。缘港厂承印中央银行辅币券,系用凹版印刷,央行以费用太高改为胶印,于是凹版工人无工可做,计解雇大电机工人97人,小电机

749人,检查244人,凸版31人,电镀41人;其中沪籍者811人。厂方张帖公告,并在香港《大公报》刊登启事。工人们成立了二十人的非常委员会,在香港印刷工会领导下要求复工,发表《告国内外同胞书》,重庆《新华日报》于9月20日转载,于30日发表社论《保障战时劳工法援助中华书局失业工人》,还多次刊登有关通讯和消息。经过半年多的谈判,其中代表朱申臣等十三人并被捕入狱、驱逐出境。最后到1940年2月成立解雇协议,除发给解雇金薪工两个月外,资助去后方工作津贴港币七十二元,原有上海调来的,另给回沪川资港币二十元。

25日　董事胡懋昭病逝于成都寓所,由成局代送赙仪四元。

9月12日　港处发书一批运往广州湾支店,转经郁林去柳州,再由柳州将一部分运贵阳转重庆,另一部分运衡阳转邵阳等地分局。

13日　以陆费萱孙与液委会关系,获得批准特许进口汽油一万加仑。后由郭农山去海防洽购,并办证件装运等手续。

10月17日　编辑所长舒新城函陆费伯鸿同意再续约三年。函称:

"现在决定暂遂公命再续约三年,即请公以公司代表之资格来函声明:民国二十四年一月一日之契约展长三年,即自廿九年一月一日起至卅一年十二月卅一日止。弟于得函后当复一函,以完法律手续。""弟之不欲续约……最简单说,只是'自觉'两字耳。所谓自觉,第一觉个性不相宜于行政事务,第二觉习惯不相宜,第三觉生活不相宜。"

"五岁入学,十岁作文,十四岁因读曾涤生之日记而写日记,十六岁读了凡《纲鉴》,日作论文一篇(无任何督率),二十卖文供零用(时高师完全官费),二十四毕业高师,虽任教师近十年,但从未放弃写作。卅三至卅七岁专事著述(在南京、杭州)。现又十年,虽未能写作,但所司为著作行政,亦未能与著作脱离关系。而十年来因公之指导与职务上之需要,于人生之体念,得益不少,于书报之阅读,亦得益不少。而环顾全国青年,于科学而外,在治事世处立身之诸方面,需人指导者不少,可以供彼等阅读之刊物太少,于是著述热与文章报国热与日俱增。另一方面,于事务亦日增厌恶,弃彼就此,为求心安与有益社会。在工作上仍照常努力,非欲作院士也。"

"蒙公订交已廿年,再过三年,弟已行年五十。五十以前之时日当尽力献之公司,以答公之厚遇。五十以后,当谋其心之所安也。"

11 月 13 日　邢局同人刘秉臣逝世,丧柩运费三百元由分局出账,另送一年薪水。刘 1923 年进平局为柜友,月薪二十四元。

12 月　港处第 30 次发货一批(二百八十包),轮运广州湾支局转郁林、柳州,再运贵阳。另有一批运西贡转昆明。

是年　《战争与和平》初版印行。其他有周宪文编《世界经济学要义》第一卷,王抟今等译《世界经济机构总体系》上下册,周宋康译《新经济地理学》等。

---

① 解雇工人数,根据"港厂二十八、二十九年解雇工友名单"计列。《中华书局总厂职工运动史》第 99 页,则为 1400 余人。

1940 年

1 月　港处发西贡转滇货一批,由西处运往重庆等分局,计文具及教科书共五卡车。

2 月 6 日　成都分局雅安支店被火全部焚毁,郭农山去渝与赵子艺洽商,决定不再恢复。

4 月上旬　陆费逵在渝出席国民参政会第五次会议,提出改良国语教育案。向延安中山图书馆捐赠本版图书一批,由香港办事处分别在港沪两地配寄。重庆分局函港处云:奉总经理交下书单一份,并批:"此单系董必武先生交来,寄到渝局送曾家岩 50 号第十八集团军办事处。云在延安设图书馆,已允其作为捐赠。香港缺书,可函沪补寄渝。切勿忽略!"港处配书于 5 月 6 日发运。至 11 月间,港沪两地配书陆续到渝,由渝局送新华日报社转去十八集团军办事处。

4 月　杭州分局经理陈光莹回杭,将沦陷时所存书货运回上海,共二批一百八十余包及风琴二十余座。

派原汕局经理蔡名焯筹设曲江办事处,转运由港发往湘粤各省书货。

当时,港处发往后方各分局书货,或绕道海防、西贡,或由广州湾转郁林、柳州,或设法由惠阳转入。发往成、宛、许、秦、甘各分局书货,有三条路线:(1)广州湾—柳州—贵阳—重庆,(2)广州湾—柳州—衡阳—宜昌,(3)海防—昆明—贵阳—重庆。

6 月　月初，徐秀成前往宜昌，办理该地所存转运川、陕、豫、甘、鄂五省之书货，8 日到宜，势已危急，因将全部书货二千零七十五件，雇船运回衡阳。6 月 11 日宜昌陷。

7 月 24 日　汉口分局巴东办事处结束，有职员二人，由西南办事处指调渝局工作。同年 9 月，在恩施设办事处。

7 月　柳州有大批到货，西南办事处调车前往接运。时汽油奇缺，自有车辆又要到处设法请求免征军用，在滇渝、黔柳之间行驶，备见困难，因此在贵阳重庆之间，有时雇板车装运。

8 月 15 日　衡阳分局门市房屋、书货于敌机轰炸时烧毁。

9 月　南阳分局经理翟仓陆请假半年，去河南贸易委员会任顾问，由郭翔佛代理。

11 月　港处发货，试运澳门转肇庆去梧州，再由柳局设法转渝。

西处派周豫春去广元转运甘、秦、许、宛之货。从重庆水运广元约需四十余日。

是年　出版新书一百二十七种，以文学史地类居多。在专门学校及大学教科书中一般理论较多。

印行(清)玩花主人选、钱德苍续选的戏曲剧本集《缀白裘》(全十二册)，卷首有胡适长篇序言。

有关史地者有严百益《郑冢古器图考》，林孟工译《成吉思汗帝国史》，卢文迪译《编年体外国史》，周谷城《中国政治史》，周振甫编《严复思想述评》等。"菊隐丛谈"开始出版，其后十余年间陆续出至二十五种，如《吴佩孚将军传》、《蒋百里先生传》、《六君子传》、《天亮前的孤岛》、《最后一年》等。

顾志坚译《日本经济地理》。葛绥成编《最新中外地名辞典》，有翁文灏序，附有中国行政区域表、省市人口面积表、商业都市表、世界面积人口表、中西地名对照索引等。

王光祈译《西洋美术入门》二册。

1930—1940 年编辑所人员及开支统计如下：

年 份	人 数	薪 工	稿 费	书 报	杂 支	合 计
1930	100	76934	49677	17944	4333	148888
1931	100	82547	78067	5681	5599	171897
1932	108	74692	48260	7847	3750	134550
1933	125	99957	64529	14187	7182	185858
1934	133	106116	90738	23040	6312	226207
1935	139	121452	97867	19371	20254	258947
1936	167	139299	93063	49107	11154	292625
1937	上 165 下 111	117588	60015	28453	6919	212976
1938 1939．10 月 ．12 月	45 24 46	76490	14135	39105	1094	130826
1940	42	69452	16223	47688	1609	134974
总　计		964533	612579	252428	68210	1897751

1941 年

1月15日 港处派蔡同庆携带小学教科书纸型赴江西,设江西办事处(赣处)于吉安南昌分局,以分局经理李仲谋兼主任,负责办理就地印制小学课本的监印、校对和发运事宜。

蔡与吉安新记合群印刷公司经理朱达之于1月20日签订第一批印书合同,一百天内印二千二百五十令(用机器四架日印二十五令),计课本二百二十五万五千本,装订成册,以供应浙、闽、赣、邵、衡、常、沅、梅、曲等九处分局。8月10日签订同样令数的第二批印书合同,发往浙、闽、赣、邵、衡、梅、曲、渝等八处分局。后于1942年1月10日,签订第三批合同,在190天内,印足三千七百二十令,计三百三十八万本,发往浙、邵、衡、曲、渝、桂、赣等七处分局。至7月间,江西吃紧,合群厂准备西迁,赣处印书暂停。

18日 西南办事处自昆明迁贵阳,在贵阳分局办公,由项再青主持。

4月17日 原分局经理、四区监理程润之去世,所支半薪五十元至月底止,另送赙仪二百元。

4月 郭农山去仰光,办理装运文具及添置车辆等。至11月底,将上海发交滇、筑、渝、蓉各分局的文具三十六吨运回昆明。

5月19日 1940年决算仍照前例缓办,垫发股利六厘,自6月2日起发给。并垫发同人花红奖金八万元。

7月9日 总经理陆费逵于上午八点三十分在香港寓所以心

脏病突发逝世。香港各界及本局留港同人于 8 月 10 日假孔圣堂开追悼会,由王云五报告先生生平,略谓:

"伯鸿先生幼时只受五年母教,一年父教,一年师教。十七岁就独立自修,并在南昌创家学学堂。十九岁创办新学界书店于武昌。二十岁任汉口《楚报》主笔,因言论触犯当局,致该报被迫停刊,转至上海任昌明支店经理。二十一岁入文明书局任编辑;又二年,为商务印书馆出版部长及《教育杂志》编辑。"

"伯鸿先生的成功,除了少年时期的奋斗以外,他的深远的眼光也是一种要素。辛亥革命爆发,他料到满清必被推翻,民国即将成立,便集合同志筹备新教科书以适合新的需要。于民国元年元旦创立中华书局,发行中华教科书,风行一时。近五六年来,他料到我国法币政策必然推行,于是注重钞票的印刷,书局营业更能蒸蒸日上。先生在《新中华》创刊号中,复撰《备战》一文,认为我国对外战事发生,必须长期作战,因而主张就军事、民食、交通三方面积极准备。其意见颇能与政府现在设施暗合。"

"先生的优良性行,在这里也得提出:一、强毅——他在中华书局草创时期遭到不少困难,竟能坚持下去。二、前进——他遇事不甘后人,他独树一帜后,在营业上和商务竞争剧烈。商务本以教科书起家,其后出版范围渐广,伯鸿先生都不肯放过:商务印行《四部丛刊》,中华便辑印《四部备要》;商务编印《辞源》,中华就出版《辞海》。……三、专一——先生三十年来主持中华书局,一心一志,不他务他求,他外间应酬极少。从前外交部请他做官,也被婉谢。"

"我国商场'同行如敌国',商务和中华在某时期也不免此种现象;但经过剧烈的正当竞争后,彼此认识因之较深,渐转而为精诚的合作。在后几年间,我对于先生之诚恳态度的认识,也正如在以前对他所持的怀疑态度,简直是一样的程度。"

国民政府于 11 月间明令褒扬:"国民参政会参政员陆费逵,早岁倾心革命,卓然有所建树。其后从事出版事业,创立书局,编印文史,精勤擘划,对于文化界贡献殊多。近复设厂制造国防工业、教育器材,适应时代需求,裨益抗建,良非浅鲜。自被选任为参政员,远道参列,献替尤殷。兹闻因病溢逝,殊深悼惜!应予明令褒扬,用资矜式。此令。中华民国三十年十一月二十二日。"

22 日　舒新城函沪路锡三云:"弟等十九日下午三时到港,当赴伯鸿先生寓,骤睹遗容,不禁痛哭失声。盖不独为个人痛失知己,为公司痛失领袖,且为国家社会痛失梁木也。伯鸿夫人亦卧床多日,现虽稍愈,但仍不能起床。数日来正忙于各方接洽,一切事务尚未着手清理。叔辰兄下月初当可返沪,弟之归期颇难预定。前次全局及皖局之信请寄港,当先行处理。如有重要函件亦请转港。稍暇拟每日去厂一次,函电请径寄厂。"

23 日　董事会议决:"本公司陆费总经理因病出缺,总经理职务亟应遴选继任,兹决推李董事叔明兼任,并请即在港就职。"

本案由董事、监察沈陵笵、高欣木、吴镜渊、汪伯奇、徐可亭五人提出。原提案云:"(一)本公司总经理陆费伯鸿因病出缺,继任之人颇难其选,公司生产又重在港方,适李董事叔明在港服务官营事业,所有总经理遗缺,决推李董事兼任,就近在港接事。此后关于总公司及印刷部分之重要事件,仍由兼总经理商同本会决定。(二)总经理前后交递事宜,决推舒新城先生代为移交,并推王瑾士协同办理,仍将造就移交册籍送请监察人查核,以完手续。"

8 月 8 日　李叔明继任本公司总经理,在驻港办事处就职。

同日致舒新城函:"弟因事留港,暂时不能返沪。伯鸿先生以前在上海方面之公司业务,对先生所为之各种委托,仍请继续负责代为处理。"

18 日　李叔明致沪处函:"二十九(1940)年度垫发花红国币八万元,总经理得一成,余九成总经理分派于各处所及分局同人,由董事会通过。伯鸿先生逝世前曾手订分派原则,贵处得一万零二百五十元,除理事三人应派一千二百五十元,余请拟具派表寄下核定。"

19 日　定李总经理薪金每月法币四百元,旅港生活费每月港币六百元,均自本年八月份起支。俟前总经理停支薪给后另行规定。汽车、住宅由本公司供给。并由董事会刻发牙质"中华书局有限公司总经理章"印章一颗,交总经理应用。

董事会根据李叔明提议,决定对陆费逵的酬恤及纪念办法:"前总经理陆费伯鸿手创本公司,任总经理达三十年,屡历艰辛,支撑危局,公司得有今日,其一生精力可谓尽瘁于是。兹以积劳病逝,深为哀悼,眷念前勋,应有酬恤。兹议定办法:(一)总经理之待遇继续至本年年底止。自明年起,对其遗属供给住宅及生活费,以十年为期。在期限内,如住港月支生活费港币四百元,如住沪时,视当时币制情形另议。(二)其子女教育费概由公司担任至国内外大学研究院为止。其费用之付给,国内以寄宿学校、国外以官费为标准。(三)为纪念伯鸿先生起见:(1)每年由公司开支项下拨国币五千元为奖学金,(2)就现有图书馆加以扩充,改名'伯鸿图书馆'。关于奖学金及图书馆之办法,由总经理拟订之。"

11 月 12 日　陆费平甫病逝沪寓,在局二十余年,优给丧费一千元,抚恤俟董事会议定。遗职暂由方绎如兼代。

12 月 8 日　清晨,太平洋战事爆发,港厂立即中弹两枚。当即决定将法币印版及已印成之钞券销毁。印版销毁工作至 11 日上午竣事。下午敌兵前哨冲入九龙,占领厂屋,已印成及未印成之钞券截角销毁工作已无法执行。本局在港厂屋、货栈被敌侵占后,所有机器材料及账册文件等,全部陷于敌手。

港局因日军入侵后香港秩序混乱,完全停业。

在上海,日军进占租界。翌日,本局各处所及新厂(永宁公司),即遭日军不断"视察查询"。

11日　路锡三电告港处:"老栈房等真(11)日被封。"

14日　在沪董事高欣木、吴镜渊联名通告各部课:"本公司总经理自1937年11月起远驻香港,上海部分公司事宜由其遥制。现在交通阻隔,彼此消息不克常达,殊感困难。兹特权宜添设经理一人,请吴叔同君担任,主持上海方面各部课事宜,以期维持一部分业务。即希本公司各部课查照为盼。"

19日　上海日本宪兵队会同工部局对本局进行搜查。同时被搜查的有商务、世界、大东、开明等各家。

22日　永宁公司挂有"美商"牌子,被日军报导部作为敌产军管。旋移交兴亚院接管后,委托华中印刷公司经营开工,由日人主持。对工厂原有的机械、车辆,以及纸张、油墨等材料,任意拆迁取用,损失甚重。

24日　郭农山通函内地各分局:"近者,暴日占上海,攻香港,致两地电讯隔绝,自总经理以下诸同人,亦消息毫无,至为焦虑。今后本局一切业务推进日益艰难,诸同人更应协力同心,体念时艰,支撑危局,以发扬本局三十年来为文化服务之精神,此余愿与诸同人共勉者。……自即日起,交易均收现款,不得赊账,旧欠应从速索讨。"

26日　上海发行所及驻沪办事处,与商务、世界、大东、开明等各大同业同时被日军封闭①。后几经交涉,至1942年1月18日同时启封。被封期间,文具图书等损失颇巨,纸栈存纸一项即达二千筒左右;存书被运走六十余车,半年后收回一小部分,不及被掠之万一。被日本宪兵队运走的书籍,后于1943年1月19日查明,计中小学教科及杂书共 2,425 种 12,342,818 本,发还 98 种 90,999 本。

是年 图书馆购进吴兴藏书家蒋孟蘋密韵楼所藏古书 45,366 册。至此,藏书达五十余万册,以方志和近代史料为主。

出版书籍有蔡陆仙等编《中国医药汇海》,全书二十四册,分编七部:经部、史部、论说部、药物部、方剂部、医案部、针灸部,为历代中医著作汇编,集中国医书之大成。赵师震译《药理学》。刘大杰《中国文学发展史》上卷出版(下卷至 1949 年出版)。

---

① 家璧《上海出版界的旧恨》:"1941 年 12 月 26 日,上海出版抗日及进步书报的八家同业遭日帝查封,计有中华书局、商务印书馆、开明书店,良友图书公司、世界书局、兄弟图书公司(即生活书店)、光明书局、大东书局等。所有被认为宣传抗日、共产的书刊,全部被劫。"转引自《中国出版史料补编》第 400 页注②。

1942 年

1月1日 杭州分局和金华支店合并为杭金联合支店。

27日 沪局发出总字不列号通启:"兹奉董事会示:本会前经议决加聘吴叔同先生为经理,负责处理本局一切事务,所有本局各处所及附属各机关一切事务,随时秉承吴经理办理。并抄附1月20日决议三条:(一)永宁公司由本局收回自营,名称上海中华书局印刷所,原有外国人一律辞退,即责成经理吴叔同君兼办;(二)香港中华书局印刷厂及分局由吴经理相度时机,设法前往接收继续经营;(三)本局各机关对内对外,统责成吴经理禀承本会办理。"

31日 编辑所副所长金兆梓潜回金华后,函郭农山述沪处情况:"顷自沪归金华,得见足下电召各分局经理在渝开会。自港沪沦陷,后方分局非速善自为谋,则影响将来甚巨,足下此举,实为切要之图。港事不明,沪事弟所目见,敬将情形陈之。(甲)沪局被封开业后之情形。自12月8日租界被占后,因李总经理及舒王两公均在港,驻沪三理事中,叔辰、佛航抱病,只路君一人维持残局,同人在仓惶无措之中。嗣敌忽派人来局,将所有各部尽行封闭,并令造报概况、资本总额及重要职员名单,情势严重。旋经吴董事与高欣木权聘吴叔同任经理,临时维持财产。吴就职后,以须与敌周旋,另派华汝成为秘书,因敌文化工作首领为华在东京时熟人也。商务、世界、大东、开明与本局同被封闭后,五家各推代表二人,往敌报导部折冲,敌使三通书店经理中村专理其事。中村声言,军部主没收五局全部财产,由其估一底价,许五局从业员备款赎回营业;而从业员赎回后,须与三通合组一配给所,资本定为二百万元,三通独出百万,五局从业员合出百万。以后五局书籍,均归配给所送军部审查后,始得由配给所批与五局发行,惟五局不得仍用原牌号。吴叔同与四家商,即拟顺从,以保财产,惟要求无条件赎回。而中村又谓此乃彼个人之方案,军部报导部意见尚不可知。五家怀疑中村从中捣鬼,乃会谒报导部长秋山。不意秋山一见,即厉声曰:"中国幼童咸知抗日,五局教科书实应负责,余正欲逮捕五局经理,尔等反敢投见耶!今不逮捕,已属宽大,至五局财产非全没收不可云云。五家代表相顾失色而退。正束手无策间,忽有人告华汝成,谓有额贺二郎者,在敌中颇具声望,并对吾国文化有意援手。华以此告吴叔同,叔同与四家商,合委华汝成为五家总代表,向额贺订立委任状,已于一月八日成立。嗣又闻额贺于八日下午奉本国政府电召飞东京,允回国后为五家谋根本解决。其后果如何,不得而知矣。盖弟于十日间道归金也。(乙)子敦潜回金华之经过。当吴叔同就职之次日,子敦向其力陈曰:"沪局情势如此,财产、业务前途暗淡,苟得君力,能保全产业,恐非向敌屈膝不可。君为经理,责在保产,屈膝固无可如何。但子敦责在编辑,编辑当为书局全部业务计,不当为上海一隅计。彼此职责不同,我二人应分道扬镳,各尽其责,港、沪虽沦陷,后方自由中国固尚有许多中华书局在也。即使港、沪财产能照常,而将来所出之货,已非后方各局所能售。目前教育部已颁有中学课程新标准,小学不久亦将颁布,编辑所正赶编新教科书,此事决非在沪所能继续进行。如苟停顿,一旦厉行新标准,则内地分局势将无书可售,业务如何维持?为整个公司计,应由君在沪保全上海之财产;由子敦潜往内地,继续赶编新教科书,分工合作,正不必相率困守一隅也。吴经理当时亦首肯。

不意隔宿即变计,坚持不放弟行。嗣再四与商,并告以吾不谙日语,在沪无助于君,离此转可为公司致力。无如言之谆谆,终不见纳。窃以吴君苦心出而保产,自是可佩,然于此事,则使弟莫测高深也。至本月八日,见其与额贺委任状正式订立,因思再不行,恐将无法成行。故于九日备函向吴君请假十天,仓卒就道,昼伏夜行,经十一天而抵金华。不意李、舒、王三公仍无消息,殊怅怅。兹得足下召集分局会议之讯,特将弟目睹沪局情形及潜出经过奉陈,备供参考耳。……"

2月24日　西南办事处主任郭农山函各分局于3月10日在渝召开分局经理会议。略谓:"自港沪沦陷,总公司甚少消息,各局纷函商询此后维持之法。农山虽忝为西南办事处职务,但过去工作,着重书品之疏运供给,对本局其他事务,多半承转港沪核示施行。沪港沦陷后,在各分局固感无所适从之苦,即西处亦怀指导无人之忧,嗣后分局事务究应如何持续,农山个人未敢擅定主张。第念彼此在公司有多年服务之密切关系,值此非常之时,为公司打算,本良心着想,不能不共同筹一办法作暂时之维持。故拟于2月5日在渝邀集各局开会,商讨一切问题,前经电告在案。嗣后接张杰三函,闻瑾士脱险抵惠阳,故又拟王到渝后另行订期会商。乃至今月余,毫无续讯。今者,编辑所副所长金子敦到金华,来信述沪局情形甚详,兹节录附阅,即知大概。至港方自总经理以迄同人,未得任何消息。阅金来信,沪局目下或已启封亦未可知。……上海现处于特殊恶劣环境下,谅沪局诸先生之措置,不过作保全公司财产之努力。然沪局现状与后方各局业务不能雷同。农山自接阅金先生函及总务、帐务部通告后,在港方总经理未得脱险消息前,对后方分局各事,仍觉有共同商一办法作暂时维持之必要,以适应目前环境,分别努力,为公司保全财产与业务之持续及人才之保留、同人生活之维持,使公司基础不致动摇,同人努力不致白费。
想台端及各同人为公司尽力多年,具悠久之历史与劳绩,其爱护公
司之赤忱,当与农山抱同一之观感也。兹改订于3月10日在重庆
开会,除电请金子敦先生速到重庆参加外,务希台端准于3月10
日以前赶抵重庆,共同商讨一切。并将下开数点:(一)中小学教科
书如何翻印、支配供给,补救当前需要;(二)新书之编辑如何计划;
(三)文具用品如何补充;(四)银钱款项如何集中保管;(五)各局账
目副页之复核,应否请账务课移来后方;(六)物价高涨,薪给如何
调整;(七)其他。请先考虑拟就提案带渝。……"

　　3月3日　总经理李叔明于2月间由港化装内行,今抵桂林,
致分局电云:"叔明已脱险安抵后方,定3月20日在渝开会,共策
进行。盼贵经理准时出席,并将尊处上年概况及最近情形、提案
等,分别造具书面,连同12月8日后港、沪、西南三处所发通函通
启及尊处复函副底,一并携来,以备讨论。"

　　29日　在重庆成立总办事处通告:"本局已成立总办事处,暂
在渝局办公,嗣后一切函件账表均应寄渝。尊处积存现款,除按规
定留存两个月约需开支数外,其余即日电汇来处。又截至三月底
止,图书文具存货数额及秋季存添,均造具详单限4月10日寄渝。
李叔明。艳。"

　　3月　后方各分局1941年财务概况(不完全统计,并缺渝、
滇、梧、闽四局数字)单位:万元

分局	销货	开支	存货	存货现值
秦	43	38	6	
甘	27	16.7	13	186
蓉	171	25	30	500
筑	60	11		

分局	销货	开支	存货	存货现值
桂	75	22	25	360
湘	64	12		
衡	54	17		
常	19	4.6		
赣	45.6	24	15	
曲处	15			
宛	13.5	11.7	5	
许	40	29	12	(就地翻印 小学教科书)
金处	68			
杭	21.8			
共计	716.9	211		
每局平均	51.2	19.2		
18处分局 全年估计	917	345		

4月　在渝召开后方分局经理会议。李叔明致词,说明本人办事的三个原则,是推诚相见、合理化及实事求是,这三个原则为将来一切设施之根据。伯鸿先生在世时所施种种办法,在万事剧变的今日看来,有许多不合之处,我们不能不改变一下,以求其合理化。现在要变更的重要几点:(一)港、沪沦陷后,后方各分局与总局失却联络,现为后方打开新局面计,特在渝成立总办事处。以后本局一切设施均在渝办理,分局与总局之接洽账表等,均与渝总处往来。(二)依据以往经验及运输上的困难,对分局的书籍文具供应,不能不先为布置,择交通、印刷均便之地,分区设供应站。(三)分局同人待遇应合理提高,同时如何使公司在此经济困难期

间能负担得起,留待讨论。(四)本局营业方针亦得改动:(甲)开源节流方面,除本版书与文具外,可经营外版图书,文具也可自行进货;(乙)结账制度,由过去的总局结账改为分局结红,以鼓励努力开源节流之分局。(五)风纪要整顿,不许有危害本局权益的行为。(六)培养人才。过去待遇较差,不少同人离去,很可惋惜。战时固需人才,战后复兴尤需人才,望各分局一面培养训练,一面使其明了此系文化教育事业,与国家民族有甚大关系,不致随意离去。

郭农山在会上说明,原定 2 月 5 日开会,后传闻王瑾士有离港之说,故改为 3 月 10 日。旋突接电,知总经理已抵桂林,故再行改期云。

添聘姚戟楣为本公司协理,月薪三百八十元。

5 月 1 日　为在渝就地印行土纸本中小学教科书,另设重庆办事处,办理监印、校对、发运等事。办事处由重庆分局兼理。

13 日　编辑所副所长金兆梓偕编辑章丹枫,于 4 月 6 日由金华取道衡阳、桂林、贵阳抵重庆。

15 日　在金城江设转运站,孙家驹主其事。

27 日　蔡同庆、张杰三、沈谷身在桂林收购华南印务局所有印刷机械及字模铅字,作价三十万元,为筹建渝厂之用。此项机件及原存柳州之卷筒机、铅料、以及前在衡阳收买的印机一批,于 7 月间运至金城江,再由自车接运去渝。11 月 3 日,有一车在方离贵阳三十五公里处翻车,所载印机堕沟,车身全毁,有两人受伤。

新加坡分局会计蒯石权,由昆经筑,搭自车到渝。

5 月　港厂王瑾士就各工种选定主要技工十余人,派往重庆筹建渝厂工作,其中雕刻赵俊、俞祥发、刘为祥,电镀周仲华、俞文奎,凸版号码徐圃生、周林宝、瞿秀涛,电机钱以铨、袁守正,铁工任全运,电工姚金生等。此外,尚有自愿内迁而经同意赴渝者,陆续结伴俟机分批离港,大多从惠阳经曲江,或由广州湾登陆。总处派孙效曾赴韶、桂两处,沈谷身在柳接待[①]。半年之中先后抵渝者四十余人[②]。

自有卡车六辆在筑改装木炭车。另购新车四辆,批准由滇驶筑,郭农山去昆明洽办。

发给西处全体工作人员特别奖金六千元,每人自二百五十到一千五百元不等,以奖励其努力办理西南运输工作。

6月1日　设立成都办事处,由陈仲英负责,办理购买纸张,印制中小学教科书事。5月初,总处与西南印书局签订在成都独家承印本局教科书合约,蓉处成立后接办其事。所印书籍发往渝、宛、秦、甘、滇、黔各分局。该处于7月1日与洪雅县土纸运销合作社签订购买土报纸,为期六个月,每月供应六十万张,共计三百六十万张的合同。

5日　汉口分局恩施办事处召开营业会议。经理徐秀成方自渝开会归来,在谈到同人生活困难时说:"君子生财有道,道是正当方法,过去不准大家私自营商,秀成以为正当事。此番到渝,方信咱局十有八九私营生意。所以在不妨碍公务的业余条件下,你们也可学做一点。没有资本,我愿担保证责任,到小本借贷处每人借三五百元。但是吃中华饭,做私人事,良心亏处,须加倍努力公事以补报之。"

6月　曲江疏散,曲处书货分运衡阳、桂林及坪石。其中购纸一批运桂林,7月初又购一百件运桂。

7月4日　总办事处发出第一号通启,自本年1月份起调整分局同人薪津,并以二事勖勉同人:(一)本局原为教育文化事业经营机关,以宣扬文化发展教育为职志,各处同人亦多来自教育界,至少亦曾受相当之教育,非其他各业商人可比。在此国难局难进发之际,自应认清立场,确守本位,毋若小丈夫然,以左右望而图市利。主管人员尤宜以身作则,示之楷模。(二)公司既已尽力所能及,谋同人生活之安定,深望能视公司之物如自物,视公司之事如己事。节省一分消耗,即加厚公司一分实力;增益一分收入,即缩短公司一分复兴时间。

7 月 10 日　广州分局调广州湾支局主任邹耀华为澳门支局主任,遗缺由高民铎接充。

29 日　编辑所编审朱文叔,目睹上海沦陷后情状,愤不欲生,在老厂办公室跳楼伤踝骨。敌伪探捕并来查询。

8 月 30 日　故总经理陆费夫人及其子女一行,经筑抵渝。

8 月　金华兰溪战事发生,江山亦陷,抗金联店经理朱朗亭等逃往浦城、南平,江栈书货损失大半,同人行李被劫无存。

派瞿炳鑫在广州湾接运港厂运进白呢,并采购印钞用刀片、油墨等物料。

10 月 1 日　华南区监理郑子健、港厂白纯华,从广州湾经筑抵渝。

11 月　渝总处所辖各地分支局处共二十五处,又印刷办事处五处,兹将各局处所定简称及经理姓名汇列如下:

重庆分局	(渝局)	朱复初
成都分局	(成局)	赵子艺
云南分局	(滇局)	杨世华
贵阳分局	(黔局)	李宗华
福州分局驻南平办事处		
	(闽局南处)	荀潜
梧州办事处	(梧处)	张汉文
梧州分局驻柳州办事处		
	(梧局柳处)	张汉文
桂林支局	(桂支局)	樊振秋
汕头分局驻梅县办事处		
	(汕局梅处)	徐孟霖
汕头分局曲江办事处		
	(汕局曲处)	蔡名焯
广州湾支局	(湾支局)	高民铎

澳门支局　　（澳支局）　邹耀华

南昌分局驻遂川办事处

　　　　（赣局遂处）　李仲谋

长沙分局驻邵阳办事处

　　　　（湘处）　沈松茂

常德分办事处

　　　　（常分处）　陈仲祥

衡阳分办事处

　　　　（衡分处）　罗利臣

杭金联合支店　　　朱朗亭

西安分局　　（秦局）　赵鉴三

兰州分局　　（甘局）　谢惠桥

开封分局驻南阳办事处

　　　　（汴局宛处）

许昌支局　　（许支局）　王云卿

汉口分局驻恩施办事处

　　　　（汉局恩处）　徐秀成

南阳支局　　（宛支局）　郭翔佛

金华支局驻江山办事处

　　　　（金支局江处）

西南办事处　　（西处）　郭农山

重庆印刷办事处

　　　　（渝处）　朱复初(兼)

成都印刷办事处

　　　　（蓉处）　陈仲英

桂林印刷办事处

　　　　（桂处）　樊振秋(兼)

江西印刷办事处

　　　　（赣处）　李仲谋(兼)

邵阳印刷办事处

　　　　（邵处）　沈松茂(兼)

是年　在赣、蓉、桂、渝所印课本,以用纸区分,有土报纸本、嘉乐纸粉报纸本、白报纸本等。课本定价、加价均有不同。

新加坡分局自印南洋华侨教科书十二种

修正课程标准适用:

　　南洋华侨国语读本　初小　1—8册

　　新编南洋华侨国语读本　高小　1—4册

　　最新南洋华侨小学常识课本　1—4册

　　新编初小算术课本　1—8册

新编高小算术课本　1—4 册

最新南洋华侨公民课本　高小　1—4 册

最新南洋华侨小学历史课本　高小　1—4 册

最新南洋华侨小学地理课本　高小　1—4 册

春季始业用自然课本　高小　1—4 册

华侨小学英语读本　1—6 册

马来亚华侨小学课程标准适用：

常识课本　1—8 册

公民课本　初小　1—8 册

开始筹建重庆印刷厂。总处在渝成立后,认为在渝建厂为急要之图。不久即着手准备,以冻结的港币存款向银行押借二百万元为筹建基金。经多方察勘,租定李子坝正街 55 号安庆印书馆厂房为厂址,加以修理添建。机器设备,则以在桂林收购华南印务局西南印刷厂的机件和受盘安庆厂的机件为基础,佐以前此内运及在渝定制的机器,稍具规模③,分铅印、凸印、加签三部。职工方面,各部主要人员,均由港陆续到达,除一部分加入中央印制处外,大多留厂工作,港厂雕刻部人员全部到渝。厂长由朱复初兼任,白纯华任副厂长兼工务。设计生产能力,每月可印教科书一百五十万册、邮票一亿二千万枚、加签钞券二千万张。至 1943 年秋建成,有员工三百余人。就印刷技术论,在国内仍属首屈一指,所印书籍,人称精美,对战时后方印刷质量的提高起了一定的作用。然因战时物力艰难,资金筹措不易,不得不因陋就简,规模难以扩大,至抗日战争胜利后结束。

---

①　总处规定:港厂派定人员到曲时,每人发去柳旅费三百元,带妻室者加发三百元。其他员工到曲先行登记,可留用者在曲每人每日六元,有正妻

者加六元,每五日发一次;如往柳,酌给旅费。

　　② 档案中有一份经广州湾去渝的港厂同人名单,共列二十五人,录供参考:赵俊、唐绪华(以上雕刻)、杨友朴(照相制版)、孔大赉(照相凹版)、沈谷身、吴锦华(以上检查)、顾敬初、钱以铨(以上大电机)、许佐生(第二落石)、王悦卿、陈遇治(以上第一落石)、周仲华(电镀)、林芝香、张筱根(以上铅印)、石仁桂、潘尧鸿(以上装订)、钱福堂、王友礼、费世生(以上脚踏架)、吴岭梅、康金宝(以上浇铅版)、张文元、沈巧泉(以上橡皮车)、姜晓春(凸版)、汪宝祥(工程师)。

　　③ 《回忆中华书局》上编第 189 页,沈谷身《弹指七十年》一文回忆渝厂的设备,有:收购原华南、安庆两厂的五号、六号字模两副,手摇铸字炉两部,铅印对开机五台,四开两台,方箱、圆盘机各一部,装订对开平刀一部,铁丝架一部等。本局添置卷筒机一台,鲁麟机四部,三号脚踏架二十部,全张平刀一部,三面刀二部,磨刀机一部,邮票打洞机一台,及电镀设备等。

1943 年

1月7日　重庆分局经理朱复初调总处,由南京分局经理沈仲约接任;会计主任王啸涯升任副经理,仍兼原职。

11日　总办事处改组为总管理处,分五部办事:(一)总务部,(二)业务部,(三)编审部,(四)印制部,(五)会计部。并派郑健庐兼总务部长,副谢惠侨;郭农山兼业务部长,副叶晓钟;金子敦调任编审部长;朱复初代理印制部长;曹诗成调升会计部长。

31日　在重庆《大公报》刊登通告:"本公司总局于太平洋战事爆发后已迁渝办公,秉承在渝董事执行本公司业务,致与沦陷区之各机构失去联系,所有在沦陷区之董事、监察、股东及职员之一切行为,未经在渝董事部及总局之同意,概不发生任何法律上之效力。除呈请经济部备案外,合再登报通告如上。"

1月　《新中华》半月刊改为月刊在重庆复刊,为后方唯一大型综合性期刊①,以大中学生为对象,一面鼓吹抗日,一面借以联络作家,其主旨为"发扬民族精神,灌输现代知识,提倡学术风气,注重战后建设"。金兆梓兼新中华杂志社社长,撰述社论。任主编者先后有钱歌川、章丹枫、姚绍华。发行达五千份。

2月13日　通函各分局:国定本②教科书即将出版,所有初高小全部及初中公民、国文、历史、地理四种课本存书,设法尽量推销,以免存货损失。

17日　总处召开第一次局务会议,参加者有李叔明、姚戟楣、郭农山、谢惠侨、叶晓钟、金子敦、曹诗成、郑健庐、朱复初。通过本处组织大纲、各部办事细则、各分支局办事细则、同人考绩办法、非常时期改善员工待遇办法、印制部购买纸张油墨等材料手续的规定等。

2月　编审部分四组办事：编务、出版、图书、通讯。共有二十五人，其中编审有吴廉铭、丁晓先③，在来渝途中者葛绥成、姚绍华，兼任编审钱歌川、章丹枫，编校有邵恒秋、凌珊如。

编审部拟定出书计划，除修改重排尚可供应之中小学教科书外，主要在重版书方面，就已出各类图书中，选取重要适销者，概用原书翻做石印，及时供应需要。首批十三种送业务部发去赣印。

3月1日　总处设运输组，隶属总务部，由副部长谢惠侨兼组长。原设在贵阳的西南办事处撤销。

22日　与邮政总局首次签订承印邮票六亿枚合同，先收印价50%，计四百四十八万元。用以继续添置有关设备、建造专用库房等。至10月中，完成设计镌版，随即开印，每月交货在一亿枚以上。

4月1日　重庆印刷办事处撤销。其造货发货业务，归总处办理。

19日　"国定中小学教科书七家联合供应处"正式组成，统筹印销国定本教科书，设在重庆复兴路15号迁川大厦。自1942年10月教育部决定推行中小学国定本教科书后，又规定自本年秋季起，必须采用国定本。在此之前，教部曾与正中书局订立独家印行国定本合同，本局为保持过去印销教科书之地位，叠与商务、正中讨论参加印销问题，经数度商榷后，始组成七联处，签订合约，制定章程。其分配比率为：中华、商务、正中各占23%，世界12%，大东8%，开明7%，文通4%。七家联营资金五千万元。依分配定额，本局应任流动资金一千一百五十万元，第一次缴四分之一计二百八十七万五千元。七家推派代表组成第一届理事会,本局代表二人,李叔明参加理事会,姚戟楣任监事。

5 月 8 日　通函各分局在重庆李子坝成立印刷厂。目前筹备甫告藏事,虽未能大量生产,然一部分教科书及参考用书,已勉能由自厂印发,在排中之新书、重版书为数亦不少。

6 月 1 日　上海方面,以商务、中华、世界、开明、大东等六家留沪机构为主,组成"中国联合出版公司",经理曹冰严,承印敌伪"国定教科书"④。

15 日　与中央银行发行局签订承印钞券签章合同,定 8 月 16 日开印。

7 月 3 日　在渝董事孔祥熙、王志莘、李叔明举行第一次谈话会,协理姚戟楣列席,公推孔为首席董事。李叔明报告:

(一)　陆费伯鸿于 1941 年 7 月间在港病故,叔明承董事会推选暨孔董事电促继任总经理。以前任总经理暴病逝世,一切交代无从办起,只由其家属点交文件十一宗,暨往来银行之存款簿及支票簿等。所有中央银行粤行及中国、上海两银行港行之存款印鉴,当经办妥更换手续。但在外商汇丰、花旗两银行所存外币,因用陆费前总经理私人名义存储,正交由律师办理转移之时,太平洋战事突发,致至今手续未曾办妥。至于上海方面之接收事宜,格于环境,迄未能前去办理。

(二)　1942 年 4 月间,添聘姚戟楣任本公司协理。姚君为已故编辑所姚作霖部长之子,历在金融政商各界服务,与本公司有悠久之历史关系。

(三)　本局向以教科书为主要业务,现为时势所限,不得不变更方针,着重出版普通书籍。除先将《新中华》杂志复刊外,并印行有裨抗战及科学、文学等书籍,预期今后可月出十余种。

（四）　总处迁渝后房屋不敷分配,购进北温泉松林孔祥榕住宅一所,计六万元,作编辑所及雕刻部之用。本局目前尚无印钞能力,而设计绘图仍具专长,应中央银行发行局之嘱,着手绘制新样,现已完成两套,其精美雅观,可与美国钞票公司所拟制者相抗衡。

（五）　关于沪局情况。(1)太平洋战事爆发之后,闻常务董事吴镜渊、高欣木为应付当地环境计,聘任吴叔同为经理,并向伪政府注册。(2)沪局于1942年11月27日在沪开"股东会",董事名额由十一人改为七人,并改选吴镜渊、舒新城、汪伯奇、高欣木、沈陵笵、陆费铭中、吴叔同七人任董事。最近且有发还被封厂屋之说,惟尚未证实⑤。(3)因闻本局上海方面增资⑥及改选董事消息,为确定立场起见,不得不加以声明。爰于本年1月31日登报声明,并由在渝董事呈请经济部备案。

（六）　关于财务方面。本局在后方向无经济基础,仓卒内迁后,百端待举,在在需款。自上年5月至本年6月,即总处成立以来十四个月中本局财政状况:支出方面,添购机器设备四百三十七万余元,材料纸张一千五百四十一万余元,七联处资金二百八十七万元,其他六百五十四万余元。收入来源,分局解款六百三十二万余元,预收邮票印费四百四十八万元,向银行押借透支二千零九十五万余元。现有机器及所存原材料市值三千九百六十六万余元。今后应缴七联处流动支金余数(八百二十六万五千元)及消耗材料之补充,印刷厂必需机件之添置,到期借款之归还等,均须预作准备。

谈话会拟定以所有材料机器向四联处申请在生产事业贷款内准予押借二千万元,使本局经济较为稳定,事业得以继续进展。

9日　故总经理陆费伯鸿逝世两周年,在渝家族及本局同人举行大祥祭,分别由陆费埏、李叔明主祭。金兆梓特撰《追忆陆费伯鸿先生》一文以为纪念。翌日,重庆《大公报》并刊登纪念文章。

14 日　通函各分局再申 6 月初规定,教科书印制成本增高,售价过低,备货困难,暂停批发,俟教育部批准调价后再行批销。

8 月 5 日　编审姚绍华由沪抵渝。《新中华》主编章丹枫不久去美,由姚绍华接办。

23 日　编审部金子敦、吴廉铭、姚绍华、钱歌川等讨论编辑计划及新稿征集办法,每月以新书四种为度,每种 10—15 万字,即每月收稿 40—60 万字,性质不能拘泥。

9 月中旬　编审部由民权路迁往李子坝印厂后面楼房,原在北培松林部份亦归并李子坝新址办公。

10 月 9 日　与文史杂志社顾颉刚谈定,《文史》月刊自第三卷起由本局印行,于 18 日签订合约。19 日,三卷一、二期合刊发排。后顾先生函称,"《文史》一、二期出版后,誉声载道,此皆贵局改善之力也"。《文史》至 1946 年随顾先生任文通书局编辑所长转由文通出版。

11 月 9 日　福州分局永安办事处房屋被敌机炸毁。

20 日　常务董事吴镜渊在沪逝世。

26 日　李叔明分函分局经理,此后当竭力推销普通图书。谓"教育部于去年九月间宣布初高小全部,初中公民、国文、史地概须由国定。……吾局自编有与国定本相同各科决不再印。……近与各方研究之余,颇感吾局前此普通书营业之不甚发达,似由供应推广之力尽用于教科书,而于普通书几视等附庸,实为主因。今者,教科书之营业几为国定本所夺,则吾人营业方针,此后必当竭全力于普通图书之推销,方足维持营业于不坠。推销教科书要诀,在联络教育当局,而推销普通书之方法,似当注重小同行及学校"。

是年　共出版新书四十七册,重版二十余册,约一千万字。开始出版的丛书,有"社会科学丛书"、"社会行政工作丛书"、"中苏文化协会丛书"、"民权政治集刊"。自行计划编辑的有"英文研究小丛书"、"数学小丛书"、"物理小丛书"、"儿童卫生小丛书"。专著有张振佩《成吉思汗评传》、杨杰《国防新论》、周梦白译《植物成份分析法》等。

---

①　后方另一大型综合性期刊为商务的《东方杂志》，于稍后同年3月复刊。

②　所谓国定本，指国立编译馆根据教育部所定标准编定的中小学教科书。早在1934年，教育部曾组织教科用书编辑委员会，开始编辑中小学教科书，由正中、商务、中华、世界、大东、开明六家与之订约印行；并曾由六家预缴编辑费用，参与编辑会议，协同助编各科教学指引等。1936年间开始交稿制版，旋以抗战军兴，事遂中辍。1943年，编译馆依照修正课程标准再事修正推行。当时，原出版教科书在内地有发行机构，其总管理处又已内迁的书业共有七家，由正中组织起来共同参与国定本中小学教科书的印销。

③　丁晓先，不知何时进局，《舒新城日记》1936年6月29日记有："午前，子敦谓丁晓先现拟出开明，欲至本局任编辑上之职务。其人甚精干，以之编《中华少年》，或管理校对均相宜。但其个性特强，不易驾驭，与同事共处亦难相安，只允以在局外工作。"是否其后转为正式编辑人员，待考。

④　杨寿清《上海沦陷后两年来的出版界(1942—1944)》，见张静庐《中国出版史料补编》第392页。

⑤　1943年4月6日，"美商永宁公司"由吴叔同与日本军方多次交涉，正式收回，改称"中华书局永宁印刷厂"。

⑥　关于上海方面增资问题：(一)沪局于1942年11月27日在哈同路事务所召开"股东会"，主席舒新城，通过增资案："本公司股本原系老法币四百万元，依照'功令'折作新币二百万元。兹在准备项下拨转新币二百万元补足，共为新币四百万元，计每股仍为通用国币五十元。现时百物价高，金融筹码加大，本公司股本不敷周转，有将股额扩充之必要，再增资新币四百万元。老股一股得认新股一股，计每股随交国币五十元。〔按：此处所谓新币，即指

伪中储券。〕"(二)规定增资认股期限于 12 月 10 日截止。"老股东凭原有股票连同应缴股款于增资认股截止以前,向上海四马路本公司会计部认缴。计每老股一股得认购新股一股,随缴中储券五十元。因当局限本年 12 月 15 日以前呈报股户清册,逾期作放弃论。"(三)12 月 14 日,招收新股已如期截止,计余额一千六百股,分派于上海在职同人认购足额。(四)至 1943 年 10 月 16 日将每股票面五十元改为十元,以便于在市场流通。

1944 年

1 月 《中华少年》月刊创刊。以阐发宇宙奥秘,介绍科学知识和最新发明,以及培养基础常识为主旨。主编张梦麟。

《中华英语》半月刊(高级)创刊,钱歌川主编。1945 年起分初、高级两种出版。

2 月 前董事、印刷所所长俞复逝世。

3 月 聘吴清友任编审。

4 月 21 日 召开第二次局务会议,决定:(一)由于制造印书用纸利薄,槽户多转槽,纸价上涨,准备在各地预购本年用纸。在重庆进熟料纸二三千令,每令价一千八百元;在邵阳进龙山纸一千令,每令七百元;在赣县存纸尚多,再购江西纸五百令,每令一千二百元。三地共计预购纸三千五百到四千五百令,需款四百九十到六百七十万元。(二)本局新书出版不多,教科书将统用国定本,营业额势将减少,分局应紧缩开支,裁汰不得力人员,用人开支不超过营业额 20% 为度,如在 10% 以下者酌提奖金。(三)扩大分局外版书寄售范围,订定统一办法。(四)派员去界首及江山进购文具,分发西北及东南区各分局,以维营业。

4 月 聘李虞杰为本公司襄理。李君早岁曾服务本局九年,后留学德国归来,历充浙江省民政厅会计主任、中央大学庶务主任及管理中英庚款董事会会计处长、财务委员会委员等职。

6 月 17 日 零时二十分左右,上海发行所文仪、书栈失火,三至五楼东部全毁,四楼西栈剩余一部分,三楼西栈及一楼店堂除水渍及被窃外,无大损失。保险公司赔偿九百八十万元,烬余归公司所有。经修缮整理后,于8月5日复业,仅以文仪、古书、工具书等应市。抗日战争胜利后始复原状。

6月 与七联处签订由渝厂承印教科书合约,总计五千七百令成书,用卷筒机印。预计6月份印足一千令成书,7月份二千令成书,8月份二千七百令成书[①]。

夏 设立东南办事处。粤汉铁路为敌阻断后,重庆与东南各分局联系不便,同时遂川及赣县失守,赣处书货移往瑞金及宁都。为使东南半壁各分支局业务相互取得联络,设立东南办事处于赣境,由南昌分局经理李仲谋兼主任,曲处主任蔡名焯为副主任。

9月22日 沪局所存《民国十五年前之蒋介石》一书二百九十六箱,移入N栈西间。此书原寄存在恒丰洋行,以日本人需用,于1943年7月间取回,计三百零三箱,以十部送交日本有关人员。

是年 日军于4月间由湘北南犯,7月间由广州北窜,11月进犯广西,粤汉路全线被占,12月陷独山。本局在湘、桂两省分支局及金城江转运站,先后沦陷。湘省长沙、常德两分局转辗移往阮陵;衡阳支局先迁零陵,寻至蓝田。桂省三处分支局均将存货运去贵阳,但交通混乱,抢运阻塞,损失颇多,惟因着手较早,抢出书货较同业为多。

承购重庆华南印刷公司股票四分之一,计国币六百万元。自1941年12月香港沦陷后,港厂熟练技工陆续到渝,以无适当工作,待遇菲薄,各有去志。此项技工,皆有多年经验,为国内不可多得之人才,不得不设法安插,维系培养,为战后复兴之用。适有南岸野猫溪华南印刷公司部分股东退股,因承购其股票,加以改组。由李叔明兼董事长,姚戟楣兼经理,协理姚志崇主持日常工作。厂长赵俊,副厂长周馥庠,工务顾敬初,事务唐序园。以承印中央银行钞券为主要业务。抗战胜利后,原有本局技工回港厂复工,遂将该公司股份以国币三千六百万元出让。

《辞海》在江西重印发行,称"江西纸本"。仍用布面精装上下两册,约二十三开大小。由江西吉安(后迁赣县)合群公司用石印机影印。委托合群经理朱达之和本公司南昌分局经理李仲谋主其事,派技工张文元、陆伯勖驻厂协同印制。书前,李叔明和朱达之均写有序言,说明在抗日战争时期影印《辞海》的困难情况。在版权页上印刷者仍用"中华书局印刷厂"名义,并有"中华民国三十二年六月赣初版"字样,而实际发行已是1944年。

出版新书九十四种。哲学方面有余家菊《大学通解》、《论语通解》,陆世鸿《老子现代语解》等。

军事书籍有陈启天《孙子兵法校释》,有《装甲防御》、《装甲步队及其他兵种之协同》、《步兵教练手册》等。

"苏联建设小丛书"有《苏联经济发展》、《苏联的农业》、《苏联的工业》、《苏联的铁路运输》、《苏联的劳动政策》等。

有关经济方面的有:《土地经济学导论》、《自耕农扶植问题》、《中国纺织染业概论》、《战时物价管制》、《社会主义与资本主义》、《外人在华投资之过去与现在》、《中国战后农业金融政策》、《海上保险学》等。

其他如《中国战后建都问题》、《西北建设论》、《第二次欧洲大战史略》(第一二集)、《珍珠港事件后之国际政治》等。儿童书籍有《一家人都飞去了》、《神童伏象记》等。

---

①　1944年秋销,"七联处供应国定本造货预算"计列供应各省市(川、黔、滇、桂、粤、闽、赣、湘、甘、渝十处)小学课本一千二百八十六万六千册,中

学课本八十五万册(按:小学生一千二百八十六万三千三百七十六人,中学生四十三万二千人计算)。在成、渝印一万令,衡、邵、来、桂印八千令,赣县印四千令,永安印一千五百令,共印二万三千五百令(合八百七十二万九千三百九十二册)。需用资金:纸张五千零八十万元,印订一千一百二十万元,运费五百八十万元,合计六千七百八十万元。

1945 年

1月3日 上海方面在纸款项下拨出八千六百六十余万元，购进海格路700号房地产一所，户名五蕴堂，暂不列公账项目。

1月 《小朋友》周刊改为半月刊在渝复刊，陈伯吹主编。至1952年12月转由新成立的少年儿童出版社继续出版。

3月30日 国定中小学教科书七家联合供应处合约期满，续签第二届合约一年，修正章程，规定七家代表共十人，正中、商务、中华各二人，其他四家各一人。由代表会推定七人组成理事会，正中任主席，商务、中华任常务理事。又定商务一人为监事会主席，中华、文通各一人为监事。抗战胜利后，在上海、长沙、广州、北平四地设供应委员会，其他城市有三家以上分庄者成立供应组。本届供应方式：在后方各地为自印自销，在收复区各地为统印分销。

重庆分局经理沈仲约辞职，派原柳州分局经理张杰三接任。

4月 新中华杂志社由社长金兆梓代表参加重庆杂志界联谊会，与黄炎培、叶圣陶同被推为召集人。8月17日发表拒绝国民党对新闻和图书杂志原稿检查的联合声明。在声明上签字的杂志社共十六家，各地随起响应，迫使国民党从10月1日起撤销。十六家杂志社及其负责人为：《国讯》俞颂华，《宪政》张志让，《中华论坛》章伯钧，《民宪》左舜生，《再生》民社党，《民主世界》孙科，《中学生》叶圣陶，《文汇周报》孙伏园，《中苏文化》侯外庐，《现代妇女》曹孟君，《民主与科学》张西曼，《东方杂志》商务，《新中华》中华，《战时教育》,《国论》,《学生杂志》。①

5 月 以桂林、柳州分局运出货物向中央信托局押借国币五千万元,为印制秋销教科书备货之用。

7 月 20 日 前编辑所副所长张相逝世。

8 月 14 日 抗日战争胜利,日本宣布投降。

9 月 8 日 派编审部主任吴廉铭携同纸型乘机飞沪。

11 日 在沪常务董事高欣木函吴叔同:"李总经理已派吴廉铭先生来沪,代表接收现收复区本公司厂店及分支局。即请饬属造具清册,以便移交。此致,叔同吾兄台鉴。常董高欣木启。三十四、九、十一。"

18 日 第三十一届董监会复员会议,出席者高欣木、沈陵范、舒新城、汪伯奇(舒代)。议决:"兹决定本公司董监会即于本日遵令复员,对外代表公司,对内主持业务。"

20 日 派华南区监理郑子健乘机飞广州转香港,成立"中华书局总管理处香港办事处",主持广州、香港、澳门、新加坡等分局及港厂复员工作,并筹划恢复华南区一切业务。

27 日 协理姚戟楣飞南京转上海,主持收复区业务。旋即成立上海办事处,策划总管理处迁返上海事宜。

10 月 7 日 南京分局准备复业,先设临时营业所于升州路 38 号美大纸行内,由吴谷声主持。在报上刊登复业启事,谓"本局中小学教科书业已运京,倘蒙各学校、各大同行光临指教,曷胜荣幸"。

10 月 派白纯华、赵俊、顾敬初、唐序园于 10 日乘机飞广州前往香港接收香港厂,18 日到香港。据报各家在港印刷厂,商务损失太半;大业则零件多被拆毁,大件及房屋尚存;大东则荡然无存。我港厂大致完好,日占时期曾被改称为"香港印刷工场"。现已录用员工 76 人,随即着手整修机器房屋。(一)查明所存主要机件物料情况。印钞部分凹版课,大电机四架,油磅压力机一架,四色机一架。彩印课,双色机一架,单色机三架,对开机二架,大小号码机一千零四十六只。照相课,各种镜头已无存。其他各课尚完好。印书部分卷筒机一架零件有缺损,又从南洋影片公司搬回一架,其他制版装订等损失浩大。现存物料:胶版墨二万余磅,凹版墨三十九万余磅,杂墨六万磅,日人搬来美货胶版墨二万余磅。钞票纸一百四十二令,邮票纸九十一筒,牛皮纸九十一筒,报纸五十六筒。〔损失各种油墨约十六万磅,各种纸张约三万筒、二万七千令以上。〕机件物料约现值港币二百万元。(二)被日军搬去广东印刷厂及商务港厂现已收回的机件,有像皮机四架,切纸机二架,小凹版机三十一架,对开胶版机及装订机等多架。(三)其后陆续收回在市上现的钞票纸二千令。由港处向均益仓库收回教科书及参考书、工具书等二万六千二百二十五包约值国币十二亿元。(四)另有被日人拆往日本的大电机一架,至 1947 年 10 月才得收回。

11 月 22 日　发行所副所长赵亮伯逝世。

11 月　永宁印刷厂开始向中央印制厂承印东北九省流通券。

是年　重庆印刷厂,主要人员及技工大多复员回沪,由沈谷身代理厂长,办理结束工作,至 1946 年 10 月竣事。

在渝出版新书共九十二种,有《计划经济之理论》、《公司理财》、《中央研究院西北科学考察团报告》、张之毅《新疆之经济》、郝景盛《中国木本植物属志》上卷等。

图书馆购进郑振铎藏书五千五百册。

查明本局分支机构在 1937—1945 年抗日战争中所受损失,包括沪港两厂的机械设备在内,总值国币三亿三千余万元。而在运输途中书货之损失,搬迁物资之损耗难以查明者,尚不在内。

① 尚丁《重庆的杂志界联谊会和拒检运动》,《出版史料》1990 年第 4 期;《中国现代出版史料》丙编第 72、77 页注。

1946 年

1 月 21 日　港厂经三个月整理后正式开工,承印七联处春销书九十五万一千册,印工港币四万七千二百余元。2 月间,又承印电车公司车票八百万张,印工港币一万九千六百元。同时印制信封信纸、抄本、日记簿等文具用品,以应港粤各地销售。

1 月　编辑所从老厂迁回澳门路新厂办公。

4 月 1 日　国定中小学教科书七家联合供应处第二届合约期满,续签第三届合约一年。抗战胜利后,七联处移上海,有儿童书局、中国文化服务社、胜利出版公司、独立出版社四家加入,故本届分配比率有所变更,本局与商务各让出 2.5%,世界让出 2%,大东、开明各让出 1%。十一家之比率改为:正中 23%,商务、中华各20.5%,世界 10%,大东 7%,开明 6%,文通 4%,儿童 3%,中国文化、独立、胜利三家各 2%。全国各地区均采统印分销方式。

5 月 2 日　协理姚戟楣因病给假三个月。

在总管理处尚未全部复员前,暂增协理一人,擢升业务部长郭农山为本公司协理。

3 日　物价飞涨,印刷所职工要求改善待遇,于 2 月 26 日举行怠工,迅即扩大为全公司行动。三所一处职工组成临时职工团,以倪国钧、阮渊澄等为代表,向资方提出改善企业经营管理、按生活指数计算工资等十二项要求。几经谈判,社会局派人调解,成立调解笔录。自 2 月份起,工人工资照工人生活指数计算,底薪自四十八元起,原薪在四十八元以上部分每五元增底薪一元。职员照职员生活指数计算,底薪同工人,但原薪二百元以上部分每十元加一元。工役栈司底薪自三十七元起,超过数每五元加一元。

5月27日 在渝董事举行第二次谈话会。(一)李叔明报告总处迁渝以来主要借款及财务状况:1942年3月向四行透支五百万元,1943年向四行押借一千七百万元,1945年向中央信托局押借五千四百万元,又向中央银行借款一亿三千八百万元。截至本年3月底止,存现四千八百余万元,与透支及短期借款足敷相抵,盘存书货与印制材料一亿余元,与长期借款一亿二千万相差无多,财务状况尚称稳健。(二)抗战期间在后方购置之房地产、机件、车辆及其他一切财产、投资等项,授权总经理办理。

为集中人力财力计,收复区分支机构无恢复必要者,固从缓复业,在后方因战时需要而增设之分支机构亦予收歇,使人货移至较重要地区,增厚供应力量。(一)目前总分支局照常营业或已复业者有三十二处:上海、南京、杭州、金华、南昌、长沙、衡阳、成都、重庆、贵阳、昆明、汉口、厦门、福州、汕头、广州、香港、澳门、新加坡、梧州、柳州、桂林、北平、天津、保定、邢台、张家口、太原、青岛、西安、兰州、开封。(二)因战事停业,迄在休止状态中者十处:许昌、南阳、常德、九江、芜湖、安庆、徐州、沙市、运城、广州湾。其中许昌、南阳两分局,前年疏散书货于僻乡,现在整理中。(三)曲江虽一度复业,以粤省府迁返广州,业务范围狭小,已于4月底结束。

28日 召开复员后第一次董监联席会议,出席董事孔祥熙、沈陵范、李叔明、王志莘、路锡三、陆费叔辰、王瑾士、汪伯奇、舒新城、高欣木,监察徐可亭。(原董事吴镜渊、陆费逵、唐绍仪、胡懋昭四人先后逝世,由次多数路锡三、陆费叔辰、毛纯卿、王瑾士递补。)

添聘原任襄理李虞杰为本公司协理。

总经理李叔明辞职,董监联席会议一致挽留。

为依照法令恢复战前股额并补办股权登记,董事会公推王志莘、汪伯奇、高欣木、李叔明、王瑾士五董事、陈子康监察为董监事代表,主持服务整理之事,李叔明为召集人。

聘请陈霆锐、徐士浩为本公司常年法律顾问,立信会计师事务所潘序伦为常年会计顾问。

5月　成立独立的中华书局产业工会筹备会,至8月正式成立工会,第一届理事长为沈卓午。翌年5月阮渊澄任第二届理事长。

新任汕局经理蔡名焯到任,由监理郑子健前往监交。

6月1日　总管理处由渝迁沪,成立驻渝办事处办理结束事宜。同时撤销上海办事处。

8月7日　董事毛纯卿辞职,以次多数丁辅之递补。

协理姚戟楣因病辞职,致送医药费国币一百万元。

29日　出纳部长陈仲英仍回成都分局经理原任,遗缺调组长刘松洲接任。

9月2日　总经理提请拟聘顾荫亭为本公司副总经理,董监联席会议以公司章程无副总经理名额之规定,在章程未修改前,暂以协理名义聘任。(李总经理因公离沪不克执行职务时,由李总经理委托代行局务。)

本局创办人沈颐病故,除已付棺殓费三百万元外,再送安葬费二百万元。夫人恤金自9月份起定底额四十元,照生活指数计给。

9月5日　香港办事处函报,南洋华侨小学教科书有国语、常识、算术、公民、历史、地理、自然等各级课本十二种,照新加坡分局1942年上学期备货数,拟印一百万册。

28日　协理顾树森为谋各部门增强联系,建立局务会议制度,定期召集各部门主要职员,共同商讨局务之措施,每星期六下午五时举行。按:此项会议开过十六次,至 1947 年 11 月止。

第一次局务会议讨论两事:

(一)调整组织机构。总经理协理下设秘书一人或数人。总协理下设三处三所:(1)总务处,设文书、股务、采购、庶务、出纳、保管、人事七课。(2)业务处,设造货、供应、栈务、分局、广告、图版、纸栈七课。(3)会计处,设岁计、综计、账务、稽核四课。(4)编辑所,设总编辑部、普通图书部、教科书部、杂志部、图书馆、生物理化实验室,附设函授学校。(5)印刷所,辖上海总厂、香港分厂。总厂设事务、工务、营业、承印、文书、会计六课。(6)发行所,设文书、收发、清账、推广、庶务、门市、批发、函购、文仪、进货、分栈十一课。

(二)除出纳、书栈两部分外,10 月 5 日起迁澳门路集中办公。

10 月 5 日　董事会以抗战胜利后,关于沪局账务尚未办理移交手续,曾函原经理吴叔同来沪办理,而吴君复信谓已移交清楚。乃函询前协理姚戟楣当时接收情况,姚君于本日来信云:"查吴君原信第二节称:'关于账目及财产移交,其属于叔同所保管者,均已于去年李总经理来沪时面交姚协理点收,其他亦均由各该部分负责人分别移交清楚'云云。查自去年抗战胜利后,戟楣奉命来沪,于 10 月 11 日正式处理局务,当时除出纳现金部分曾办理清点手续外,吴君并未办理其他移交。中间因原经管人请假辞职及种种原因,直至 1 月 12 日始行接收保管组各项重要单件。1 月 31 日接收股务组簿籍单据。至于其他部分均未另有正式移交手续。此系经过实在情形。相应备文奉复,诸希鉴核为幸。"

10 月 26 日　《世界政治》半月刊决定由本局印行,所有盈亏向联合国中国同志会结算。

抗战军兴后,沪港两厂解雇工人未经录用者,均经分别给解雇费,立据解雇,但是项工人约二百余,自 5 月起一再来局请求复工。至本月 12 日,复有代表五人前来要求复工及补发欠薪。由顾树森会同周开甲等与工人代表谈判多次,复经社会局调解,成立笔录:(一)发给未领足的各种费用及工资每人国币二十三万元,以后不得再有要求。(二)于 12 月 5 日前分批雇用三十名进厂工作,以后视业务需要时再行招雇。签字于笔录的劳方代表:聂观九、孙庆瑞、曹志和、唐培生、冷良仁五人,资方代表为顾树森、周开甲。

11 月 18 日　　调整会计部分组织,成立会计处,照前定设岁计、账务、稽核、综计四课。原有重庆时之会计部、沪局会计处及秘书室之稽核组,同时撤销。

12 月 7 日　　议定春销教科书备数,共印一万三千九百令,沪厂印五千三百令,港厂印五千六百令,设法外印三千令。

是年　　原在渝印行的期刊五种:《新中华》恢复半月刊、《中华少年》月刊、《小朋友》半月刊、《中华英语》半月刊分高级、初级两种,迁回上海继续印行。

《新中华》移沪后,改由卢文迪主编,撰稿者多进步人士,面目一新,宦乡"半月时事"尤为读者瞩目。

聘约翰大学教授加拿大人文幼章(James G. Endicott)为特约编审。

出版书籍有符定一《联绵字典》(十册)[①],马瑞图译《穆罕默德的默示》。"大学用书"有刘真《教育行政》,沈有乾《实验设计与统计方法》,石鸿燾《平面解析几何》、《立体解析几何》等。"历史丛书"有徐松石《傣族壮族粤族考》,陈里特编《中国海外移民史》、《中国对日战事损失之估计(1937—1943)》、《第二次世界大战纪》等。

1937—1946 年出版书籍册数字数统计如下:

教科图书	435 册	2,437 万字
儿童读物	103 册	88 万字
普通图书	1,004 册	8,424 万字
杂志	455 册	1,734 万字
共计	1,997 册	12,683 万字

战时内地分支局处历年销货及费用统计如下（销货仍以教科书为大宗，辅以参考书及文具。分支局处仅就已有统计数字者为限。）：

1942 年 15 个分局统计销货国币 24,231,835 元，费用 7,734,139 元

1943 年 16 个分局统计销货国币 49,311,171 元，费用 16,398,999 元

1944 年 13 个分局统计销货国币 149,264,727 元，费用 36,269,681 元

1945 年 8 个分局统计销货国币 407,869,770 元，费用 92,409,899 元

---

① 1946 年 12 月 24 日《申报》广告"最近两周初版新书"列有此书。而企虞《中华书局大事纪要》将《联绵字典》的出版系于 1943 年，见《中国出版史料补编》第 565 页。

1947 年

1月9日 聘姚志崇为港厂监理,会同厂长处理一切对内对外事宜。

20日 董事李叔明因公出国,请辞兼总经理职务,董监联席会议一致慰留。

协理李虞杰出国进修考察,准予给假。本公司在国外如有调查接洽等事务,即可委托李协理办理。

高级职员王瑾士、薛季安、周开甲、沈鲁玉在本公司服务多年,辛劳卓著,所请辞职,均予慰留。

1月 《中华教育界》月刊复刊,姚绍华主编。至1950年12月停刊,即自一卷一期至四卷十二期止。

3月27日 李叔明与中央银行签订港厂承印钞券合同。4月14日开印,6月份前交二千万张,7月起每月交五千万张,至1948年1月期满。

31日 国定中小学教科书七家联合供应处第三届联合供应合约期满,教育部通知不再续订供应合约,七联处业务即行着手结束,并组织结束小组专办其事。自本年秋季起,中小学教科书由各家自行印销,不再受七联处约束。

3月 《辞海》合订本出版,除订正文字外,放大版口,缩小字号,减少页数,便于读者携带检查。

4月1日 准备秋销教科书。初高中教科书决定印一万五千至一万七千令;小学书印一万五千令,其中一万令发港厂印。

4月　监察黄景范去世,由次多数陈子康递补。

5月20日　董监联席会议决定设立台湾分局。先于1月中,派秘书许达年赴台办理结束代理店业务,并考察当地情况,开始与各方联系,觅租店屋等。正式决定设立分局后,派许达年、姚绍文分任经理会计,许酒贤任营业主任。经两个月筹备,于7月21日在台北重庆南路360-362号正式开始营业,共有职工七人。

总协理薪津及公费调整为:月薪总经理七百元,协理顾树森六百元,郭农山、李虞杰各五百元;公费一律六十元。自1946年1月份起实行。

6月2日　5月份生活指数解冻,骤高至二万三千五百倍,流动资金筹措困难,局务会议决定,先发5月份工资差额,6月份工资暂缓发,延至15日为度。并宜积极加紧生产以应付骤增之开支,组织生产设计委员会,由协理郭农山、李虞杰、所长舒新城、王瑾士任委员,研讨办法促其实行。

25日　前故总经理在港约道六号住屋,经港处装修后用作港厂雕刻课办公及技术人员宿舍。按港厂雕刻课,战前设在沙田,重庆时期设在北碚松林,均安排在厂外环境清幽之处。

26日　协理顾荫亭辞职照准,一次致送国币一千万元,作补助调养之需。

6月　本局图书馆应联合国文教委员会之请,在馆举办基本教育展览会,陈列近代基本教育图书数万册,观众认为集国内近代教育史料之大成。

7月14日　港厂决定添建三层楼高的大电机房,估计造价需港币三十一万元。

17日　与港厂战前解雇之部分工人达成协议。港厂在战前解雇之印钞工人中,约有二百八十名,在近一二个月内叠来要求录用,商谈迄无结果。自5月15日晚起有百余人入住新厂,事态严重。20日董监联席会议决定,可视沪厂需要择优选用,其余酌给回乡川资。经要求社会局调解,始签订协议:(一)就现住厂中者选用二十名;(二)其余每人发给四十万元回籍川资,7月20日前离厂;(三)太平洋战事解雇,在胜利后已领解雇金的工人,不得再提任何要求;(四)未录用工人发给服务证书。代表工人签字者有王云虎等七人,代表公司签字者为吴子范、吴铁声。

8月　港厂函况:(一)印钞情况,三月底签定承印央行钞券合同后,4月14日开印(万元券),5月份交九百万张,6月交一千一百万张,7月交四千六百万张,8月起可印五千二百万张,至1948年1月27日合同期满,依限赶清。因期限迫促,大电机四架已开齐,并加夜班。对承印邮票决定放弃。(二)4－7月印书一百三十八万余册,用纸四千三百五十三令。余存印书用纸:卷筒纸二千零四十三筒,平版纸一千七百零八令,书面纸二千三百四十六令。

12月15日　聘请徐永祚会计师为常年会计顾问。

是年　编辑所设立电化教育实验室,购置电化教育器材及美国百科全书影片公司的教育影片,更自制注音符号及识字幻灯片与识字动画片。供编辑参考及向学校开放供教学之用,以期为推行电化教育之助。

分支局共有三十四处,职员三百九十八人,学生一百零四人,共计五百余人。

"中华文库"开始出版,舒新城等主编。年内陆续发行的有小学第一集(全三百册),初中第一集(全二百册),民众教育第一集(全一百七十五册),均于次年出齐。

文库编印缘起云:"自抗战军兴,公家及私人藏书毁于兵燹者

不知凡几;而战时又因物资缺乏,出版维艰,无以补充此文物之损
失。今者,强敌已摧,国家方在建设途中,各地学校既急需恢复其
图书设备,以利教学;家庭儿女、就业青年、失学民众、小学教师,在
日常生活工作中,与种种新事物接触,渴求了解,欲得新读物以餍
其求知欲或增进其专业知识者又甚亟。敝局向以服务教育文化为
事,自当竭其绵薄,以供应此文教上之急需。爰拟就书目,并特约
专家撰述新著,辑为'中华文库',分集刊行。"〔按:文库所选书目,
除新编者外,亦有选自过去出版的"小学各科副课本"及"小朋友文
库",加以修订重排者。〕

其他有李四光《地质力学之基础与方法》,张一凡《苏联的计划
配给》,汪馥荪等《中国国民所得》(上下册),徐贤恭等译李约瑟《战
时中国之科学》、《第二次世界大战史论》、《太平洋宪章》、《人生价
值论》等。又金圣叹批改贯华堂原本《水浒传》,书前有刘复序。

1948 年

1月12日　董事会再次讨论股务整理及账务移交案。抗日战争胜利后,根据经济部"收复区各种公司登记处理办法"规定,本公司应恢复战前股额国币四百万元。(1942年,沪局曾增资为伪中储券八百万元。)至1946年8月7日,立信会计师事务所的股务整理报告,谓尚缺部分凭证记录。查见未经增资的老股票应予保留者,约占四分之一,共一万九千一百二十一股,合新股票九万五千六百零五股;同时,提出账务方面应查询的若干问题。几经函询催办移交手续,未能解决。乃于1947年12月15日,派舒新城、汪伯奇两董事偕主办服务及会计人员吴铁声、曹诗成赴港,与吴叔同当面解决。旋于1948年1月3日返沪,携回吴愿意出让的股份新股一万二千股,对会计师提出各点,未有具体答复,只谓将来返沪时再向董事会详细说明。又,董事高欣木交出二万七千三百七十股,尚缺新股五万六千二百三十五股。最后议定,在即将增资的股份中给予未经增资的老股补足,以结束此项历时两年多的整理股务纠纷案。

3月6日　董监联席会议公推舒新城、李叔明、汪伯奇、沈陵范、王瑾士主持办理召开股东会筹备事项。

中华教育用具制造厂筹备复业。该厂原为两合公司,本局投资占70%。战前出品精良,颇受教育界欢迎。"八·一三"战争发生即被敌占,抗战胜利后,为石油公司占用,近始发还,已加修葺。

该厂前曾召开董事会数次商议复业,现由胡庭梅拟订计划中。

召开复员后第十四次董监联席会议,总经理报告有关保安实业股份有限公司整理情况。本公司投资占保安股金总额之半数弱。香港沦陷,颇受损失。胜利后,派原任工务主任毛锐由渝赴港接收整理年前曾在沪召开会议数次,商谈复业,以经济等种种关系,未克如愿。当接收整理时:(一)本局曾先后垫借款项合国币七百二十余万元,又垫付经理胡庭梅二百万元。(二)收购该公司在龙华的地皮九亩五分三厘九,计二千万元。(三)现收回该公司在香港的各项房地产约值港币四十七万五千元,机器约值港币五十万五千余元,1947 年新置机件值港币二万三千余元。

3 月 28 日 召开抗战胜利后第一次股东会。董事会提出《十年来之报告(1937 – 1946)》,调整公司股本。本公司股本,战前原为国币四百万元,上海沦陷期间,曾增资为伪币八百万元,现依照有关规定折算,连同重估资产增值,合成八十亿元,加各股东认缴股金二十亿,总计本公司股本总额为国币一百亿元。

自上届股东会至今,即 1937 – 1946 年十年间,公司营业总额为八十三亿九千九百余万元,盈余三十六亿八千余万元。战后,纸张原材料价格继续增高,市面不振,新书销路有限,营业前途,更多艰难。

自 1937 年以来,因抗战关系,不能办理决算,只在特别公积项下借拨款项垫发股利,历年垫发数如下:

1937 – 1939 年每年每股国币一元五角

1940 年每股国币三元

1941 年每股伪币三元

1942 年每股伪币一元五角(以上每股票面五十元)

1943 – 1944 年每年每股伪币一元(每股票面十元)

股东会决议:1937 – 1946 年盈余分派案。十年合计盈余国币三十六万八千六百余万元,提 1/10 为法定公积,1/20 为职员奖励。余数分作十成,股东八成,扣提 2/10 为特别公积及历年垫发之数外,尚余二十亿零,此次再派红利每股二千五百元,职工花红二成计六万二千六百余万元。

股东会选举董事十五人:孔祥熙、王志莘、高欣木、陆费叔辰、王瑾士、汪伯奇、沈陵范、徐士诰、舒新城、杜月笙、李叔明、路锡三、陈霆锐、陆费铭中、吴叔同。监察五人:陈子康、徐可亭、丁辅之、吴明然、李昌允。

4 月 24 日　董事会议推选孔庸之(祥熙)为董事长,杜月笙、高欣木、王志莘、吴叔同为常务董事。选任汪伯奇为副总经理。

监察徐可亭逝世,董事会决议:(一)徐故监察历任本公司监察三十年之久,曾于本公司困难时期维护良多,特致赙仪国币一亿元,去函慰唁;(二)遗缺以次多数徐玉书递补。

筹发全体同人特别酬劳国币二百亿元,上海同人及其他各地分局厂同人各一百亿元。

6 月 1 日　聘任原《东南日报》主编廖湖今为编审。

26 日　协理李虞杰请假出国进修,借调中国农民银行秘书邓易园为本公司主任秘书。

7 月　重庆、成都、云南、贵阳、西安、兰州各分局秋供教科书,由重庆分局承办印运任务。

8 月 31 日　近以停印钞券,收入锐减,董事会讨论以开源节流为原则,一切从紧缩着手,授权总经理分别轻重缓急逐渐整理。

8 月　编审朱穌典病逝,照 7 月份下期生活指数计给特别抚恤金六个月。发行所推广课副主任沈鼎亨病逝,同样计给特别抚恤金六个月。

10 月 24 日　上海利群书报联合发行所因发行进步书刊,被国民党特务查封,人员被捕。其中有周宝训等六人被叛处徒刑三年,后于 1949 年 5 月 7 日上海临解放前被秘密杀害。周宝训烈士为中共党员,原在本局总务部工作,1945 年 12 月调发行所账务课,至 1948 年 8 月因革命工作需要辞职。先后去知行夜校、益友补习学校、立信会计学校工作,进行革命活动,牺牲时年仅二十八岁①。

10 月　在中共地下党组织领导下,印刷所成立工人协会,成员有阮渊澄、唐培生、朱锦高、孙庆瑞、沈赛英、沈赛琴等,使工会直接在党的领导下进行工作②。

11 月 7 日　蒋介石来电催印蒋氏宗谱:"上海中华书局李总经理叔明兄:敝族规定本月感日(27 日)进谱,不可延展,请贵局特别加班,务于进谱前将全谱印就,至为感荷。除派沙秘书来沪面洽外,特此电达。蒋中正。戌阳。"为此与工会联系后,由李致函本市社会局吴开先:"商公司以赶印总统宗谱,日期极为迫促。近来粮食问题严重,工友人心惶惶,影响工作殊巨。昨蒙总统府督印员沙秘书面允即回京报告总统,由政府协助设法。惟日内粮食问题亟待解决,拟请钧长在职工特配粮食项下准予一次价购或暂借食米七八百包,以应急需。仰祈鉴核,实为公便。"由工会阮渊澄持函前去洽购。

是年　继续出版"中华文库",小学教师用书第一集(全五十册)全为本年所出。

哲学方面有赵纪彬《哲学要论》、《中国哲学思想》,曹谦《韩非法治论》等。

经济方面有张则尧《经济学原理》(大学用书),周宪文《经济学术论纲》、《比较经济学总论》,严中平《清代云南铜政考》,朱国璋《成本会计之理论与实务》,陶大镛《战后东欧的经济改造》,徐盈《当代中国实业人物志》,"经济部成立十周年纪念丛刊",包括十年来之中国经济、经济政策、工业试验、电力事业、棉纺织工业等,现代经济研究所编的"商品丛书"有纸业、油脂腊染业、米业、粉麦业、糖业、烟叶及卷烟业、五金业、国药业等十余种。

教育方面有《教育通论》、《中国大教育家》、《中华基本教育小字典》等。

文学方面有洪深《抗战十年来中国的戏剧运动与教育》,顾毓琇《中国的文艺复兴》,喻守真《唐诗三百首详析》,陈志宪《西厢记笺证》(有吴梅和卢前的序)。

历史方面有胡鄂公《辛亥革命北方实录》,李震明《台湾史》,夏光南《中印缅道交通史》,龙章译《印度文化史》,郑鹤声《郑和遗事汇编》等。

---

① 　陆嘉亮《记周宝训烈士》,《回忆中华书局》上编第 39 页。
② 　《中华书局总厂职工运动史》。

1949 年

1 月 业务部对各分局发出密字第一、二号通启：(一)今春因新课程标准及时局等问题，要求出清全部中小学书；(二)春销全部收现，回佣三十元外，另给现款津贴以十元为原则。

2 月 25 日 举行董事会议，主席王志莘提议，以接获总经理李叔明函称，因胃肠间有生癌疑点，赴港诊治，恐一时不能返沪，公司乏人负责不妥；拟请代向本会提议，聘请舒新城先生为协理，在李总经理离沪期间，上海方面各事请其就近照料，全权代为处理。同时，为加强分头负责及取得联系起见，似可恢复以前局务会议，亦由舒先生代为主持。舒新城先生声称：本人从事学术研究与文字写作已数十年，对于经理方面事务甚少兴趣。承以经理部分之事相委托，本人无意接受。决议：尊重舒先生意见，可不以协理名义相强，但在李总经理离沪期间，上海方面各事不能无人负责。兹本李总经理委托舒先生之原意，仍请舒先生代为全权处理并代为主持局务会议，至李总经理返沪时为止。

3 月 11 日 工会举行茶话会欢迎舒新城代总经理，勉以为解放上海、保护工厂和文化遗产多做些工作。舒态度明朗，表示一定要保护好编辑所图书馆珍藏的五十万册图书资料，并经常主动向中共党组织汇报局内情况。

15 日 召开第一次劳资座谈会，定每月第二个周六下午在新厂二楼举行一次。

4月20日 李叔明函称,年来时世多艰,本公司已有多年未发股利,提议先行垫发若干。董事会决议垫发1947、1948年股东红利金圆券二十五亿九千二百万元,每一千二百五十新股实得三千二百四十元。领取时以当日门售杂书倍数计付,至7月底止,以后即按7月31日售书倍数提存候领。

筹发同人特别奖励金,照垫发股利数额计金圆券二十五亿九千二百万元,发给全体职工,上海方面及各地分局厂同人各得十二亿九千六百万元。

5月9日 舒代总经理向董事会报告发给同人特别奖励金及配售实物、配给食米与产业工会接洽经过。(实物系指煤油、银洋及金戒,以备上海解放过程中职工生活需用。)

舒新城三次函董事会称,公司经济与同人生活均感困难,应付维艰,坚请辞去代李总经理全权处理总公司上海方面事务之职务。决议:时局动荡,公司上海方面各事需人主持,仍请舒先生继续照常负责。现在身心健康欠佳,准予暂行休息,藉资调摄。

本公司战前收受的同人寿险储蓄存款,比照"银行业战前存款清偿条例"规定,并按上海市本年4月30日生活指数二十三万五千八百四十六倍计算,自5月3日起陆续清偿。至同人战前普通存款,照一般客户存款清偿办法办理。

25日 中国人民解放军进入市区,上海解放。

舒新城复王志莘24日函,同意销假视事:"日来时局转变,正感不安,重以雅嘱,只得勉遵尊命,暂行到局办公。"

6月8日 董事会议决,仍请舒新城先生以公司为重,以董事兼代总经理名义,负责处理一切局务。

董事会以本公司董事长(孔祥熙)侨居国外业已多年,自经推举后迄未返沪,各常务董事亦都分居各地,此后代表本公司之负责人是否略加确定,以资应付。决议:以现居住本公司本店所在地之常务董事为本公司代表。

11 日　举行第五次劳资协商会议。劳方要求资方自动检举豪门资本。

7 月 8 日　董事会以职工对公司财政颇不明了,拟将必要账目交职工会代表查阅。在劳资两利原则下,寻求合理方法发展生产,俾公司得继续维持。决定先参照商务印书馆办法,组织类似该馆"业务推进委员会",将必要账目及各项重要问题,坦白提交该会讨论,以便通盘筹划。

19 日　舒新城函董事会请假三个月,并述及公司经济情况云:"6 月下半月薪资,延至 7 月 10 日向人行预借印钞工价,并息借千余万元,始得发清;而 7 月上半月薪资迄无着落。7 月 8 日,蒙决议电港厂求助,于万不得已时酌售油墨纸张。……但于 12、16 两电港厂,18 日得复,谓港厂印件清淡,并未提及协助。原拟将旧存多年之凹版油墨出售于人民印刷厂,又以存放过久不能应用,无法脱售。同时,所存黄金一千五百三十余两亦无法变现。不得已出售报纸九万五千磅、模造纸九万余磅,得人民币四千余万元,以之还银行借款及发同人本月上半月部分薪资(不及月薪四分之一)。……拟请假三个月以便休养。本月上半月同人未领薪资,并请董监诸公从速设法。"

22 日　舒新城以五个月来应付繁剧,心力交瘁,叠函董事会请辞代总经理兼职,俾专心编辑工作。辞意恳切,坚挽无效,只得勉予同意。至所称拟暂请假三个月一节,请从缓议。

董事汪伯奇自被选任副总经理后,以身体欠佳,迄未到职,复经叠次请辞。董事会对渠健康深表关切,勉遵所请,藉资休养。

印刷所监理周开甲于 20 日函请辞职。略谓近来公司入不敷出甚巨,业务一时不易发展,管理部门应自我检讨。为节省计,以开甲个人论,即成问题。因厂务负责有人,并无虚设监理之必要,且在组织上亦属不伦不类。故在1946年底聂观九案告一段落时,即提出辞职,未蒙俯允。然开甲为表示决心,已有两年以上不到厂。今年4月,承催促襄助,开甲不得已,勉为其难,再作冯妇。不幸到厂未满一旬,即有失业工人在舍间门外守候,要求复工。今上海解放已月余,复工纠纷日多,开甲在厂一日,即为失业工人对象,增加公司麻烦。……应即日辞职,免贻人以口实。董事会决议:周监理开甲为本公司印厂方面重要负责人员,最近参加应付劳资纠纷尤多劳绩。此后借重之处正多,仍请以公司为重,共襄艰巨。

监察李昌允辞职,以次多数傅相臣递补。

董事会推请董事沈陵范兼代总经理执行公司业务;李昌允为副总经理。

编辑所副所长金兆梓于13日函舒新城请求援例退休。略谓编辑计划已拟就,但不得人为之,纵有纸上方略,又何补于事。目下厂方借增产节约为名,责所以多发稿。人不许增而欲增稿,势不可能,即许增人增稿,印出后而衡以目下购买力,销路可睹,届时则又将以造废纸相督责矣。按公司章程满六十岁,服务足二十年,截至本月10日,行年已满六十足岁,退老条件无一不备。尚希悯其老迈,许以退休。董事会决议:金副所长在本公司服务二十载,久著勋劳,虽年届耳顺,精力一如壮年,值兹时际,正赖老成长才继续相助。退休一节,请从缓议。

武昌、许昌、南阳三处支店,环境及其经济状态,均无继续设立之必要,决定收歇。保定、邢台两处,试办一时期再定。

7月　本局参加公私合营的联合出版社:(一)华北联合出版社在北平成立,出版中小学教科书。由新华书店、三联书店与商务印书馆、中华书局、大东书局、北新书局等十五家私营书店合营,新华、三联投资占 26.4%,私营占 73.6%。董事长史育才,经理薛迪畅。(二)在上海同时成立联合出版社,为上海各家联合供应教科书组织。由六十二家公私书店合营,新华、三联投资占 20.75%,私营占 79.25%。董事长王益,经理万国钧。[①]

8 月 12 日 根据董事汪伯奇提案,查孔庸之(祥熙)自被推选为本公司董事长后,久居国外,迄未返沪,最近以政治关系,其全部股份已由本公司遵令呈报在案。董事会议决:(一)原选次多数俞明岳递补为董事。(二)常务董事由汪伯奇继任。(三)改推常务董事吴叔同为董事长。

董事会决议:(一)监察丁辅之创制聚珍仿宋字体,俾公司专利经营,厥功甚伟。不幸逝世,除致赙仪四十万元外,追酬一百六十万,共人民币二百万元,一次拨给其遗属,薪给同时停止。(二)所遗监察一席由次多数严庆禧递补。

17 日 聘任林汉达为董事会顾问。

23 日 董事会鉴于现下交通阻隔,所有海外及西南各地厂店无法兼顾,推董事长吴叔同在港主持一切。根据此项决定,由吴董事长委请丁榕律师向英领事馆办理授权书,经汪伯奇、舒新城两董事代表董事会签证。嗣于 10 月 10 日,董事会再次授权吴董事长,在维护公司利益的前提下,对海外及西南各地厂店资金倘被移转隐藏,可随时在美国或其他各国追索或进行诉讼,仍由汪、舒两董事代表向美国或其他各国领事馆办理签证手续。

9 月 5 日 代总经理沈陵范、副总经理李昌允函请辞职,董事会议一致挽留,原函璧还。

23 日 吴叔同自港来电:"全体董监大鉴:叔明先生以总经理名义在台组织总管理处,令港、星以及西南各局将现金移往;并据厂中人报告,已准备将厂中重要机件等运台。究应如何处理,请电示方针。再,港厂密账由李虞杰、叶晓钟保管,闻李、叶将转道赴台。请董事会对李、叶离沪问题就近处理。"

26日　董事会对吴叔同电告港厂密账由李虞杰、叶晓钟保管等问题,李、叶两君列席会议声称:"(一)绝无保管港厂密账之事,应请彻查。(二)不知台总处要本人赴台,本人亦无赴台之意。"据情电复吴董事长。

董事会为避免各方误会起见,决定在《新闻日报》(28日)、《解放日报》(29日)、《大公报》(30日)刊登声明启事,全文如下:

"中华书局股份有限公司董事会紧要启事:(一)本公司章程规定,总公司设于上海,总管理处为总公司执行机关,非经本会决议,不得迁移。现在本会及总管理处均在上海照常行使职权及处理事务。(二)原有董事长孔祥熙被列为战犯后,已由本会改选吴董事叔同为董事长,并着手整理。(三)原有总经理李叔明自本年2月间赴美后,即由本会改选舒董事新城、沈董事陵笵先后代总经理以迄于今。(四)顷接吴董事长由香港来电,获悉李叔明以总经理名义,擅自在台湾设立总管理处,调动资金及准备搬运港厂机器等件,实属违反本公司章程,损害本公司利益。兹经9月26日董监联席会议决议,自即日起,李叔明应免除总经理及在本公司其他兼职职务;其擅自在台湾设立之非法总管理处一切行为,本公司概不承认。倘本公司因此受有损害,应依法向其追究。以上各点,深恐外界不明,特此郑重声明。"

此项内容,并于28日电告港处主任郑健庐、港厂监理姚志崇,并分转吴董事长、李叔明先生、曹允善律师,暨西南各分支局。

10月17日　收到吴明然转来吴叔同14日自港来电,告知接管港厂事。电称:"明弟转董事会诸公大鉴:叔同昨已进厂,俊兄已向律师声明尊重董事会命令,即开始清点工作。崇兄态度已好转。能得莘公②亲来即可解决。盼速驾,免再夜长梦多。"

11月3日 卢文迪、蔡同庆③参加上海出版界组织的以张静庐、姚蓬子为正副团长的参观团,前往东北、华北各地访问,参观解放区政治、文化、经济建设等各方面的新气象。该团于12月12日返沪后,由卢文迪向本局全体干部作了介绍。蔡同庆在24日劳资座谈会上报告了参观情况,并提出本局应积极供应老解放区图书仪器的意见。

11月 本月举行劳资协商会议四次,讨论的问题:(一)劳方同意派卢文迪、蔡同庆参加出版协会东北、华北参观团。(二)同意解放日报社借调本局《中华少年》主编廖湖今。(三)裁并现有机构。(四)继续动员科室人员下厂支援生产,已签名者十人下周一先行进厂。(五)各地分局无法维持问题。(六)组织各项财产整理委员会。(七)同意出售废书约七十吨。

12月30日 董事会对王瑾士辞职议案:"公司目下经济困难,挹注所资,多赖印所。王所长调度有方,于增产方面,领导同人努力进行,颇属有功。此次检查大张发生错误,卒能迅为纠正,除在督导疏忽之处,已依据实在情况予以批评外,并盼在不妨碍健康条件下继续努力,分担挽救公司责任,以期渡过难关。所请辞职一节,应毋庸议。"

是年 6-12月出书一百二十种二百一十八册,一千二百七十八万字。

1947年1月至1949年5月统计,包括教科书、儿童读物、普通图书、杂志等,共出书一千零七十三册,七千六百七十九万字。

出版介绍社会主义和马列主义的书有:"新时代小丛书",如李少甫译《苏联是多民族社会主义国家的模范》、《共产主义理论家列宁》,宁静《社会主义与道德》等。

"大众文化丛书"有:《苏联集体农庄的基本原则》、《苏联的农业组织》、《苏联的工业管理》、《苏联的货币与银行》、《唯物论与法律学》、《中国的农民运动》、《旧教育批判》等。

还出版有"苏联知识小丛书","人民民主国家介绍小丛书"。

其他专著有郭大力《西洋经济思想》,启扬《新经济学纲要》,王亚南《政治经济学史大纲》(大学用书)、《中国社会经济改造问题研究》,石兆棠《科学的方法论》,吴清友《战时及战后苏联经济》,胡今《计划经济通论》,阿真译《资本主义与社会主义条件下技术的发展》,盛叙功《世界经济地理》等。

---

① 宋原放《中国近代出版大事记》,《出版史料》1991年第4期。

② 电文中的"俊兄"指厂长赵俊,"崇兄"指监理姚志崇,"莘公"为董事王志莘。

③ 1985年《出版史料》第4期载有《上海出版界华北东北参观团》一文,称中华参加者卢文迪、蔡同庆,本无误。而1987年《出版史料》第1期刊有毕青1986年9月致史料编辑部的一封信,校正前文错误,其一谓"中华参加的一人是蔡国庆,误为蔡同庆,应更正"。这一校正实为错校。因毕青是参观团的秘书,又有他当时的日记本为据,容易使人误信。故特为注明。

1950 年

1 月 中华全国戏剧工作者协会编《人民戏剧》由本局印行。
南阳支店正式收歇,经理郭翔佛留办结束。

2 月 11 日 董事会顾问林汉达去燕京大学任教,改聘陆高谊
继任。

中华教育用具制造厂应由两合公司改为股份有限公司。无限
责任股东胡庭梅函称负债甚巨,按该厂所造仪器、模型等教学用品
有继续生产之必需,胡君垫款经审核后,依照原定股份比例,由胡君
负担 30%,本公司负担 70%,所有厂房生财器械原料及半成品,照三
七比例共有。俟清点详确,再依比例分发股票,改为股份有限公司。
并派陆费铭中负责联系清点。清点改组完成,即充该厂厂长。

22 日 人民银行通知,原由本局上海印刷厂代印钞券即日停
印。以前由各部门调往印钞部门工作的人员,先行复员。最近公
司收入以印钞为主,今完全停印,其困难程度非常严重,如何克服,
将依照供电情况,配合政府政策,与工会协商全盘处理。

3 月 8 日 聘潘达人为董事会秘书长,设立董事会秘书室。
另聘钟吉宇为董事会秘书。

潘达人,又名潘大年(1906 - 1986),江苏宜兴人,与潘梓年、潘
汉年为族兄弟。1925 年毕业于江苏省立第三师范学校。其后,在
无锡、宜兴等地中小学任教员、校长等职。抗日战争期间,辗转苏
北、上海等地,从事财经商业工作,曾兼上海《大美报》、《正言报》副

刊编辑。

1926年,在无锡加入共产主义青年团,参与了宜兴革命大暴动。1944年在上海为潘汉年负责的地下党组织提供情报,营救同志。1947年加入中国共产党。1949年春,奉派到华东联络局工作。

新中国建立后,被安排进中华书局,未公开党员身份,作为资方代理人任董事会秘书长,代表董事会执行业务。成立秘书长办公室,实行对书局的具体领导。后又任董事、常务董事。由于他具有马列主义的修养,缜密的思维和谦诚勤劳的作风,进局不久,便获得了全体员工的尊敬和信任。当时中华书局的处境十分艰难,依照党的方针政策,不断克服困难,创造条件,稳妥地把一个旧企业逐步进行改造,成为适应社会主义性质的人民出版事业。到1954年,联合商务印书馆等几家有影响的同业,率先进入公私合营阶段,纳入国家体制,成为中央一级的出版单位。在这四年多的改造过程中,步步都凝结着潘达人大量心血。同时,他还注意到海外的华侨教育,推动在香港出版供应南洋方面的华侨教科书和青少年读物。

中华书局合营时,潘达人任经理。到1958年本局调整为出版古籍的专业出版社时,改任出版部主任,积极开展影印古籍的工作。如《册府元龟》、《永乐大典》、《文苑英华》等,都是在他主持下完成的。

潘达人在革命道路上经过了许多曲折,从1955年9月开始,受潘汉年冤案牵连被逮捕,接受审查处分。"文革"期间,再受冲击。直到1980年,随着潘汉年案的彻底平反才得平反,撤销了处分,恢复了党籍,改退休为离休。潘达人在中华书局工作了二十五年,1975年退休,1986年病逝于北京①。

4月7日　董事会议对公司的处境进行分析并确定进行改造

的方针。

"本公司各种情况与新时代难以配合,如教科书营业的大公司独占性已不可能;印钞收入已断没有恢复可能;杂书绝大多数已失去时代性,须淘汰或订正重排;薪工材料支出庞大,成本过高,生产愈多,亏本愈大,致发展生产成为不可能;出版方向转变尚在准备过程;收支不平衡,非常危险,3月份赤字达二十亿元,很难依靠港汇弥补。就整个环境来看,各业正从半殖民地半封建经济转向为人民服务,客观条件尚未成熟。如农村土改尚未完成,帝国主义封锁尚未打破,经济情况处于低潮,购买力普遍不振。因此,在整个社会经济趋向高潮以前,公司本身尚未改造以前,要求开展业务挽救本公司经济危机,并不切合时机。现阶段只能从改造自身的缺点,将不利情势改造成有利条件入手,将困难减低到最低限度。一面渡过困难,一面为发展业务作准备的过程。"

基于上述估计,董事会议通过了一个业务计划:(一)整理行政系统,包括废除经理制,改组机构;修订制度等。(二)处理财产增加收入,包括房地产、原物料、投资等项。(三)发行所、分局、印刷所独立经营,以求自给自足,编辑所整理旧出版物分别重印停印。(四)节约物料消耗;整编人员,实行定员、退休、学习、编余,并重定薪给标准等。这些办法准备提交工会研究讨论,然后进行协商。旋经劳资双方反复协商,除(一)(二)两项逐步进行外,(三)(四)两项主要实行了普遍减薪办法,以节约开支。

废除经理制,改由董事会集中管理。设九人委员会,一切行政管理及应行兴革事项,经委员会讨论决定后,交董事会秘书室执行。

九人委员会由吴叔同、汪伯奇、舒新城、王瑾士、潘达人、钟吉宇、李昌允、郭农山、薛季安组成,主席吴叔同,主席离沪时由汪伯奇代为主席。4月24日开第一次会议,定名为"中华书局董事会行政管理委员会"(简称行政管理委员会),每星期一、三、五各开会一次。

5月3日　重新审议出版书刊,决定:(一)英文教材、俄文书、新时代丛书、工农便览、工农手册、大众文化等丛书照常进行,字数不超过一百万,稿费以八千个折实单位为限;其余古书、目录学等全停。(二)挂图及医药书可暂为准备,适当时再积极进行。(三)收受其他稿件,必须提交行政管理委员会讨论。(四)期刊先停《人民诗歌》、《中华英语》两种。

5月　本月前后,公司财政极为困难,于行政管理委员会会议几次讨论筹款问题可以概见。(一)5月3日,李昌允委员报告收支相差过巨及向银行借款困难情形云,前于4月28日,估计一星期内税捐薪工等开支需九亿元,因向新华银行申请借款七亿,该行以本公司所借港币二十五万元未还,不允再借。今日应发半个月薪工系向上海及金城两银行借得,期限甚短,以后将无法续借。故一切支出非绝对紧缩,恐将无法应付。(二)5月10日会议谈及财政调度时,谓向分局催款,沈阳、重庆、成都、贵阳等,均电复无款可汇。以后对各银行借款到期不能归还,势必影响公司信誉,不能再向银行商借。会议决定请舒新城委员与新闻日报社接洽出售卷筒报纸,暂资周转;一面请吴董事长设法筹款汇沪接济。(三)6月上旬中国实业银行来调查本公司借款用途,告以用于一时周转,拟向海外设法调回资金,俾早日偿还。

6月14日　邢台支店由当地主管机关批准歇业。

19日　对上海联合出版社投资增为一千四百股。该社为上海各家联合供应教科书组织,本公司原投资二百五十股,每股折实单位五百份。1949年应得股利一万四千一百余折实单位转作增资,每股改为一百单位。本公司增至一千四百股,尚不足八百六十余单位,以现金补缴。

24 日　参加群众联合出版社,投资二百股,即全张白报纸二百令,以潘达人为本公司代表。

27 日　经上海市劳动局进行三次调处,与工会签订普遍减薪协议。本年 4 月间,公司鉴于收支不能平衡,一切业务无法进行,开始提出节约整编办法,包括减薪定员等,与工会反复进行谈判,至呈请市劳动局调处后,始达成协议,自 7 月份起实行七五折减薪。减薪后最高以三百个折实单位为限,最低以一百零五为度,低于一百零五单位者仍支原薪。同时,公司应进行整顿,建立预算、清查整理、造货发货、购料及规章起草等五个委员会,工会分别派员列席各委员会议。

当时公司的组织和人员概况:总公司设于上海,由董事会选任总经理一人,秉承董事会执行业务;另设协理二人,辅助总经理处理业务。本公司设编辑、印刷、发行三所,总管理处一处及秘书室一室,分别办理编辑、印刷、上海发行及总公司事务等工作。另在各处所下成立部课,分层负责。上海部分现有职工共六百六十人。编辑所人员分为所长、编审、编辑、助理编辑、校对员、学习员、练习生等七级。印刷所分为所长、厂长、工务长、课长、课员、技工(上手、二手、三手)、练习生勤杂等七级。发行所分为所长、课长、柜长、课员、练习生勤杂等五级。总管理处分为处长、部长、课长、课员、练习生勤杂等五级。各地分支机构,本年初有分支局三十三处,分厂一所;另在北京、广州、成都、杭州四地各设置监理一人;在香港有驻港办事处及董事长办公室。

6 月　特约俄语编辑杨永辞职。聘陆钦颐为特约俄语编审,后改专任编审。

7 月 5 日　为准备举行劳资临时协商会议,双方各自派定代表。工会方面有韩尚德、阮渊澄、陆金度等二十二人,资方有潘达人、钟吉宇、李昌允等十一人。

7 日　南京分局经理沈仲约病假,由范瑞华代理。

8 月 2 日　推派潘达人、舒新城代表本公司出席华东新闻出版局及上海市新闻出版处召开的公私营出版业座谈会。

8 月　开封分局经理翟仓陆久离职守,予以停职处分,由副经理宁子愚暂代。至 11 月 1 日调南阳支局经理郭翔佛继任经理。

9 月 2 日　常务董事杜月笙身体衰弱留港,不能执行职务,改推陆费铭中为常务董事。

常务董事汪伯奇留港工作,所兼行政管理委员会委员,改推常务董事陆费铭中兼任。

参加通联书店,投资五十股,合五千个折实单位,以潘达人、钟吉宇为本公司代表。该店于 1953 年 3 月与联联、童联两家正式合并经营。

15－25 日　第一届全国出版会议在北京召开。代表本局参加者有潘达人、舒新城、王瑾士三人,又有金兆梓为特邀代表,卢文迪为《新中华》主编也参加了会议。分局方面参加会议的有西安分局经理谢惠侨代表西北区私营出版业,汉口分局职员顾恒昌为中南区出版业工会代表。舒新城被推为大会主席团成员,金兆梓为提案审查委员会委员,卢文迪为文件起草委员会委员。潘达人、谢惠侨、顾恒昌三人都在大会上发了言。

会议明确了今后人民出版事业,必须以中国人民政治协商会议共同纲领的文教和经济政策为基本方针,在出版总署的领导下,为人民大众的利益服务。在工作的改进与发展上,逐步实行出版与发行、印刷的分工;并在国家有组织有计划的原则下,逐步做到出版专业化。初步商定本局以医药卫生及农业书的出版为主要专业方向,允许逐步走向专业。旋于 10 月 28 日,政务院颁布了《关于改进和发展全国出版事业的指示》,出版总署则发出了《关于国营书刊出版印刷发行企业分工专业化与调整公私关系的决定》两个纲领性文件。

本局在向全国出版会议提出的报告中,谈到编辑、出版、印刷等方面的"现有力量"时,谓编辑所有编辑六十一人,凡政经、哲学、教育、俄语、文艺、美术、儿童文学、史地、数理、化工、农业、生物等科,均有多年工作经验的编辑人员。由于过去偏重编辑教科书的关系,他们特别长于中国语文及通俗读物的编写。经过一年多来学习马列主义和毛泽东思想,在理论与实践结合方面,已略著成效。解放前一二年间,已聘有精通俄文者五人,并有十余人已学完一年的俄语课程。

在书籍出版方面,过去历年出书一万四千余种,除不能再印及停售者外,可用者尚有五千余种,部分须加修改补充。解放一年来出版新书三百余种,在排印中者亦三百余种,因在一二年前已着手与进步作家联系,为新书稿作了准备。

继续出版的期刊有《新中华》半月刊、《中华教育界》月刊、《中华少年》月刊、《小朋友》半月刊、《中华俄语》月刊、《人民戏剧》月刊六种。

有图书馆一所,藏书五十二万册,并富有特色。

印刷方面,有规模宏大的上海、香港两个印刷厂,设备先进,技术优良。印刷书籍,除平版机外,有滚筒机三台,每日八小时工作,可月印九千令。排字设备齐全,月可一千几百万字,各式字体有大小铜模三十六副。上海厂有员工三百四十五人,大多为精良熟练技工。

会后,在出版总署领导下,由三联、中华、开明、商务、联营五家,就发行机构联合经营,准备筹组中国图书发行公司进行商讨,决定以后不再单独设立发行机构。

本局派郭农山参加筹备小组。其他四家的小组成员:三联邵公文(召集人)、商务史久芸、开明章锡珊、联营万国钧。小组起草了组织联合发行机构的基本方案。出版总署办公厅于11月11日发布《关于三联、中华、商务、开明、联营书店组织联合发行机构的通报》。

10月10日 "永宁印刷厂"名义取消,改称"中华书局上海印刷厂",资本划还总公司,自14日起实行。正副厂长仍为沈鲁玉、王凌汉。原监理周开甲改任印刷所所长。

15日 在中华学艺社会堂召开解放后第一次股东常会。高欣木、吴叔同、沈陵范、王瑾士、陆费铭中为主席团,选出董事十五人:陆费铭中、舒新城、汪伯奇、杜月笙、李叔明、陆费叔辰、俞明岳、高欣木、李昌允、吴叔同、潘达人、王瑾士、王志莘、沈陵范、徐士浩。监察五人:路锡三、严庆禧、吴明然、陈子康、徐玉书。

资本总额按政府有关规定由旧法币一百亿元调整为人民币二百亿元。分十亿股,每股二十元。

18日 董事会推选高欣木、王志莘、陆费铭中、吴叔同、潘达人五人为常务董事,吴叔同为董事长。

根据新修改的公司章程,原"行政管理委员会"改称"业务管理委员会",秉承董事会议定公司业务,交董事会秘书室执行。于2月20日开第一次会议。

30日 《中华教育界》出至本年底停刊。原负责人姚绍华调派为图书馆副馆长。

11月1日 成立北京办事处,调派蔡同庆暂兼主任。

10日 北京办事处推定蔡同庆、王木天、平凤桐、于梦武四人参加三联、中华、开明、商务、联营五单位全国干部会议筹备会。

16 日 为准备参加五单位在京联合召开的全国干部会议,与商务在沪联合召集华东、中南、西南、西北四区的干部,于 16 – 19 日开准备会议。情况融洽,对联营认识均有提高。嗣于 27 日,本局总公司和各地分支局代表以及职工代表五十余人,参加了在北京召开为期八天的联合干部会议,为成立五单位联合发行机构中国图书发行公司,基本上统一了思想认识。

22 日 聘赵师震为特约编审(赵在学生时期曾受本局资助),主持医药卫生书籍的出版事宜。

12 月 15 日 聘吴阶平为特约编审,任北京方面医卫书稿的联系及审稿工作。

22 日 为配合统一发行与商务采取协调步骤,决定撤销桂林、太原、保定、厦门四处分局。保定职工除经理外,全部调张家口分局工作。

至此,本公司在各地及海外所设分支局尚有:北京、沈阳、天津、张家口、青岛、南京、杭州、福州、开封、汉口、南昌、长沙、衡阳、广州、汕头、柳州、梧州、南宁、西安、兰州、重庆、成都、贵阳、昆明、台湾、香港、新加坡等二十七处。

30 日 中央文化部科普局编《从猿到人》挂图一套,计五组二十八幅,交本局印行,签订合约。规定 1951 年 2 月交稿,6 月印成。后因原稿问题较多,一再修改,延至 1953 年初发行。

是年 营业收入四百四十六亿八千余万元,其中销货三百九十亿元,印刷五十六亿六千余万元。毛利八十四亿元,与成本及开支相抵净亏二十八亿七千余万元。如无海外资金挹注,已无法周转。主要原因为旧教科书可用者甚少,其他出版物可售者亦大为减少,新书不及大量出版。而在读者心目中已成"旧书店",威信降低,也影响销数。再加停印钞券后,印厂收入锐减,印刷能力未能充分利用。

港厂主要设备和生产能力:

1. 印书部分

铅印	卷筒机二架 全张密勒机八架	月印三千令 月印一千八百令	工人三十九人
浇版	浇版机三架	月浇三千五百页	工人七人
落石	二三号机三架,打样机一架,落铅皮机一架	月产二百至二百五十方	工人十五人
晒版	照相自动晒版机一架	月产一百五十方	工人三人
彩印	德制全张胶印机四架,对开二架,美制全张三架,双色一架	月产九千三百五十单色令	工人七十八人
装订	胜家机十六架,穿线订机四架	月产七千五百万页	工人一百一十五人

2. 印钞部分

电镀制版全套		月产二十万方英寸	工人七十五人
凸版	四色机一架,鲁麟十二架,美式十八架 三号脚踏一百二十架	月产三百七十五万中张 月产三千七百五十万小张	工人一百六十人
凹版	25″×28″大电机五架 20″×22″美式电机一架 14″×22″小电机八十架	月产一百万大张 月产二十万中张 月产二百万小张	工人七百五十四人

---

① 参阅华昌泗《追念潘达人同志》,1990 年 7 月 28 日《新闻出版报》。

1951 年

1月1日 由三联、中华、开明、商务、联营五家组织的公私合营的有限责任公司——中国图书发行公司在北京正式成立。本公司派潘达人、李昌允、郭农山、蔡同庆四人参加该公司管理委员会。潘达人被推为副主席,郭农山兼副总经理。总公司部分有关业务人员随同移转,各地发行机构的业务及人事领导权,并移交该公司。中图的资金总额定人民币三十亿元,本公司投资七亿元,占三十分之七。在经营的第一阶段,分支机构的资金暂不统一,仍按各单位分别结算盈亏,自负经济责任;至第二阶段,资金统一。四月初第二次管委会议决定增资至六十亿元,本公司照原比例增认至十四亿元。九月底第三次管委会议决定再增资至一百五十亿元,除四十五亿由总署投资外,本公司仍照比例认至二十四亿五千万元,须增缴的股款十余亿,在货款中扣抵。

原业务部所属供应、书栈、分局三课大部分业务人员陆续移转中图公司,三课即行撤销。总公司及发行所移转中图者共一百三十五人,其中总公司调北京中图总处者三十一人。

15日 刘炳贤(原中共中华书局支部书记)辞职,致送退职金两个月薪金。

2月23日 调派业务部分局课主任陈世觉为北京办事处专员,刘礼为会计。派潘公望为上海五单位联合营业部副主任。

3月23日 《大公报》刊登港厂承印《今日美国》问题。2月间,香港《大公报》报道本公司香港印刷厂承印《今日美国》杂志,经查询始悉港厂于去年5月承印,订约至本年底。因视为日常业务,未向总公司报告备案,故迄今亦不悉其内容。经董事会讨论,由吴董事长就近了解,督促港厂解约,中止承印。3月22日,上海《大公报》刊登读者来函,要求总公司答复处理,表明立场。旋由总管理处去函,就本公司立场进行检讨,并说明事实经过,上海《大公报》于4月5日刊出,香港《大公》、《文汇》两报于11日转载。兹据香港电告,《今日美国》自4月4日起中止承印。港厂并于4月12日在香港上述两报同时刊登停印声明。

4月22日 上海发行所及各地分支机构兼营的文仪业务,在进入中图公司组织当地分公司前,全部结束。

市劳动局批准本公司上海印刷厂职工自5月份起,依法实施劳动保险待遇。其他部门不适用劳保条例者,由业务管理委员会与工会协商,比照条例订立集体合同。资方代理人的劳保待遇援照条例办理。

30日 本局职工倪国钧等三人在27日的"镇反"行动中,以反革命罪被捕,即予开除。

5月5日 工会为开展肃清反革命运动及通过肃反委员会名单,下午召开大会,新厂成员全体参加,老厂及发行所派代表参加,各部门主管列席大会。

6月3日 工会假美琪戏院庆祝实施劳保条例,同时举行表模敬老大会。表扬上海印刷厂技工程永福、周盘明、陆伯勋三人创制电镀平凹版成功,印数超过平版530%;中排课创月排四百三十五万字的新纪录。

14日 派姚绍华去北京,代表编辑所接洽出版事务,其事务账务暂由京处办理。

6 月 拟将香港印刷厂内迁。董事会秘书长潘达人 4 月在京时,以出版总署认为本局港厂,在港维持诸多困难,以迁移内地为宜。故于五六月间去港商讨,吴董事长对迁厂原则表示完全同意,惟以客观关系,拟采取分期搬迁办法。因全部搬迁,费用难以负担,且港府对外运物资至为注意,必须谨慎从事,免生意外。

7 月 13 日 遵照出版总署指示,"中华书局、商务印书馆海外课本联合编刊社"正式成立,以供应海外华侨学校需用课本。总社设上海,办理编辑及与主管各机关联系等工作;业务机构设香港,办理印制、发行、运输等工作。第一期资金暂定港币十万元,本局六万元,商务四万元,将来增资即照六四比例加认。社务委员十人,商务为谢仁冰、史久芸、韦傅卿、戴孝侯、沈季湘,中华为吴叔同、潘达人、舒新城、蔡同庆、钟吉宇。并经两家推定谢仁冰为主任,吴叔同、潘达人、戴孝侯为副主任。

先是,两家为合编南洋华侨教科书,于 5 月间成立联合编辑组,商务有沈百英、金云峰,本局有金兆梓、吕伯攸、杨复耀。以金兆梓为负责人,设在澳门路中华编辑所内。6 月,组成出版委员会,本局以金兆梓、叶晓钟为出席代表。至是正式成立编刊社。嗣后编印了供应不同地区中小学的三套课本,即印缅版、新马版和港澳版。

27 日 在劳资协商会议上,工会同意资方彻底清售剩余物资,及处理废置不动产,以灵活公司资金的意见,作为第三季度中心工作之一。秉此协议,年内处理房地产及剩余物资数目较大者:(一)铜仁路老厂全部房屋 31 幢,连一切室内附着物,以八十六亿元售与市卫生局,于 11 月 28 日成契。其中包括安达纺织厂租用期内添建部分,后于 1952 年 7 月 14 日与安达成立协议,付给该厂十三亿一千五百九十七万三千元清结。(二)出售旧存物资,有旧汽车六辆,合九千二百三十六万元;各种纸张二千八百余令,合十三万二千四百六十万余元;各种废书四千八百余担,合七万六千四百六十万余元。(三)先后出租平凉路基地,有上海总工会八亩五厘四毫,万年青织造厂九分一九厘毫,益华钢铁厂七亩八分二厘四毫,上海电线厂十三亩五分九厘。

8月1日　中华书局北京模型制造所成立,设于西四块玉胡同19号。该所与农业部华北农业科学研究所模型室合作经营,以技术及业务为公私合作范围。前于4月间达成协议,签订了为期两年的技术合作契约,规定该室将研制之原型,交由本局制造发行;并提取售价的10%,以其5%作研究造型费用,另5%为著作费。本公司陆续投入资金八亿元,由北京办事处主任兼理该所主任职务,先为蔡同庆,1952年1月后为俞明岳。

6日　王瑾士由公安局传讯,涉及反革命案件。决定:(一)业务管理委员及印刷所所长职务均停职停薪。(二)董事部分暂停行使职权。(三)报告主管机关备案。至12月12日,王已被叛处无期徒刑,其私人财产亦已没收。所任本公司董事职务予以撤除。

9月13日　上海印刷厂承印《毛泽东选集》,组织工作委员会,业务管理委员会推荐舒新城委员参加,由上海厂主持召集。

27日　已届退休的资方代理人,自11月份起办理退休。董事会在编辑所副所长金兆梓的退休决议中称:“中风以来数月于兹,仍需长期疗养,方可恢复健康。先生自1929年进局〔按第一次进局在1922—1923年,第二次进局为1929年〕以还,佐理编政,建树极多。抗战时在后方筹设编辑机构,并复刊《新中华》等杂志,使我局信誉不坠,厥功尤伟。今值先生退休之际,追念贤劳,昌胜怅惘。先生病中自耗医药费用极巨,议诀致送医药补助费一千万元。”

聘办理退休的金兆梓、薛季安、沈鲁玉分别为编辑所、业务管理委员会、印刷所名誉顾问,均不支报酬。

业务管理委员会委员原定九人,现因薛季安退休,王瑾士停职,即改为七人。

常务董事潘达人在京出席中图公司管委会第三次会议时,与出版总署接洽出版印刷等问题:(一)出版方面,总署表示本局重点由医农改为俄文和翻译,逐渐走向外文。因向总署反映目前尚有困难,希望将农业重点保留,总署允予研究。(二)编辑所出版部门与俄文及翻译有关部分须先迁京。印厂西文排版及中文排版一部分亦须迁京。

查 1950 年全国出版会议时,总署规定医农两项为本局专业方向,当时编辑所没有医卫人员,农业只有半个,引起了编辑所内部不安,怀疑强调专业,意在排挤旧人,高级编审纷纷有离去之意。部分人员要求增加文史专业,以适应十分之六七为文史编辑的情况;并要求改以外文及苏联介绍为专业,建议与中苏友协合作,则大部分人都可以工作。到本年 11 月间,总署同意改以外文、苏联介绍及农业为专业方向。

10 月 4 日 编辑所副所长金兆梓退休后,由卢文迪代理,11 月 9 日正式聘为副所长。照前金副所长标准月支薪额四百二十五元,实支三百个折实单位。

编辑所主任秘书吴廉铭退休后,由姚绍华继任。医药重点书稿一时无人料理,聘吴廉铭为编辑所名誉顾问。

编辑所《俄语月刊》、《新中华》、《中华少年》、外文部分的编辑,并配合一部分事务人员决定迁京。先派姚绍华、朱基俊赴京筹备。

印刷厂西文排版及中文排版一部分决定迁京。派杨荫林、朱锦高前往准备。至 12 月已有技工三十六人到京,成立北京排版部,由周开甲负责。

8 日　上海印刷厂厂长沈鲁玉退休后,由李昌允兼代厂长。

29 日　决定《中华少年》月刊出至本年底停刊。

11 月 9 日　聘施其南为俄文编审,朱基俊为编审。

11 月　主要向海外发行的《新中华画报》月刊在香港创刊。编辑部设在广州,马国亮主编,编辑有司马文森、李青等,后以李青为副主编。印数曾至一万八千册,1958 年停刊。

12 月 12 日　推定本公司投资中华教育用具厂股权代表人。为整理改组中华教育用具制造厂由两合公司改为股份有限公司,曾于 1 月间由潘达人、陆费铭中、王瑾士、李昌允、钟吉宇、薛季安六人,与无限责任股东胡庭梅等三人,组成整理改组委员会,潘达人任主席,陆费铭中及胡庭梅为副主席,进行改组工作,并为过渡时期的领导机构。10 月 6 日,双方共同委托潘序伦会计师办理变更登记手续。现今市工商局批复,准予重估财产后一并为变更登记,须确定股权代表。因由董事会推定吴叔同、陆费铭中、李昌允、舒新城、潘达人、钟吉宇、李虞杰、吴明然、俞明岳、薛季安、蔡同庆、邓易园十二人为本公司投资该厂的股权代表人,会同对方股权代表筹备改组。

17 日　董事长吴叔同自港函称,香港印刷厂厂长赵俊辞职。自 12 月 1 日起,暂由董事汪伯奇代理。

27 日　编辑所因重定专业方向,不再发展医药卫生书稿,原特约编审吴阶平、赵师震 1952 年 2 月起不再续聘。

图书馆所藏舒新城所藏之珍本"少年中国学会改组委员会调查表",其中毛泽东、恽代英登记表各一份,捐献给市文化局。

12 月　《新中华》月刊,经多方研究改进,终以销路问题,出至本年底停刊。

至本年底止,本公司重估财产,经上海市评审委员会审查通过,总计为人民币五百五十八亿七千余万元。细数如下:

上海总管理处　　三百五十七亿五千七百余万元

上海印刷厂　　　一百五十九亿九千九百余万元

上海发行所　　　二亿六千五百余万元

各地分局　　　　十三亿余元

港局港处　　　　二十五亿四千九百余万元

是年　办理股权登记,始于7月中旬,十余日后,以市工商局通知,为免公股蒙受损失,公告停止。随即拟具办法向市新闻出版处请示。至11月中自行决定继续办理,定期一个月,旋又一再延期。

组织全体职工进行政治学习。上半年学社会发展史,下半年学政治经济学。编辑所自行组织。总处及印刷厂则由董事会秘书室及工会分别组织领导,每日在上班前或下班后学习一小时。政治经济学聘请杨荫溥教授编印讲义进行系统讲授。时事政策方面的学习,有土改、镇反、抗美援朝、共同纲领等。

为准备迁京人员宿舍及办公用房屋,在北京购买的房地产有:(一)北柳巷42号三十余间,又5号四十余间。(二)西四块玉胡同19号五十一间。(三)北京分局后院一所。(四)永光寺中街南3号二十六间半。

为配合中图公司的经营计划,北京、天津、沈阳、上海四地中图分公司于7月间成立,我四地分局全部归并于中图,文仪业务亦均结束。

对其余各地的分支机构及其负责人,作了较多的调整。(一)升任杨培增为兰州分局经理。(二)福州分局经理李旭升调中图总处,由李汉松继任。(三)昆明分局经理项再青在沪病逝,派钱正化继任。(四)调桂林支局主任李砺垣为衡阳支局主任。(五)杭州分局经理朱朗亭辞职,派吴子范继任;9月间调福州分局经理李汉松为杭局经理,吴子范回总公司原职。(六)贵阳分局业务不振,店屋又被房主卖去,办理结束。(七)结束与济南教育图书社的特约关系,其未了事项至1953年12月获致协议。(八)北京区监理周支山4月8日病逝。周君服务公司四十年,劳绩卓著,决定医药费全部报销,发三个月薪金作丧葬费,给予一次抚恤费人民币一千二百万元。北京区监理处于5月1日起撤销。(九)成都区监理胡浚泉逝世,原成渝监理处即于7月中旬撤销。(十)杭州监理处于9月底撤销。监理陈光莹及原厦门分局经理严慎之,均自10月份起回总公司办理退休。(十一)衡阳支局主任李砺垣于12月初携款潜逃,由广州公安局追获。遗缺派张庭秋暂代。(十二)广州分局高民铎于12月下旬自杀身亡。

编辑所为实现专业方向,争取业务领导,自4月中起,分别与有关单位订立出版合约:(一)华北农业科学研究所编的:"苏联农业科学丛书"、"农业科学通讯丛刊"、"植物病害丛刊"、"农业生产技术连环图画"、"农业生产技术浅说"等。(二)农业部的"农业生产丛刊"、"农业经济丛书"、"农业干部丛书"。(三)中苏友好协会总会的《中苏友好报》。(四)中共中央俄文编译局、北京俄文专修学校编的《俄文教学》双月刊。(五)华东纺织管理局的"纺织丛书"。(六)中国人民银行、中国银行编的"国际经济丛书"、"中国进出口商品丛书"。(七)大众医药卫生丛刊社编的"大众医药卫生丛刊"。(八)文化部的"古典文艺丛书",电影局的"电影剧本丛书",戏改局的"新中国文艺丛书"。

出版初重版书包括期刊共七百九十六种四百五十七万七千二百册,用纸一万五千一百五十令。初版占43.13%,重版占

56.87％。每种平均用纸十九余令,平均印数五千七百五十册。

整理出停售作废书八百九十种,特价书三百九十六种,凭证发售书十六种,分别编印三类书的目录。作废纸出售的停售书四千八百余担,合人民币七万六千四百六十五万余元。

总公司员工移转中图者:计中图北京总处三十五人、沪处四十二人、上海分公司五十八人,共一百三十五人。根据劳保条例及集体合同办理退休者共二十人,其中上海厂八人,总处及编辑所十二人。至12月底实有人员计:业管会委员七人,总处六十九人,编辑所七十三人,上海厂三百四十六人,共计四百九十五人。

营业收入五百一十一亿一千八百余万元。其中销货收入四百四十五亿四千三百余万元,印制收入六十五亿七千五百余万元。与成本及费用相抵,净亏五十七亿六千六百九十余万元。

1952 年

1月1日　编辑所移设北京,自16日起正式开始办公。上海方面暂留一部分人员设立留沪工作组,负责排校印订,以秘书吴一心为主任。原属业务部之造货、图版,总务部之广告、纸栈四课,改属编辑所,广告课改名推广课。

原与出版总署商定,编辑所迁京后的业务领导机关有农业部、林业部、中国科学院、北京农业大学、华北农业科学研究所、中苏友好协会总会、中共中央俄文编译局等。但上半年因"三反"运动,而本局为私营企业,有公私关系的顾虑,一时未能获得各方面的助力。

7日　先后经读者批评的《中国经济地理》、《中国地理概观》、《怎样学习地理》三书,均有原则性错误,停售作废,本局在信誉上、物质上蒙受损害,编辑所及作者葛绥成均进行检讨。编辑所认为过去出书,未经严谨审查,自本年度起,组织专业编审委员会,审慎收稿。重点以外新书不再进行。

10日　编辑所考选练习生徐根娣、吕如宝、沈渝清、吴乃昌、梁国柱五人。前于12月下旬,由舒新城、钟吉宇、卢文迪、陆嘉亮、吴一心、陆正毅、朱基俊七人组成委员会,由舒新城主持其事,并制定了《新进工作人员在北京服务暂行办法》。

14日　北京办事处主任蔡同庆调中华教育用具制造厂。遗缺由俞明岳继任,并暂兼北京模型制造所主任,及海外课本联合编刊社驻京代表。

中华教育用具制造厂改组为股份有限公司,经重估财产确定资本为人民币十六亿元。在该公司第一次股东会上,推定本公司股权代表潘达人、吴明然、李昌允、薛季安、舒新城、蔡同庆、陆费铭中七人为董事,钟吉宇为监察。陆费铭中、蔡同庆被该厂选任为正、副经理。

蔡同庆原任中图公司管理委员职务,改推舒新城充任。

本公司劳资协商会议组织简则,经会同工会呈请劳动局于上年 11 月批准,月内正式成立协商会议组织,以替代 1949 年 3 月以来的劳资座谈会及临时劳资协商会议。业管会推定潘达人、钟吉宇、舒新城、李昌允、王凌汉、陆费铭中六人为资方代表,李虞杰、邓易园为预备代表。劳方由工会普选韩尚德、唐培生、吴一心、奚兆燊、周少南、陆金度为代表,葛馁成、俞文奎、华道泉为预备代表。第一次协商会议于 2 月 1 日举行。

同意接受董事长吴叔同在香港清理本公司投资的保安实业公司方案,以该公司胜利道房屋抵欠我局港币十万元及售余机器抵欠港币五万八千四百二十元结束。

17 日　调派上海印刷厂秘书沈谷身兼任北京排版部主任。

26 日　与青岛分局(同记)经理刘锡九订立撤股协议。该局已于 1951 年底结束营业。

1 月　《中苏友好》半月刊由本局印行。

购买北京东四大淹通胡同 11 号屋二十三间作宿舍用,屋价市布 485 疋。又典进北孝顺胡同 40 号屋三十一间,作排版部家属宿舍,典期二年,典金九千个北京单位。

2 月 13 日　驻港办事处主任郑健庐因病请假,于 1951 年底将账目结束,承办业务,分别移交董事长办公室及香港分局接办。

前成都分局经理李秋帆自 1 月份起办理退休。

工会组成"增产节约检查委员会",吴一心为主任委员,行政代表推潘达人、钟吉宇参加。前于 2 月 1 日第一次劳资协商会讨论如何开展运动时,双方同意:以"五反"(反对行贿、反对偷税漏税、反对盗窃国家财产、反对偷工减料、反对盗窃经济情报)为重点,结合"三反"(反对贪污、反对浪费、反对官僚主义)进行检查。由党支部选二人、行政二人、工会三人、团委二人共九人,组成"增产节约检查委员会",领导学习和运动;并与北京方面联系,成立相应组织,直接会同进行。运动自 3 月 3 日至 4 月 10 日,为期 38 天。5 月 25 日工会召开总结大会,谓本局资方对运动态度相当认真,坦白交代尚能彻底,对生产亦具信心。8 月 8 日,上海市增产节约会通知定为"守法户",依法应缴所得一千八百三十九万二千九百九十八元,连同各地分支局核定总数为九亿二千八百六十二万零二百五十九元。至 1953 年 11 月底按计划分期缴清。

3 月 17 日　业务部正副主任均已另调工作,今后业务部事务,由李虞杰负责主持。

22 日　上海印刷厂续印《毛泽东选集》第二卷五万册,与华东人民出版社签订印装合同补充文件。此项任务于 7 月间结算时计亏一亿数千万元。

27 日　书业公会通知:新闻出版处转来《文汇报》读者要求对以前出版图书如"中华文库"等,是否尚可阅读,审查列表公布。并将审查情况向该会汇报。中图总处亦来函要求早日分清旧存书可售与否。

3 月　发行所进货课徐某,亏空侵吞款项四笔,计六千零三十五万四千元,停职停薪,反省检讨。亏款由薛所长负责追回。

4 月 7 日　《光明日报》刊登方针《评居延海》一文,认为解放

近三年,出版观点反动的书籍,应深刻检讨云云。〔按:《居延海》一书系 1950 年 5 月收稿〕

10 日　《中国近代经济史教程》一书,经《学习》杂志、《人民日报》刊登批评文章后,作者周宪文去函答复,不同意本局停售处理。编辑所向出版总署请示,认为确实存在一些问题,改为凭证发售。

5 月 19 日　"中华文库"小学第一集、初中第一集、民众教育用书第一集,其中在解放后停售作废者甚多,预约未取存书停止发付,按书价折算退还现款。

5 月　特约编审沈仲九以修订《辞海》工作结束停聘。

向北京农业大学商聘薛培元、周明牂①为特约编审。

向河北省政府调石礤任编审,主管农业经济。年底到职,月薪二百五十个单位。

6 月 1 日　"五反"后,调整总公司机构,原总管理处及印刷所名义撤销。在董事会秘书室下改设四处,于 16 日起按调整机构办公。四处为:(一)设计处,主任潘达人兼,副主任周开甲、叶晓钟。下设统计、研究计划两科。(二)人事处,主任钟吉宇兼,副主任奚兆燊。下设职工、福利两科。(三)事务处,主任李虞杰,副主任邓易园、吴子范。下设股务、出纳、庶务、文书、产业、业务六科。(四)会计处,主任曹诗成,副主任张逊言。下设账务、稽核两科。

(一)本公司投资中华教育用具厂股权代表舒新城、吴明然、钟吉宇因本职工作繁忙,改推沈陵范、陆费叔辰、路锡三担任。(二)通知该厂,3 月 22 日由香港董事长办公室汇去人民币二亿元,作股东垫款处理,定期六月,按人民银行利率计息。

(一)加聘李昌允兼董事会秘书。(二)开封分局副经理宁子愚未向中图报到,调回总公司办理退休。

4 日　举行第三次劳资协商会议。劳方提出董事长吴叔同解放后大部分时间留港,似不甚积极。但在资金、机件、物料内调方面,还是积极的。决定由工会与董事会联名去函慰勉,鼓励其积极经营。

6月　本年1至6月,由香港发往新加坡分局秋季中小学课本九十八万七千三百八十三本;发往香港分局春季本十一万二千四百七十八本,秋季本十八万八千零六十五本,合三十万本。

7月　出版总署指定本局为中央一级出版机构,编辑所自6月25日起一个月内,陆续参加了总署召集的四次中央一级公私出版社座谈会。对本局的领导关系和专业分工范围,更明确规定为农业、俄文语文及苏联介绍三类。

8月8日　董事会决议:常务董事高欣木于公司开办时进局②,历任董监,并曾任编辑所副所长,主持古书部及美术部等工作,在公司几度艰危期间,擘划支持。于7月14日病故,补助生前医药费五百万元,抚恤二千万元。

公推舒新城为常务董事。

8月　聘(苏)波波夫为俄文特约编审。每周来所四天,月薪一百万元。

9月10日　开第五次劳资协商会议,讨论民主改革问题。在三五反运动胜利结束的基础上,为进一步提高同人的阶级觉悟,加强职工内部团结,澄清工人阶级队伍,适当改革公司某些不合理制度,达到增产节约的目的,以迎接经济建设高潮,市总工会指示在月内展开民主改革工作。工会决定成立"民主改革委员会"负责领导,定期集中厂部展开学习,时间为每日下午五时半起,假日照常进行。资方完全拥护,资方代理人全体参加学习,推李昌允参加民主改革委员会。调整河南路部门办公时间,保证同人能准时到厂参加学习。

15 日　前邢台支局经理邢小峰病逝。

9 月　抗日战争前发售预约的洋装《四部备要》所缺第八期书决定出版,由留沪工作组派张润之、孙莘人两人主持。

10 月 6 日　董事会以董事高欣木、杜月笙、王瑾士三人出缺,而吴叔同、汪伯奇经常在港工作,徐士诰、李叔明寓居海外;为健全组织,以原选董事次多数刘靖基、郭农山、李虞杰递补。

26 日　决定停止港厂机器内运,已运京者分别出租价让。上年八九月间在北京商定,由新华印刷厂主持,中华、商务等私营厂参加,筹建较大规模的彩印、铅印两厂。出版总署于 12 月 29 日召开印刷委员会会议,成立彩印、铅印两厂筹委会,分别在美术和新华第二厂分设筹备处。本公司由俞明岳、郭农山代表参加筹委会。同时将港厂机器陆续运京,至本年 7 月止,共运京密勒机四架、胶印机三架、对开胶印机一架、胜家装订机三架,先后寄存新华一厂。旋以建厂条件未备,迁运又极困难,商请政府同意停运。已运机器,除装订机三架售给新华厂外,其余分别租给新华及美术厂使用。

11 月 1 日　成立广州办事处。为配合海外侨胞的教育情况,及本局在海外的印刷发行条件,尽可能开展海外出版工作,与新中华画报社联合筹设中华书局广州办事处,经过三四个月筹备,于广州德政北路 30 号成立。马国亮兼任主任,聘司马文森、欧外鸥、廖冰兄、冯剑南、李青等组成编审委员会,马国亮任主任委员。除画报外,计划出版《小朋友》半月刊海外版,及中小学课外补充读物等。

11 月　编辑所吴一心辞职,其留沪工作组主任职务,由编审杨复耀代理。

12 月 5 日　调王木天为北京排版部副主任。

8 日　总公司全部自河南路迁至澳门路 477 号新厂办公。

　　11 日　　董事会决定,建议将中国图书发行公司并入新华书店。本局参加联营的中图公司,1951 年结亏二十四亿六千余万元,本局分担五亿七千四百万元。自本年 1 月份起进入经营的第二阶段,统一资金、独立经营,可有盈余;同时解除了资方代理人身份。10 月间,中央召开出版行政会议,为配合经济建设,实行出版计划化,定有具体办法。董事会认为国家在经济文化各方面即将开始计划化,出版事业亦同时进行。而发行部分,自中图建立两年以来,于配合新华书店分担发行任务等,均有一定成就,可说已完成其历史任务。今后国家对出版物的计划发行,中图与新华并存,将显得重复。因此,促进发行一元化,并入新华,在当前实属必要。另外,本公司目前资金周转困难,明年出版计划扩大,所需资金甚巨,收回发行部分投资,包括投入中图的资金、可销旧存书及不动产等,可以适当运用。故决定:(一)向出版总署建议,准将中图公司并入新华书店,早日完成发行一元化,以利出版事业计划化的推行。(二)联合商务印书馆协同进行,会衔呈请总署考虑。

　　郭农山长期留京工作,辞去业务管理委员兼职。潘达人辞去设计主任兼职。蔡同庆辞去海外课本联合编刊社社务委员职务。聘陆高谊为业务管理委员会委员,兼设计处主任,月薪二百六十单位。又代表本局为海外课本联合编刊社社务委员。

　　是年　　继续办理股权登记,至 10 月 8 日止,已登记七亿七千一百二十七万六千二百五十股(内公股二千七百三十八万三千七百五十股)占股份总额 77％强。

　　出书共五百三十八种,六百零六万九千五百册,用纸一万三千四百八十八令。初版占 49.21％,重版占 50.79％。每种平均用纸二十五令,平均印数一万一千二百八十三册,初版平均印数为四千二百七十八册。自本年起书籍印数由发行机构决定并包销。

　　为充裕资金,处理不需用各项财产物料之大者有:(一)出售各种纸张约二千八百令,合十亿零六千二百八十余万元。(二)废书三千九百九十担,合六亿一千七百二十七万余元。(三)出售平凉路基地三笔(市卫生局、建设中学、电线厂)合四亿八千一百八十余万元。(四)各地分局移转中图公司生财器具抵缴资金者,除成都、昆明两处尚未报到外,计二十处,合九亿八千二百七十余万元。

　　营业收入四百九十一亿三千五百余万元,其中销货收入三百三十四亿八千余万元,印制收入一百五十六亿五千四百余万元。与成本费用相抵,净亏一百四十七亿四千八百八十余万元。

---

　　①　周明祥至 1953 年 1 月辞兼职,农大另调萧鸿麟兼任。

　　②　高欣木于 1915 年 4 月 1 日进局,成立美术部,任主任。至于曾任编辑所副所长事,档案中无此记载,似属误记。

1953 年

1 月 15 日　编审葛绥成辞职。

1 月　广州办事处编《小朋友》半月刊海外版在香港创刊。

2 月 11 日　香港印刷厂志愿转回北京工作的工友十八人到沪。前已由上海印刷厂工会主席唐培生与北京新华、美术等厂商定,可于 3 月 6 日去京工作。根据上年 9 月间所定"港厂工友回国转厂工作待遇办法"规定,由本局发给家具服装津贴每人有眷属者二百二十元,单身减半。其在港厂所发两个月薪金,不再扣还。

20 日　为服从专业出版方向,编辑所原有电化教育业务停止进行。所存器材与上海科学教育电影制片厂联系价让。

参加少儿出版社。在该社首次董监会议上,本公司股权代表潘达人、舒新城被推为私股董事,舒并任副董事长。该社于 1952 年 10 月由华东新闻出版处主持筹备,资金最后定为二十二亿元,公方认十三亿,私方中华、商务、大东各三亿。本局编辑所原有少儿读物及有关编校人员,连同《小朋友》半月刊一并移转该社。编审陈伯吹并参加了该社的筹备工作。

本公司上海部分除印刷厂外,职工的劳保待遇,原依劳资双方所订集体合同办理;自 2 月份起,经市劳动局核准改照劳保条例实施。资方代理人改为比照劳保条例的规定办理,其费用仍由公司在福利费内支付。

23 日　上海印刷厂原有厂事务部门改组,分设三部办事:

(一)业务部,主任由厂长李昌允兼,副主任沈谷身。(二)事务部,主任由副厂长王凌汉兼,副主任徐志千。(三)工务部,主任仍为周文彬,副主任张仲商。又北京排版部主任,由副主任王木天暂代。

3月5日 图书馆拟移转政府机关。1941年8月,为纪念本公司创办人陆费伯鸿,曾决定就现有图书馆扩充,改名为"伯鸿图书馆"而公诸社会,以时势变迁未能实行。现在全国开展大规模经济与文化建设,将在各地增设图书馆。本公司图书馆藏书近六十万册,近代史料及地方志,尤为各图书馆所少有。而限于人力,抗战以后所购图书,尚无法整理,在财力上亦无力改建为伯鸿图书馆,将此庞大珍贵之藏书仅供自用,作用极微。为使其对社会有更大贡献,董事会决定:(一)移转政府有关机关,俾能公诸社会,有利于人民。(二)推舒新城、潘达人、陆费铭中成立小组,研究有关移转的具体问题。(三)由舒新城代表本会与政府机关进行接洽。不久,又议定移转的几项原则,包括何者计价,何者无偿等等。但在公私合营前未能实现。

20日 本局出版专业方向,关于苏联介绍方面,原与中苏友协总会签定合作办法,至1952年年底为止。适苏联政府以时代出版社移赠我国,归中苏友协总会领导,今年起,该会书稿及《中苏友好报》,均由时代出版。故本局今后出版专业只农业及俄语两类。以两类专业不足以维持原有机构,经批准增加地图及文史两类。

4月18日 与新中国地图社签订出版协议。

30日 与中国图书发行公司签订退股协议书,6月底撤回资金,并与原转去中图的职工四百八十余人结束劳资关系,给予二个半月薪金,分别签订协议。

4月 北京模型制造所兼主任俞明岳推聘王剑侯为副主任。

5月14日 本公司在中图的股份退出后,原代表公司参加中图工作的郭农山应予调回,专办旧存书与发行单位的联系、协助推销事务,在京处办公。

6月　张相遗著《诗词曲语词汇释》出版,至 1979 年印至十五次。

7月1日　编辑所所长兼图书馆馆长舒新城自 7 月 6 日起办理退休。董事会决议:"舒所长新城自 1930 年 1 月进本公司主持编政以来,已二十三年半之久,苦筹硕画,对本公司贡献至伟且巨。抗战胜利后,对本公司出版转向进步,曾作积极准备与推动。自解放以后,由于舒所长之努力及主持,配合国家政策,使本公司开始其分工经营及奠立出版专业之基础,争取我旧有企业逐渐转向成为人民出版事业,俾为新中国服务。年来读者对本公司之观感显有转变,足证成效已著。要求比照劳保条例退职养老,勉当照准。"

舒新城退休后,编辑所所长由副所长卢文迪代理;劳资协商会议代表由李虞杰改任,吴子范为预备代表;书业公会代表,除前定钟吉宇、李昌允两人外,由业管会加推陆高谊为代表。

13日　编辑所李鋆培,研究改变一些纸张开切法,大大提高纸张利用率。分函京沪两地工会表扬。

23日　中华教育用具制造厂于 2 月间决定增资二十九亿元,连同原有十六亿合四十五亿元。本公司认增二十六亿五千六百万元,已分期缴足,其中三亿余为实物投资。

本公司对中华教育用具制造厂投资很多,而管理上存在着问题,生产率低于同业水平。致业务正常,收支却不能平衡。为此,在第十一次劳资协商会议上劳方提出意见,略谓中教厂是国家需要的企业,有发展前途,派去的代表应代表整个企业(包括劳资双方)去主持经营。现在工会说资方不好,而经理又说大部分责任是工会不团结、不搞生产所造成,其中矛盾,应多研究。经理不常到厂,对生产有影响。经副理间的关系,也应设法改善。希望资方主动发挥经营积极性,经常运用劳资协商会议,信任工人兄弟们,是搞好企业的关键。本公司资方也应重视这一企业,多予注意。

27 日　新农出版社[①]为配合政策,自愿结束业务,将部分编辑、校对、技工等十九人,以及图版书稿移转本局,成立协议。其中移转本局的农业编辑人员有:邵霖生、沈炳熊、诸葛群、刘明勋、张光达等五人。

7 月　编辑所招考校对人员许蘋南、关培贞、张佩中三人,月薪八十—九十单位。

8 月　公股公产清理总结报告列全局职工人数共八百八十八人。计:

董事会秘书室	三人	编辑所沪组	三十九人
设计处	六人	上海印刷厂	三百四十四人
人事处	五人	北京排版部	五十一人
事务处	四十二人	香港印刷厂	二百八十七人
会计处	十一人	香港分局	二十人
北京办事处	十二人	新加坡分局	二十人
广州办事处	八人	董事长办公室	七人
编辑所	三十三人		

9 月 10 日　北京美术印刷厂去年租用本局内运对开及全张胶印机各一架,到期不再续租,由上海印刷厂派员前往验收运沪。

30 日　沈陵笵董事私事去港未回,所兼业务管理委员会顾问一职,自本月起解聘。

南区监理处定年底撤销。

10 月 9 日　举行第十二次劳资协商会议,工会根据上级指示,在私营企业中亦应开展增产节约运动。决定成立领导运动的委员会,定委员十五人:工会从党团、工会、老年工人、技工、职员中选定唐培生、华道泉、孙庆瑞、邵德昌、张勤祺、朱时敬、周盘明、沈谷身、杨复耀、刘松洲、高攀桂十一人,资方为潘达人、李昌允、陆高谊、钟吉宇四人。

同意工会提请在京成立劳资协商会议,以俞明岳、郭农山为资方代表。重要或涉及全面的问题,资方代表应得总公司同意,其协议方为有效。

19 日　姚绍华辞去图书馆副馆长职务。

11 月 25 日　在京购买东总布胡同 57 号房屋二十二间,连地评价六千五百五十万元。

12 月 7 日　工会第一部门(人事、设计、事务、会计四处)所定增产节约计划可调十四人往直接生产部门,计调往上海印刷厂十一人、沪组三人。

14 日　中共中央宣传部拟将本局图书馆送去党史资料书籍四十种七十二册、地图一幅、杂志二十九种四百零九册,长期留用,协商作价。这些资料很多为无价可估的珍品,公司曾决定以整个图书馆移转政府,已进行联系,而革命史料为重要收藏之一,不便作价转让分割处理。请文化局转请中宣部必须收回。如一时不能收回,应负责妥为保管。

17 日　董事会决议申请全面公私合营。12 月 21 日致函中央人民政府出版总署,全文如下:"查我公司系一私营企业,但就其业务性质而论,实为人民文化事业。解放以来,为了使本企业能充分发挥其能力,更好地为人民服务,我公司曾数次向你署洽陈,请求公私合营。自 1951 年起,我公司的全国发行部分,首先与三联、商务、开明、联营等四家组成公私合营的中国图书发行公司。由这一事实证明,不仅发行业务获得长足发展,即我公司的出版业务,由于确定了出版与发行的分工,也使质量与数量获得很大的提高。此后我公司的出版物由国家包销,印刷厂的生产也经常为国家加工,说明本企业的经济性质早已进入国家资本主义的形式。自今年3月起,在华东及上海有关政府机关直接派员领导下,我公司进行了公股公产的清估工作,至10月已告结束。清估结果业经分别呈报,其中已确定及尚待确定的公股有相当数量,因此本企业实际上已成为公私合营性质。自国家提出过渡时期总任务总路线后,指示私营企业的方向更为明确。为了争取我公司应有的前途,兹于12月17日召开董监事联席会议,一致通过提请政府加强领导及管理,以便完成公私合营的手续。为此特备文呈报,敬请鉴核批准示遵。"

12 月 中国图书发行公司于本年底结束,以后本局的发行改由新华书店办理。

是年 随着国家经济建设的开展,本公司业务有所发展,生产成绩显著,劳资双方对文化出版工作的认识有了进一步的提高,克服了从老书店转向为人民出版事业服务的困难。

本年出书六百四十一种,五百九十万九千册,用纸二万六千一百五十五令,较上年增94%。其中初版占51.11%,重版占48.89%。俄语占23.2%,农业占21.28%,两项重点书发展较快。中学英语课本占26.98%。本年初版书平均印数五千七百零九册。

由广州办事处编辑在香港出版的(一)《小朋友》半月刊海外版,印销渐增至一万以上;(二)"中华通俗文库"以高小及初中一二年级学生为对象,亦准备就绪,开始发稿。

上海印刷厂业务收入七十三亿六千万元,比1952年的五十四亿增加36%。这是第四季度开展增产节约运动、发挥生产潜力的结果。同时在生产中有所革新,如:(一)铅印实行交叉装版法,缩短装版时间;(二)用纸从 25 开改为 26 开,及封面纸的新开切法,已在上海印刷界广泛推广;(三)打纸型机、衬纸机的发明。

9 至 12 月售出房地产:(一)平凉路基地一点四九亩,由市房地产局征用,以每亩七百万元计价;(二)华山路 1448 号屋一宅售与华东戏曲研究院,计十二亿八千万元,负担佣金一千四百万元;(三)北京北柳巷房屋两所价让中图公司,5 号一所一亿八千一百十七万元,42 号一所一亿二千三百八十三万元。

全年处理呆滞物资收入,包括房地产、存纸、文具仪器等计四十余亿,印刷厂机器材料等六亿一千余万,共计四十六亿九千五百二十六万元。

营业收入三百七十八亿七千五百余万元,其中销货收入二百八十八亿七千余万元,印制收入九十亿余元。与成本及费用相抵,净亏六十六亿三千一百余万元。

---

①　新农出版社,由郑广华、余松烈、邵霖生三人创设于 1947 年 3 月,社址在上海虎丘路 14 号 315 室,附有排字房等简单印刷机械。1949 年 10 月,郑广华、余松烈离去,社务由邵霖生主持。出版农业技术书籍,并印行《新农双月刊》一种。

1954 年

2月6日 中华教育用具制造厂申请公私合营。该厂董事会推派董事胡庭梅、陆费铭中、潘达人、蔡同庆四人为代表,通过本公司公私合营筹备处上海工作组向有关主管部门申请。该厂创设于1929年1月,抗日战争时期厂房机器损毁,解放后重行恢复,改两合公司为股份有限公司,资本增至四十五亿元,职工二百二十八人。上年产值五十三亿七千余万元。专业制造物理仪器、模型及标本,供学校及文化机构研究设备之用。

北京模型制造所配合总公司的发展,向华北农业科学研究所请求公私合营。

7日 董事会函复中央出版总署同意接受全面公私合营。1月14日中央出版总署(54)厂机字第10号函、1月29日(54)厂机字第26号函,批复本公司实行全面公私合营的要求,附有《关于中华书局实行全面公私合营改组为财政经济出版社的会议纪要》、《财政经济出版社筹备处简则》等。经2月6日董事会议讨论,一致同意接受。推派潘达人、王志莘、舒新城、李昌允四董事代表本公司私股参加筹备处。

董事会秘书长潘达人在联合业务会议扩大会议上报告赴京接洽全面公私合营情况。谓出版总署同意本局要求,并决定了若干原则:公私合营有两个名称,一为财政经济出版社,一为中华书局,但一套账册,一个机构。今后以出版为主,专业财经,海外业务、印刷和原来的俄文、地图、文史等,仍行继续。财经方面除工业交通等外,如财政、银行、农业、商业、合作等的出版,大部由本局承担,前途广阔。组织机构方面,有公方董事参加,改组为新的董事会。新机构设社长、副社长,下设编辑、出版、经理各部门。董事长由私方担任,副董事长、社长、总编等均由公方委派,副社长、副总编、副经理等,则由公私双方推派。总机构设北京,上海设办事处。原有人员一律继续工作,视其能力作适当调配,满退休年龄可以退休。

筹备工作现在开始进行,3月底前基本完成。在北京成立筹备处作为领导机构,公方已派定人员,公司推定舒新城等四代表参加,下设京沪两个工作组。北京工作组已成立,公司由卢文迪、凌珊如参加为副组长。上海工作组由华东新闻出版处和总署派人参加,公司参加人员尚待确定。筹备工作重心在上海。上海方面的主要工作:(一)资产负债的处理。各项资产,逐步清理逐笔转入新机构,不需要的以处理所得逐笔转账。负债由中华清理,清理不完者新机构继续清理。这些工作年内完成。海外资产有条件时再办。(二)股权清理,由上海工作组会同主管机关核实,确定处理办法、公私比例等。

9日　北京工作组在北京办事处开第一次工作会议,出席者:常紫钟、王寅生、李国钧、张北辰、卢文迪、姚绍华、凌珊如、朱锦高、郭农山、俞明岳。议定(一)分设行政工作小组及编辑出版小组进行工作,(二)确定各项具体工作及完成日期。

19日　决定本局参加公私合营筹备处上海工作组代表:潘达人、钟吉宇、李昌允、陆费铭中、陆高谊、孙庆瑞、唐培生。推定副主任:李昌允、孙庆瑞。推定小组正副主任:秘书组正钟吉宇,副李虞杰。清估组副主任曹诗成、杨复耀。工厂组副王凌汉、唐培生。

董事会同意衡阳分局房屋连地以八百万元出售。

22 日　上海工作组于 20 日在新闻出版处成立。22 日上午召开全体工作人员动员大会,下午进局,开始工作。

29 日　筹发 1949 年度股息每股一元二角。解放后未发股息已五年,1949 年有盈余,以后各年均亏损。董事会决定 1949 年股息即行筹发,所需款项于 3 月 15 日前由港设法分期汇沪港币三十万元。

3 月 2 日　根据劳资协商会议商定,下午五点半,在二楼俱乐部举行迎接本公司筹备全面公私合营上海工作组成立大会。

18 日　在上海延长路筹建工人宿舍三层六幢,每幢十二个房间,连水电卫生共需二十四亿六千万元。除工会集资外,同意增拨七亿,连前准拨十二亿共拨款十九亿元。

同意郭农山申请自本月份起退休。

20 日　举行股东常会。(一)1950 年 10 月以后,因重估资产、清理公股等,已三年未开股东会。现在准备就绪即将进入公司合营阶段。1950 – 1953 年,国内部分盈亏情况如下:

1950 年净亏人民币二十八亿七千七百八十八万四千九百二十元七角六分

1951 年净亏人民币五十七亿六千六百九十二万四千六百五十五元零二分

1952 年净亏人民币一百四十七亿四千八百八十九万零六十九元六角四分

1953 年净亏人民币六十六亿三千一百三十五万零六百三十三元四角九分

(二)股东会同意董事会关于公私合营问题的进行,并授权下届董事会继续办理,于下届股东会提出报告备案。(三)由私股股东选出王志莘、俞明岳、李昌允、潘达人、刘靖基、徐永祚、舒新城、吴明然、陆费铭中、吴叔同、陆费叔辰、郭农山十二人为私股董事。(四)公私合营后,公方将派代表参加管理,直接领导,因此不再选监察人。

24日　上午,新旧同人百余人,在北京西总布胡同北京办事处开联欢大会。金灿然局长代表公方参加并讲话,狄超白、王寅生、李国钧相继讲话,王志莘代表董事会讲话。

25日　北京筹备处全体集中办公,在新机构成立前临时处理日常事务。公方派狄超白、常紫钟、王寅生、李国钧四人负责,私方由卢文迪、俞明岳两人参加。

4月11日　在京购买房屋,先后成契三处:(一)孝顺胡同40号典屋改为购买,连前付典价,总值一亿九千八百万元。(二)东单西观音寺甲10号屋十六间连地一亿一千五百万元。(三)东观音寺70、71号两所二十二间,评价七千九百万元。

16日　董事会决议,业务管理委员会原拟3月底停止工作,因新机构延期成立,决定继续处理日常工作,但因过渡期间,应随时商承公方办理。自4月20日起,多数委员赴京,会议停止召开,推定钟吉宇委员主持召集各处、厂、沪组负责人,并商请工作组及工会推派代表,组成联席会议,处理公司日常事务,将决议事项交由秘书室执行。

股份清理至3月31日止情况如下:

公股	5.88%	冻结股	0.32%
未登记股	17.68%	已登记私股	73.97%
公私合营企业股	0.81%	公司持有股	1.34%

据上海工作组,3月31日止,原机构资产清估汇总表移转上海部分:房地产、机器工具、生财家具、纸张、原物料、事务用品等项,共计现值人民币三百四十六亿三千四百五十万二千零四十九

元①。

据"会谈纪要",新机构董事长一职由私方原任董事长担任,董事会议仍推吴叔同为董事长。

据"会谈纪要",私方应推任副社长等人选,由董事会推选:副社长潘达人(财政经济出版社正式成立时,改由王志莘董事担任),副总编辑卢文迪,经理潘达人兼,副经理李昌允。又建议提名:出版部主任或副主任陆高谊,上海办事处主任李昌允兼,副主任钟吉宇,上海印刷厂副厂长王凌汉。

30日　完成全面公私合营的筹备工作,依照总署指示改组为财政经济出版社,设在北京。上海澳门路477号总公司原址改为财政经济出版社上海办事处。中华书局名义仍为保留,用以出版不属于财经范围的书刊,总公司亦在北京,上海称中华书局上海办事处,内部则与财政经济出版社为同一机构。原有中华书局上海印刷厂的名称照旧使用。

自5月1日起,中华书局正式公私合营,改变了原来的私营经济性质,由此步入了一个全新的发展阶段。

――――――――――――――――

①　财政经济出版社1955年工作总结:到1954年12月底最后完成的中华书局资产总额清估数字为新人民币六百六十八万九千四百万元,即合旧人民币六百六十八亿九千四百万元。